城市轨道交通
运营安全与应急处理

主　编　于福权
副主编　杨君鹏　王冬梅　苑壮凌
参　编　方振龙　孙晓梅　肖敬伟　肖　华
　　　　李金铭　韩玉辉　马　骏　李　状
　　　　李　威　王海啸　陈　妍　董　薇

北京理工大学出版社
BEIJING INSTITUTE OF TECHNOLOGY PRESS

版权专有 侵权必究

图书在版编目（CIP）数据

城市轨道交通运营安全与应急处理／于福权主编
. --北京：北京理工大学出版社，2015.9（2024.7 重印）
ISBN 978-7-5682-1318-9

Ⅰ.①城… Ⅱ.①于… Ⅲ.①城市铁路-交通运输安全-交通运输管理 Ⅳ.①U239.5

中国版本图书馆 CIP 数据核字（2015）第 231277 号

责任编辑：陈莉华　　文案编辑：陈莉华
责任校对：周瑞红　　责任印制：李志强

出版发行／北京理工大学出版社有限责任公司
社　　址／北京市丰台区四合庄路 6 号
邮　　编／100070
电　　话／（010）68914026（教材售后服务热线）
　　　　　（010）68944437（课件资源服务热线）
网　　址／http://www.bitpress.com.cn

版 印 次／2024 年 7 月第 1 版第 9 次印刷
印　　刷／北京虎彩文化传播有限公司
开　　本／787 mm×1092 mm　1/16
印　　张／16.5
字　　数／382 千字
定　　价／48.00 元

图书出现印装质量问题，请拨打售后服务热线，负责调换

前言
PREFACE

我国城市轨道交通的快速发展，对城市轨道交通运营工作各岗位的人才产生大量需求。加快培养适应城市轨道交通运营生产岗位需要、具备各种突发事件应急处理技能的应用型人才，是各地城市轨道交通运营企业面临的紧迫课题。

从某种意义上说，城市轨道交通线路的运营工作就是一个出现突发情况后应急处理的过程。城市轨道交通具有列车运行可以依靠自动驾驶、线路运营调度可以采取自动监控自动调整、车站客运服务可以通过乘客自助的形式完成等特点，即在设备正常的情况下基本不需要人工操作，如果需要人工操作，运营指挥人员就可能面临一系列棘手的问题需要迅速解决。因此，城市轨道交通运营岗位员工应急处理能力的高低直接决定了客运服务质量的好坏，也对维护城市轨道交通运营企业的社会形象和服务信誉至关重要。

对于城市轨道交通运营岗位的员工来说，正常运营过程中，要严格按照规章制度和岗位职责进行工作，当出现突发事件时，要按照应急预案的要求迅速、合理地处理各种突发事件，保障乘客的人身安全和列车运行的安全是其核心和关键的职业技能，这种技能的培养不但需要具有扎实的专业知识，更需要将理论知识和实践技能紧密结合，力争做到"理论知识够用，实践技能熟练"。本书在这方面进行了一定的探索和尝试，在强化基本理论知识教学的前提下，设计了大量与城市轨道交通运营生产实践密切相关的单项演练和综合演练，供教师在实践教学中使用。

教材内容分为5个项目，分别为城市轨道交通运营安全技术、城市轨道交通岗位职责及作业标准、城市轨道交通突发事件应急处理、车站突发事件应急处理、行车突发事件应急处理。书中从实际案例引入项目知识学习，最后总结分析案例原因及提出整改措施。本教材主要用于对高等院校城市轨道交通类专业学生的教学，同时也可用于城市轨道交通运营企业对员工的业务培训。

本教材由长春职业技术学院于福权担任主编，负责全书编写思路设计及全书的统稿、校对工作。具体编写任务为：长春职业技术学院孙晓梅、马骏、长春轻轨集团苑壮凌编写项目一，王冬梅、李金铭、韩玉辉编写项目二，肖华、方振龙、王海啸编写项目三，肖敬伟、杨君鹏编写项目四，于福权、董薇编写项目五，长春轻轨集团李状、李威、陈妍负责项目技术参考。同时，在本书编写和出版过程中得到了长春地铁、北京地铁、广州地铁、北京理工大学出版社的大力支持，在此表示衷心的感谢。

由于编者水平所限，书中疏漏恳请读者批评指正。

编　者

目录

项目一 城市轨道交通运营安全技术 ········· 001
项目描述 ········· 001
培养目标 ········· 001
任务1 城市轨道交通运营安全基础 ········· 002
情景导入 ········· 002
知识要点 ········· 002
理论准备 ········· 002
任务2 城市轨道交通运营安全的影响因素 ········· 013
情景导入 ········· 013
知识要点 ········· 014
理论准备 ········· 014
任务3 城市轨道交通运营安全管理 ········· 022
情景导入 ········· 022
知识要点 ········· 022
理论准备 ········· 023
项目实施与评价 ········· 037
思考与练习 ········· 039

项目二 城市轨道交通岗位职责及作业标准 ········· 040
项目描述 ········· 040
培养目标 ········· 040
任务1 调度岗位职责及作业标准 ········· 041
情景导入 ········· 041
知识要点 ········· 041
理论准备 ········· 041
任务2 乘务岗位要求及作业标准 ········· 058
情景导入 ········· 058
知识要点 ········· 058
理论准备 ········· 058

任务3 站务岗位职责及作业标准	063
情景导入	063
知识要点	063
理论准备	063
项目实施与评价	078
思考与练习	079

项目三　城市轨道交通突发事件应急处理 …………………………………… 080

项目描述 …… 080
培养目标 …… 080

任务1　城市轨道交通突发事件预防与处理 …… 081
情景导入 …… 081
知识要点 …… 081
理论准备 …… 081

任务2　城市轨道交通突发事件应急管理 …… 091
情景导入 …… 091
知识要点 …… 092
理论准备 …… 092

任务3　城市轨道交通行车事故处理 …… 099
情景导入 …… 099
知识要点 …… 100
理论准备 …… 100

任务4　城市轨道交通突发事件应急预案的编制与演练 …… 113
情景导入 …… 113
知识要点 …… 114
理论准备 …… 114
项目实施与评价 …… 133
思考与练习 …… 134

项目四　车站突发事件应急处理 …………………………………………………… 135

项目描述 …… 135
培养目标 …… 135

任务1　车站发生火灾的应急处理 …… 136
情景导入 …… 136
知识要点 …… 136
理论准备 …… 136

任务2　车站客伤事故处理 …… 141
情景导入 …… 141
知识要点 …… 141
理论准备 …… 142

任务3　车站屏蔽门故障的处理 …… 148

情景导入	148
知识要点	148
理论准备	148

任务 4　车站突发大客流的处理 … 155
情景导入	155
知识要点	155
理论准备	155
项目实施与评价	163
思考与练习	165

项目五　行车突发事件应急处理 … 166
| 项目描述 | 166 |
| 培养目标 | 166 |

任务 1　信号设备故障应急处理 … 166
子任务 1　轨道电路故障的处理 … 167
情景导入	167
知识要点	167
理论准备	167

子任务 2　转辙机故障的应急处理 … 174
情景导入	174
知识要点	174
理论准备	174

子任务 3　联锁系统故障的应急处理 … 184
情景导入	184
知识要点	184
理论准备	184

任务 2　列车故障应急处理 … 192
子任务 1　车门故障的处理 … 193
情景导入	193
知识要点	193
理论准备	193

子任务 2　列车牵引制动系统故障的应急处理 … 202
情景导入	202
知识要点	202
理论准备	202

子任务 3　列车挤岔（脱轨）的应急处理 … 217
情景导入	217
知识要点	217
理论准备	217

任务 3　供电设备故障应急处理 … 220

子任务1　牵引供电分区停电事故的应急处理 ……………………………………… 221
　　　情景导入 …………………………………………………………………………… 221
　　　知识要点 …………………………………………………………………………… 221
　　　理论准备 …………………………………………………………………………… 221
　　子任务2　正线大面积停电事故的处理 ……………………………………………… 225
　　　情景导入 …………………………………………………………………………… 225
　　　知识要点 …………………………………………………………………………… 226
　　　理论准备 …………………………………………………………………………… 226
　　项目实施与评价 ………………………………………………………………………… 234
　　思考与练习 ……………………………………………………………………………… 235
附　录 ……………………………………………………………………………………… 236
　　附录1　长春市轻轨交通运营管理办法 ……………………………………………… 236
　　附录2　北京市轨道交通运营突发事件应急预案 …………………………………… 240
参考文献 …………………………………………………………………………………… 251

项目一

城市轨道交通运营安全技术

地铁工程是国家或地方政府的重点工程,是城市的重要生命线工程。所以,地铁工程从工程规划与设计、工程建设乃至运营及治理的各个阶段,都必须对可能发生的各类安全隐患高度重视,并根据各时期的技术经济政策在建设与运营治理过程中予以解决。城市轨道交通行业要把安全放在重中之重的位置,常抓不懈。

1. 知识目标

(1) 掌握城市轨道交通安全的相关含义和基本内容。

(2) 掌握城市轨道交通安全影响因素分析。

(3) 掌握城市轨道交通安全管理的基本内容及方针。

(4) 了解城市轨道交通安全管理的重要意义、途径及安全文化建设。

2. 能力目标

(1) 分析城市轨道交通安全的影响因素,辨别城市轨道交通事故与原因的分析能力。

(2) 识别运营安全影响因素的能力。

(3) 员工能够根据具体工作岗位,从事安全管理相关工作,减少运营安全事故的发生。

(4) 能够严格遵守国家、企业安全法律法规及相关规章制度,做好本职工作。

3. 素质目标

具有符合城市轨道交通运营要求的思想和行为,具备运营安全管理能力。

任务1 城市轨道交通运营安全基础

情景导入

案例名称	美国华盛顿地铁相撞事故		
时间	当地时间2009年6月22日17时	地点	美国华盛顿
事件概况：当地时间2009年6月22日17时左右，一辆行驶于华盛顿捷运红线的列车，在华盛顿哥伦比亚特区和马里兰州交界，撞上前方停止等待进站的另一辆列车，前两节车厢更铲上前面地铁列车，开罐头般削开，该列车驾驶员当场死亡，巨大的冲击力使得车厢内的座椅散落得到处都是，总计造成至少9死76伤，是该地铁线路运营33年来发生的最严重的事故，事故现场如图1-1所示。			

图1-1 美国华盛顿地铁相撞事故现场

知识要点

(1) 安全相关概念及基本内容。
(2) 安全要素之间的相互关系。
(3) 安全问题的基本特性。
(4) 城市轨道交通运营安全的特点。

理论准备

安全是人类生存和发展的最基本要求，是生命与健康的基本保障；一切生活、生产、活动都源于生命的存在，如果人们失去生命，也就失去了一切，所以安全就是生命。自人类诞生以来，就离不开生产和安全这两大基本需求。然而，人类对安全的认识却长期落后于对生产的认识。随着生产力和科学技术的高度发展，保障安全的必要性、迫切性和实现安全的可能性都在同步增长。人类对安全认识的历史发展过程，大致可以分为4个阶段。

(1) 第一阶段是工业革命前，生产力和仅有的自然科学都处于自然和分散发展的状态，人类对自身的安全问题还未能自觉地去认识和主动采取专门的安全技术措施，从科学的高度来看，还处于无知的安全认识阶段。

(2) 第二阶段是工业革命后，生产中已使用大量动力机械和能源，导致生产力和危害因素的同步增长（例如，汽车的发明导致交通事故的增长；采矿业的发展导致矿业灾害事故的增加），迫使人们对这些局部人为危害问题不得不进行深入认识并采取专门的安全技术措施，于是发展到局部的安全认识阶段。

(3) 第三阶段是系统的安全认识阶段。由于形成了军事工业、航空工业，特别是原子能和航天技术等复杂的大生产系统和机器系统，局部的安全认识和单一的安全技术措施已无法解决这类生产制造和设备运行系统中的安全问题，必须发展与生产力相适应的生产系统、安全技术措施，于是进入系统的安全认识阶段。

(4) 第四阶段是动态的安全认识阶段。当今的生产和科学发展，特别是高科技的发展，静态的系统安全技术措施和系统的安全认识，即系统安全工程理论，已不能很好地解决动态过程中随机发生的安全问题，必须更深入地采取动态的安全系统工程措施和进行安全系统认识。因此当前正在进入动态的安全认识阶段，这个阶段不仅要创立安全科学，还要使安全科学与技术在人类的大学技术整体中确立自己独立的科学技术体系，在人类整个生产、生活以及生存过程中显示出它的巨大作用。

安全是指在生产与生活活动过程中，能将人或物的损失控制在可接受水平的状态，换言之，安全意味着人或物遭受损失的可能性是可以接受的，若这种可能性超过了可接受的水平，即为不安全。

运输生产和经营的性质决定了安全是运输生产的头等大事。城市轨道交通行业属于运输业，其产品为乘客位移和运输服务。在运输过程中必须保证运输对象安全无损，安全是运输产品的首要质量特性。另外，城市轨道交通已成为社会公益事业的一部分，政府支持在其中起着非常重要的作用，而且目前大多数城市都用轨道交通解决日益严重的交通拥堵问题。所以，一旦城市轨道交通发生重大事故，不仅会对轨道交通沿线的交通造成重大影响，而且也会影响整个城市的正常运转。所以说，安全是城市轨道交通的头等大事。

一、城市轨道交通运营安全相关概念

1. 安全

关于安全的概念，可归纳为两种，即绝对安全和相对安全。

绝对安全观是人们较早时期对安全的认识，目前仍然有一部分现场生产管理人员和科技工作者有此认识。绝对安全观认为，安全指没有危险、不受威胁、不出事故，即消除能导致人员伤害，发生疾病、死亡或造成设备财产破坏、损失以及危害环境的条件。无危则安，无损则全。例如，在《简明牛津词典》中将安全定义为"不存在危险和风险"，有的学者认为安全是"免于能引起人员伤亡或财产损失的条件""安全意味着系统不会引起事故的能力""安全即是无事故，没有遭受或引起创伤、损失或损伤"。这种安全观认为发生死亡、工伤等的概率为零，这在现实生产系统中是不存在的，它是安全的一种极端理想的状态。由于绝对安全观过分强调安全的绝对性，使其应用范围受到了很大的限制，特别是在分析社会—技术系统的安全问题时更是如此。

与绝对安全观相对应的就是人们现在普遍接受的相对安全观。相对安全观认为，安全是相对的，绝对安全是不存在的。例如，美国哈佛大学的劳伦斯教授将安全定义为："安全就是被判断为不超过允许极限的危险性，也就是指没有受到损害的危险或损害概率低的通用术语"；霍巴特大学的罗林教授指出，"所谓安全系指判明的危险性不超过允许限度"；在《英汉安全专业术语词典》中将安全定义为："安全意味着可以容许的风险程度，比较地无受损害之忧和损害概率低的通用术语"。

由相对安全的定义可知，安全是在具有一定危险性条件下的状态，安全并非绝对无事故。事故与安全是对立的，但事故并不是不安全的全部内容，而只是在安全与不安全这一对矛盾斗争过程中某些瞬间突变结果的外在表现。安全依附于生产过程，伴随生产过程而存在。但安全不是瞬间的结果，而是对系统在某一时期、某一阶段过程状态的描述，换言之，安全是一个动态过程，它是关于时间的连续函数。但在现有理论和技术条件下，确定某一生产系统的具体安全函数形式是非常困难的，通常采用概率法来估算系统处于安全状态的可能性，或者利用模糊数学来说明在非概率情形下的不精确性。

因此，安全是指在生产与生活活动过程中，能将人或物的损失控制在可接受水平的状态，换言之，安全意味着人或物遭受损失的可能性是可以接受的，若这种可能性超过了可接受的水平，即为不安全。该定义具有下述含义：

（1）这里所讨论的安全是指生产领域中的安全问题，既不涉及军事或社会意义的安全与保安，也不涉及与疾病有关的安全。

（2）安全不是瞬间的结果，而是对于某种过程状态的描述。

（3）安全是相对的，绝对安全是不存在的。

（4）构成安全问题的矛盾双方是安全与危险，而非安全与事故。因此，衡量一个生产系统是否安全，不应仅仅依靠事故指标。

（5）不同的时代、不同的生产领域，可接受的损失水平是不同的，因而衡量系统是否安全的标准也是不同的。安全的相对性如图1-2所示。

2. 危险

作为安全的对立面，可以将危险定义为：在生产与生活活动过程中，人或物遭受损失的可能性超出了可接受范围的一种状态。危险与

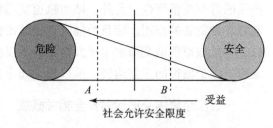

图1-2 安全的相对性

安全一样，也是与生产过程共存的过程，是一种连续性的过程状态。危险包含了尚未为人所认识，以及虽为人们所认识但尚未为人所控制的各种隐患。同时，危险还包含了安全与不安全矛盾斗争过程中某些瞬间突变发生外在表现出来的事故结果。

3. 风险（危险性）

"风险"一词在不同场合含义有所不同。就安全而言，风险是描述系统危险程度的客观量，这主要有两种考虑：一是把风险看成是一个系统内有害事件或非正常事件出现可能性的量度；二是把风险定义为发生一次事故的后果大小与该事故出现概率的乘积。一般意义上的风险具有概率和后果的二重性，即可用损失程度 c 和发生概率 p 的函数来表示风险，即

$$R = f(p, c)$$

为简单起见，大多数文献中将风险表达为发生概率与损失程度的乘积，即

$$R = pc$$

上述风险定义中，无论是损失还是后果，均是针对事故来定义的，包括已发生的事故和将会发生的事故。风险既然是对系统危险性的度量，则仅仅以事故来衡量系统的风险是很不

充分的，除非能够辨识所有可能的事故形式。从整个系统的角度出发，风险是系统危险影响因素的函数，即风险可表达为

$$R = f(R_1, R_2, R_3, R_4, R_5)$$

式中：R_1 为人的因素；R_2 为设备因素；R_3 为环境因素；R_4 为管理因素；R_5 为其他因素。

4. 安全性

从系统的安全性能讲，安全性为衡量系统安全程度的客观量。与安全性对立的概念是描述系统危险程度的指标——风险（又称危险性）。假定系统的安全性为 S，危险性为 R，则有 $S = 1 - R$。显然，R 越小，S 越大；反之亦然。若在一定程度上削减了危险因素，就等于创造了安全条件。

由于安全性与可靠性的联系十分密切，在实际应用中存在着将可靠性与安全性混用的现象，因而有必要明确二者之间的差别。可靠性是指系统或元件在规定条件下，规定时间内，完成规定功能的能力，而安全性则是指系统的安全程度。可靠性与安全性有共同之处，从某种程度上讲，可靠性高的系统，其安全性通常也较高，许多事故之所以发生，就是由于系统可靠性较低所致。但是，可靠性不同于安全性，可靠性要求的是系统完成规定的功能，只要系统能够完成规定功能，它就是可靠的，而不管是否会带来安全问题。安全性则要求识别系统的危险所在，并将它从系统中排除。此外，故障的发生不一定导致损失，而且也存在这样的情形，即当系统所有元件均正常工作时，也可能伴有事故发生。

5. 事故

事故是指在生产活动过程中，由于人们受到科学知识和技术力量的限制，或者由于认识上的局限，当前还不能防止，或能防止而未有效控制所发生的违背人们意愿的事件序列。它的发生可能迫使系统暂时或较长期地中断运行，也可能造成人员伤亡、财产损失或者环境破坏，或者其中二者或三者同时出现。事故具有因果性、偶然性、必然性和规律性、潜在性、再现性和预测性等显著特征。

（1）事故是违背人们意愿的一种现象。

（2）事故是不确定事件，其发生形式既受必然性的支配，但也不可避免地受到偶然性的影响。

（3）事故发生的原因，可归结为三类：

①目前尚未认识到的原因。

②已经认识，但目前尚不可控制的原因。

③已经认识，目前可以控制而未能有效控制的原因。

（4）事故一旦发生，可以造成以下几种后果：

①人受到伤害，物受到损失。

②人受到伤害，物未受损失。

③人未受伤害，物受到损失。

④人、物均未受到伤害或损失。许多工业领域如铁路运输系统，将凡是造成系统运行中断的事件均归入事故的范畴，虽然系统运行中断不一定会造成直接的财产损失或人员伤害，但严重干扰了系统的正常运行秩序，从而将带来严重的间接损失。

（5）事故的内涵相当复杂。从宏观的生产过程看，事故是安全与危险矛盾斗争过程中某些瞬间突变结果的外在表现形式，是时间轴上一系列离散的点；从微观而言，每一个事故

均可看作是在极短时间内相继出现的事件序列，是一个动态过程，可以表达为以下形式：

危险触发→以一定的逻辑顺序出现的一系列事件→产生不良后果

综上所述，事故是指在生产活动过程中，由于人们受到科学知识和技术力量的限制，或者由于认识上的局限，当前还不能防止，或能防止而未有效控制所发生的违背人们意愿的事件序列。它的发生，可能迫使系统暂时或较长期地中断运行，也可能造成人员伤亡、财产损失或者环境破坏，或者其中二者或三者同时出现。事故的特征主要包括：事故的因果性，事故的偶然性、必然性和规律性，事故的潜在性、再现性、预测性和复杂性。

（1）事故的因果性。

因果，即原因和结果。因果性即事物之间，一事物是另一事物发生的根据，这是一种关联性。事故是许多因素互为因果连续发生的结果，一个因素既是前一个因素的结果，又是后一个因素的原因。也就是说，因果关系有继承性，是多层次的。

事故的因果性决定了事故的必然性。事故是一系列因素互为因果，连续发生的结果。事故因素及其因果关系的存在决定事故或迟或早必然要发生。其随机性仅表现在何时、何地、何原因意外事件触发产生而已。

掌握事故的因果关系，采取措施中断事故因素的因果连锁，就消除了事故发生的必然性，从而可能防止事故的发生。

（2）事故的偶然性、必然性和规律性。

从本质上讲，伤亡事故属于在一定条件下可能发生，也可能不发生的随机事件。就一特定事故而言，其发生的时间、地点、状况等均无法预测。

事故是由于客观存在不安全因素，随着时间的推移，出现某些意外情况而发生的，这些意外情况往往是难以预知的。因此，掌握事故的原因，可降低事故的概率；掌握事故的原因是防止事故发生的必要条件。但是，即使完全掌握了事故原因，也不能保证绝对不发生事故。

事故的偶然性还表现在事故是否产生后果（人员伤亡、物质损失）以及后果的大小如何都是难以预测的。反复发生的同类事故并不一定产生相同的后果。事故的偶然性决定了要完全杜绝事故发生是困难的，甚至是不可能的。

事故的必然性中包含着规律性。既为必然，就有规律可循。必然性来自因果性，深入探查、了解事故因果关系，就可以发现事故发生的客观规律，从而为防止事故发生提供依据。应用概率理论，收集尽可能多的事故案例进行统计分析，就可以从总体上找出带有根本性的问题，为宏观安全决策奠定基础，为改进安全工作指明方向，从而做到"预防为主"，实现安全生产的目的。

由于事故或多或少地含有偶然性，因而要完全掌握它的规律非常困难。但在一定范畴内，用一定的科学仪器或手段却可以找出它的近似规律。

从偶然性中找出必然性，认识事故发生的规律性，变不安全条件为安全条件，把事故消除在萌芽状态之中，这就是防患于未然、预防为主的科学根据。

（3）事故的潜在性、再现性、预测性和复杂性。

事故往往是突然发生的。然而导致事故发生的因素，即"隐患或潜在危险"早就存在，只是未被发现或未受到重视而已。随着时间的推移，一旦条件成熟，就会显现而酿成事故，这就是事故的潜在性。

事故一经发生，就成为过去。时间一去不复返，完全相同的事故不会再次显现。然而没有真正地了解事故发生的原因，并采取有效措施去消除这些原因，就会再次出现类似的事故。因此，应致力于消除这种事故的再现性，这是能够做到的。

人们根据对过去事故所积累的经验和知识以及对事故规律的认识，并使用科学的方法和手段，可以对未来可能发生的事故进行预测。

事故预测就是在认识事故发生规律的基础上，充分了解、掌握各种可能导致事故发生的危险因素以及它们的因果关系，推断它们发展演变的状况和可能产生的后果。事故预测的目的在于识别和控制危险，预先采取对策，最大限度地减少事故发生的可能性。

事故的发生取决于人、物和环境的关系，具有极大的复杂性。

6. 事故隐患

在我国长期的事故预防工作中经常使用事故隐患一词。隐患是指隐藏的祸患，事故隐患即隐藏的、可能导致事故的祸患；这是一个在长期工作实践中大家形成的共识用语，一般是指那些有明显缺陷、毛病的事物，亦即人的不安全行为和物的不安全状态。

从系统安全的角度来看，通常人们所说的事故隐患包括一切可能对人—机—环境系统带来损害的不安全因素。事故隐患可定义为：在生产活动过程中，由于人们受到科学知识和技术力量的限制，或者由于认识上的局限，而未能有效控制的有可能引起事故的一种行为（一些行为）或一种状态（一些状态）或二者的结合。隐患是事故发生的必要条件，隐患一旦被识别，就要予以消除。对于受客观条件所限不能立即消除的隐患，要采取措施降低其危险性或延缓危险性增长的速度，减少其被触发的"概率"。

7. 危险源

在系统安全研究中，认为危险源的存在是事故发生的根本原因，防止事故就是消除、控制系统中的危险源。

危险源一词译自英文单词 Hazard，按英文词典的解释，"Hazard—a source of danger"，即危险的根源的意思。哈默（Willie Hammer）定义危险源为可能导致人员伤害或财物损失事故的、潜在的不安全因素。按此定义，生产、生活中的许多不安全因素都是危险源。根据危险源在事故发生、发展中的作用，把危险源划分为两大类，即第一类危险源和第二类危险源。

第一类危险源是指系统中存在的、可能发生意外释放的能量或危险物质，实际工作中往往把产生能量的能量源或拥有能量的能量载体作为第一类危险源来处理。第一类危险源具有的能量越多，一旦发生事故其后果越严重；相反第一类危险源处于低能量状态时比较安全。同样，第一类危险源包含的危险物质的量越多，干扰人的新陈代谢越严重，其危险性越大。

第二类危险源是指导致约束、限制能量措施失效或破坏的各种不安全因素，包括人、物、环境3个方面的问题。人失误可能直接破坏对第一类危险源的控制，造成能量或危险物质的意外释放；同时，人失误也可能造成物的故障，进而导致事故。物的故障可能直接使约束、限制能量或危险物质的措施失效而发生事故；有时一种物的故障可能导致另一种物的故障，最终造成能量或危险物质的意外释放；物的故障有时会诱发人失误；人失误会造成物的故障，实际情况比较复杂。环境因素主要指系统运行的环境，包括温度、湿度、照明、粉尘、通风换气、噪声和振动等物理环境以及企业和社会的软环境。不良的物理环境会引起物的故障或人失误；企业的管理制度、人际关系或社会环境影响人的心理进而可能引起人失误。

第二类危险源往往是一些围绕第一类危险源随机发生的现象,它们出现的情况决定事故发生的可能性,第二类危险源出现得越频繁,发生事故的可能性越大。

8. 安全色

安全色是被赋予安全意义而具有特殊属性的颜色,用于表示禁止、警告、指令和指示。安全色的作用是:人们能够迅速注意到影响安全、健康的对象或场所,提醒人们注意,防止发生事故。通常有红色、蓝色、黄色、绿色4种。

(1) 红色。表示危险、禁止、紧急停止的信号。

(2) 蓝色。表示指令标志的颜色。

(3) 黄色。表示警告的颜色。

(4) 绿色。提示安全信息的颜色。

9. 安全标志

安全标志是由安全色、几何图形、图形符号或文字构成的表达特定的安全信息。安全标志的作用是为了引起人们对不安全因素的注意,预防事故发生,但不能代替安全操作规程和安全防护措施。

安全标志的种类有以下几种:

1) 禁止标志(图1-3)

(1) 几何图形:带斜杠的圆环、红色。

(2) 图形符号:黑色。

(3) 背景:白色。

图1-3 常见的禁止标志

2) 警告标志(图1-4)

(1) 几何图形:三角形边框、黑色。

(2) 图形符号:黑色。

(3) 背景、衬边:黄色。

图1-4 常见的警告标志

3) 指令标志(图1-5)

(1) 几何图形:圆形边框。

(2) 图形符号、衬边:白色。

图 1-5　常见的指令标志

(3) 背景：蓝色。

4) 提示标志（图 1-6）

(1) 几何图形：矩形。

(2) 图形符号、衬边：白色。

(3) 背景：绿色。

图 1-6　常见的提示标志

安全色与安全标志常见用途举例见表 1-1。

表 1-1　安全色与安全标志常见用途举例

颜色	含义	用途举例
红色	禁止 停止	禁止标志 停止信号：机器、车辆上的紧急停止手柄或按钮，以及禁止人们触动的部位
	红色也表示防火	
蓝色	指令必须遵守的规定	指令标志：如必须佩戴个人防护用品，道路上指引车辆行驶和行人行走方向的指令
黄色	警告注意	警告标志 警戒标志：如厂内危险机器和坑边周围注意的警戒线 行车道中线 机械齿轮箱内部 安全帽
绿色	提示 安全状态 通行	提示标志 车间内的安全通道 行人和车辆通行标志 消防设备和其他安全防护设备的位置

二、安全要素之间的相互关系

1. 安全与危险

安全与危险是一对矛盾，它具有矛盾的所有特性。一方面双方互相排斥、互相否定；另一方面安全与危险两者互相依存，共同处于一个统一体中，存在着向对方转化的趋势。安全与危险这对矛盾的运动、变化和发展推动着安全科学的发展和人类安全意识的提高。

描述安全与危险的指标分别是安全性与危险性，安全性越高则危险性就越低，安全性越低则危险性就越高。

二者存在以下关系，即

$$安全性 = 1 - 危险性$$

2. 安全与事故

安全与事故是对立的，但事故并不是不安全的全部内容，而只是在安全与不安全矛盾斗争过程中某些瞬间突变结果的外在表现。

系统处于安全状态并不一定不发生事故，系统处于不安全状态，也未必完全由事故引起。

3. 危险与事故

危险不仅包含了作为潜在事故条件的各种隐患，同时还包含了安全与不安全的矛盾激化后表现出来的事故结果。

事故发生，系统不一定处于危险状态，事故不发生，也不能否认系统不处于危险状态，事故不能作为判别系统危险与安全状态的唯一标准。

4. 事故与隐患

事故总是发生在操作的现场，总是伴随隐患的发展而发生在生产过程之中，事故是隐患发展的结果，而隐患则是事故发生的必要条件。

5. 危险源与事故

一起事故的发生是两类危险源共同作用的结果。第一类危险源的存在是事故发生的前提，没有第一类危险源就谈不上能量或危险物质的意外释放，也就无所谓事故。另外，如果没有第二类危险源破坏对第一类危险源的控制，也不会发生能量或危险物质的意外释放。第二类危险源的出现是第一类危险源导致事故的必要条件。

在事故的发生、发展过程中，两类危险源相互依存、相辅相成。第一类危险源在事故时释放出的能量是导致人员伤害或财物损坏的能量主体，决定事故后果的严重程度；第二类危险源出现的难易决定事故发生的可能性的大小。两类危险源共同决定危险源的危险性。

三、安全问题的基本特性

作为伴随生产而存在的安全问题，对于所有的技术系统都具有普遍的意义，交通运输系统也不例外。安全问题的基本特性主要表现在以下几个方面。

1. 安全的系统性

安全涉及技术系统的各个方面，包括人员、设备、环境等因素，而这些因素又涉及经济、政治、科技、教育和管理等许多方面。特别对于像铁路运输这样的开放系统，安全既受系统内部因素的制约，也受到系统外部环境的干扰。而安全的恶化状态，即事故，不仅可能造成系统内部的损害,而且可能造成系统外部环境的损害。因此,研究和解决安全问题应从系统观点出发,运用系统工程的方法进行综合治理。

2. 安全的相对性

凡是人类从事的生产活动,都有安全问题,所不同的只是发生事故的可能性有大有小,危害程度有轻有重而已。安全的相对性表现在3个方面,第一,绝对安全的状态是不存在的,系统的安全是相对于危险而言的。第二,安全标准是相对于人的认识和社会经济的承受能力而言,抛开社会环境讨论安全是不现实的。第三,人的认识是无限发展的,对安全机理和运行机制的认识也在不断深化,即安全对于人的认识而言具有相对性。由安全的相对性可知,各种生产和生活活动过程中事故或危害事件是可以避免的,但难以完全避免;各种事故或危害事件的不良作用、后果及影响可能避免,但难以完全避免。但是,事故是可以预防的,可以利用安全系统工程的原理和技术,预先发现、鉴别、判明各种隐患,并采取安全对策,从而防患于未然。

3. 安全的依附性

安全是依附于生产而存在的,它不可能脱离具体的生产过程而独立存在,只要存在生产活动,就会出现安全问题。另外,安全是生产的前提和保障,安全工作搞得不好,生产便无法顺利进行。因此,需要经常持久地抓好安全工作。

4. 安全的间接效益性

要保证生产安全必须在人员、设备、环境和管理方面有相应适时的安全投入,但安全投入所产生的经济和社会效益却是间接的、无形的,难以定量计算。因此,安全投入往往被忽视,只有发生了事故造成了损失之后才会意识到安全投入的必要性和重要性。事实上,安全的效益除了减少事故的直接和间接经济损失外,更重要的是在提高人员素质、改进设备性能、改善环境质量和加强生产管理等方面所创造的积极的经济和社会效益。

5. 安全的长期性和艰巨性

人对安全的认识在时间上往往是滞后的,很难预先完全认识到系统存在和面临的各种危险,而且即使认识到了,有时也会由于受到当时技术条件的限制而无法予以控制。随着技术进步和社会发展,旧的安全问题解决了,新的安全问题又会产生。所以,安全工作是一个长期的过程,必须坚持不懈、始终如一地努力才行。此外,高技术总是伴随着高风险,随着现代科学技术的发展,各种技术系统的复杂化程度增加了。以现代交通运输系统为例,无论从规模、速度、设备还是管理上都发生了极大的飞跃,一旦发生事故,其影响之大、伤亡之多、损失之重、补救之难,都是传统运输方式不可比拟的。此外,事故是一种小概率的随机偶发事件,仅仅利用已有的事故资料不足以及时、深入地对系统的危险性进行分析,而现代社会的文明进步又不允许通过事故重演来深化对安全的研究。因此,认识事故机理,不断揭示系统安全的各种隐患,确实是艰巨的任务。

四、城市轨道交通运营安全的特点

要做好城市轨道交通运营安全工作,首先必须了解城市轨道交通运营业安全生产工作的特点,然后,针对其特点,采取相应措施,确保运营质量。城市轨道交通运营业是一个物质生产部门,但它又具有与其他物质部门不同的特点。城市轨道交通是靠通过乘客的位移来完成生产任务的,而乘客的位移又是在多部门、多工种共同配合下,通过列车在高速度的运动中实现的。所以，城市轨道交通运营生产的安全工作，一方面同其他行业有着共同的要求，即在生产过程中，防止和消除人身伤亡事故和设备事故，变危险为安全，变有害为无害。另一方面由于城市轨道交通本身的特点，决定了城市轨道交通运营生产在安全上有其自己的特点。其特点主要体现在以下几个方面。

1. 城市轨道交通是一架大联动机，安全工作影响面广

城市轨道交通运营生产活动都是在地下、地面、高架等复杂的运行条件下进行的，外界自然环境、社会环境以及城市轨道交通运营系统内部环境等多方面的因素对运营安全的干扰和影响较大。城市轨道交通运营是由车辆、车站、工务、电务等多部门组成的一架巨大联动机，每个工作环节必须紧密联系、协同动作，才能确保安全运营；否则，一个部门、一个环节出了问题都会影响其运营安全。特别是行车安全方面更为突出。如果一个地方发生行车重大、大事故，就会影响一线、一片，甚至波及整个运营生产。

2. 城市轨道交通运营生产过程复杂，安全工作贯穿始终

城市轨道交通运送乘客，要经过复杂的生产过程，要经过若干工序、若干人员的共同劳动才能实现乘客的位移，把其运送到目的地。安全生产贯穿运营生产的始终，牵扯着生产环节中的每一道工序、每一个人。因此生产过程中，各个工作环节都必须严格遵章守纪，才能确保乘客的运营安全；否则，只有某一个工种、某一个职工违章作业，就将造成行车事故或人身伤亡事故。不仅浪费了城市轨道交通运营能力，而且影响城市轨道交通的声誉。

3. 城市轨道交通运营时，安全生产受外界环境的影响大

城市轨道交通运营生产一年四季地进行，这样，安全生产必然会受到外界自然环境变化的影响。如天阴、下雨、刮风、下雪、下雾等，会影响电动车驾驶员瞭望信号和观察线路情况，稍不注意就可能发生事故；到防洪季节，可能发生塌方落石，或线路、桥梁被毁坏，影响行车安全；到寒冷季节，可能造成运营设备冻坏，影响安全生产；强烈的雷电，可能毁坏或干扰通信、信号设备，也可能影响行车安全等。

4. 城市轨道交通线网覆盖整个城市，安全工作受社会环境影响大

城市轨道交通运送乘客是在复杂的城市轨道交通线上完成的。因此，社会治安秩序的好坏，沿线人民群众对城市轨道交通安全知识的了解，爱路护路情况，或一些乘客违章携带危险品、易燃、易爆品上车等，都将影响城市轨道交通的安全工作。

5. 城市轨道交通是现代化交通工具，技术性强

城市轨道交通是城市现代化的交通工具，设备先进，结构复杂，因而，技术性很强。各种车辆、车站设备，调度设备，通信、信号设备，养路机械、修车设备等结构复杂，要求有相应的安全技术措施和有关技术知识。因此，各类操作人员都必须经过培训和严格考试合格后才能任职。只有这样才能确保安全生产。

6. 城市轨道交通运营是动态加工，时间因素对安全影响大

城市轨道交通运送乘客是通过列车使其发生位移，把他们运送到目的地。由于行车的密度大，列车运行间隔时间短，因此，在作业时要求有关人员特别注意时间因素，要做到分秒不差，准确无误，才能确保运营安全；否则，一分一秒之差，可能导致重大、大事故，造成不可挽回的损失。

原因分析

美国华盛顿地铁相撞事故的调查结果显示,此次事故的直接原因是全自动的列车控制系统未能发现停在站上的列车,因此没有发出信号让行进中的列车停下。造成人员伤亡的原因是由于行进过程中第一节车厢的前部被撞扁,这节车厢于1976年投入使用,结构上的设计安全系数不足。

美国国家交通管理局的调查发现了4个基本问题:一是地铁运营管理部门未能对自动化列车控制系统的性能进行有效的维护和监测(检修延误规定时间已超过两个月);二是华盛顿都市区交通局缺乏安全意识;三是该局董事会对交通安全的监督缺乏效力;四是联邦法律要求的地方独立安全监督机构和联邦交通部公交署的安全监督未到位。

 防范措施

城市轨道交通运营生产过程复杂且技术性强,某个环节稍有疏忽,就有可能酿成事故。为防范此类事故的发生,必须落实安全生产责任制,严格按照规章制度完成检修维护工作,加强安全意识教育,加强安全监管和监督力度,把安全隐患消除在萌芽状态。

任务2　城市轨道交通运营安全的影响因素

案例名称	胶济铁路4·28事故		
时间	2008年4月28日	地点	山东境内胶济铁路

事件概况:2008年4月28日4时41分,北京开往青岛的T195次旅客列车运行至山东境内胶济铁路周村至王村间脱线,第9～17节车厢在铁路弯道处脱轨,冲向上行线路基外侧。此时,正常运行的烟台至徐州的5034次旅客列车刹车不及,最终以70 km/h的速度与脱轨车辆发生撞击,机车(内燃机车编号DF11-0400)和第1～5节车厢脱轨。胶济铁路列车相撞事故已造成72人死亡、416人受伤,已经认定是一起人为责任事故。事故现场如图1-7所示。

图1-7　胶济铁路"4·28"事故现场

知识要点

(1) 城市轨道交通安全影响因素及相互关系。
(2) 城市轨道交通安全各影响因素的分析。

理论准备

城市轨道交通系统是一个在时间、空间上分布很广的开放的动态系统，轨道运营安全影响因素错综复杂，涉及面广。从系统论的观点出发，与运营安全有关的因素可以划分为4类：人、机器、环境、管理。这种分类具有下述优点：

(1) 它是从构成生产系统的最基本元素出发，从事故的最基本原因着手，具有普遍意义。

(2) 充分体现安全是一项全员、全要素、全过程的活动。因为系统中的"人"是指作为工作主体的人；"机"是指人所控制的一切对象的总称（包括固定设备和移动设备）；"环境"是指人、机共处的特定的工作条件（包括内部环境和外部环境）。

(3) 考虑了人、机、环境对安全的影响，尤其考虑了三者之间的相互作用，包括人—人、人—机、机—机、机—环境、人—环境以及人—机—环境等。

(4) 以管理作为控制、协调手段，协调人、机、环境之间的相互关系，并通过反馈作用将系统状态的信息反馈给管理系统，从而改进安全管理方法，最终得到更为安全的系统。

城市轨道交通运营安全影响因素间的关系如图1-8所示。

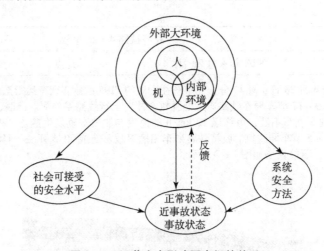

图1-8 运营安全影响因素间的关系

一、人的影响因素分析

1. 人在保障运营安全方面的主导作用

随着自动化程度的不断提高，表面上看起来似乎系统对人的依赖程度减少了，但在系统设计、生产和使用阶段，人扮演着重要角色。因为人总有一些错误地执行规定任务的概率，这势必会对系统的可靠性产生影响。根据Meisterde研究表明，人为差错占所有设备故障的

20%~50%。人为差错或失控产生的因素是多方面的，如操作者负担过重、疲劳以及人的综合素质等。

在安全问题中，人是矛盾的主要方面，因为即使是高度自动化的系统也不可能完全避免人的介入，不可能完全不受人的操纵和控制。联邦德国安全专家库尔曼认为，人是一种安全因素和防护对象，机器是一种安全因素，环境是一种安全因素和应予以保护的财富。在人—机—环境系统中只有人向安全问题提出挑战，一个掌握足够技能和装备的人能够发现并纠正系统故障，并且使其恢复到正常状态。不幸的是，绝大多数事故的发生均与人的不安全行为有关。众所周知的切尔诺贝利事故与"4·28"胶济城市轨道交通事故均与人的差错有关。据统计，联邦德国大约80%以上的道路交通事故起因于人的差错；法国电力公司在1990年提出的安全分析最终研究报告中指出，在70%~80%的事故中人的因素起着决定性作用；美国机动设备事故中，由于人的相关因素占89%（其中单纯人的因素占57%，人与环境的相关因素占26%，人与设备的相关因素占6%）；日本核电站管理部门分析结果表明，日本国内70%的核电站事故是由人的差错引起的。

人对运营安全的特殊作用可归纳为以下3点：

（1）人的主导性。在人和设备的有机结合体中，人是主导方面。设备必须由人来设计、制造、使用和维护，即使是技术状态良好的安全设备，也只有通过人正确适用才能发挥它的保安作用。

（2）人的主观能动性。当情况突然变化时，人能立即采取相应的措施和灵活的方法，排除故障等不安全因素，使系统恢复正常运转。只有人才具有主观能动性，从而具有合理处理意外情况的能力。

（3）人的创造性。人能够通过研究和学习，不断地提高和改进现有系统的安全水平。

2. 运营安全对人员的素质要求

影响交通运营安全的人的因素，是指相关人员的安全素质、包括思想素质、技术业务水平、生理素质，以及群体素质，且对不同人员有不同的素质要求。

1）对运营系统内人员的安全素质要求

（1）思想素质。

思想素质包括职业道德、劳动纪律、安全观念等。安全思想素质差，责任心不强，是导致"违章违纪"等不安全行为的重要原因，特别是某些领导安全意识差，"安全第一，预防为主"的思想树立不牢，往往会制约一个单位的安全状况。

（2）技术业务素质。

技术业务素质包括业务知识、文化素养、安全法律知识和安全技能，以及处理各种非正常情况的作业能力等。由于交通运营作业经常可能面临各种意外情况，所以运营工作人员的应变能力非常重要。此外，对安全管理人员而言，还应具备相应的安全管理知识和能力。

（3）生理素质。

生理素质是指影响运营安全的人体生命活动，包括身体条件及生理状况。主要有年龄、性别、记忆力、体力、耐力、血型、视力、视觉（色觉、形觉、光觉）、听觉、动作反应时间和疲劳强度等，均与交通运营安全有十分密切的关系。例如，司机的视觉功能障碍，不能准确瞭望，极易发生行车事故。再如，司机年龄与行车事故之间构成一种浴盆曲线（图1-9），发生这种情况的主要原因在于青年人缺乏必要的工作经验和对自身的控制能力，冒险性强，容易受到外界人为因素的干扰，而年长者由于生理机能不断衰退、体力减退、力不从心，所以发生事故往往难以避免。

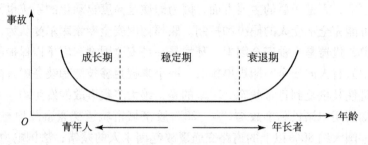

图1-9　年龄与事故构成的浴盆曲线

（4）心理素质。

心理素质是指影响运营安全的人的心理过程及个性心理特征。主要包括个体的气质、能力、性格、情绪、需要、动机、态度、爱好、兴趣、意志等各个方面。例如，在气质方面，胆汁质的人往往易冲动，表现为性急而粗心，多血质的人注意力容易转移，缺乏耐性，都可能成为引发事故的条件；黏液质的人表现为稳定、细心、工作有持久性，比较适合于在安全和要害部门工作。在性格方面，表现为勤劳、认真、细致、具有自信心和控制能力的人，以及富有稳定和持久的情绪特征的人，都有利于做好各项安全工作。因此，正确判断职工的气质，培养良好的性格和其他心理特征，是保障安全生产的重要前提。

（5）群体素质。

群体是个体的集合，群体素质是指影响运营安全的群体特征，包括群体目标、群体内聚力、群体的信息沟通、群体的人际关系等。由于交通运营工作要求工种协同动作，涉及多个环节，因而它对于运营系统内部与部门之间、部门内人员之间以及同一作业的操作者之间的协调性要求很高，这就使群体的作用变得十分突出。群体对运营安全的影响，主要表现在群体意志影响其成员的行为，包括社会从众作用、群体助长作用和群体规范作用。

2）对运营系统外人员的安全素质要求

运营系统外人员不直接从事交通运营生产活动，因此，对他们的安全素质要求主要体现在要严格遵守交通安全法规的有关规定，具备城市轨道交通安全法规知识，具有较强的安全意识和一定的安全技能。影响运营安全的人员素质因素如图1-10所示。

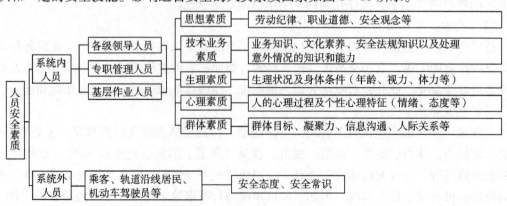

图1-10　影响运营安全的人员素质因素

二、设备影响因素分析

交通运营设备是除人之外影响运营安全的另一个重要因素,质量良好的设备既是运营生产的物质基础,又是运营安全的重要保证。

1. 运营基础设备

运营基础设备包括固定设备,如线路(路基路面、桥隧建筑物、轨道)、车站、信号设备(交通信号、联锁设备、闭塞设备)等,以及移动设备,如电动车辆、通信设备等。由运营基础设备造成的事故案例,如图1-11所示。

(a)　　　　　　　　　　　　(b)

图1-11　由运营基础设备导致的城市轨道交通运营安全事故

(a) 北京地铁4号线动物园站扶梯事故现场;(b) 上海地铁10号线列车相撞事故现场

2. 运营安全技术设备

(1) 安全监控设备。对运营员工操作正确性进行监督,防止在实际运营作业过程中由于人的精力和体力出现不适应而造成行车事故。

(2) 安全检测设备。对各种运营基础设备的技术状态进行检测。

(3) 自然灾害预报与防治设备,如塌方落实报警装置、地震报警系统、火灾报警系统等。

(4) 事故救援设备,如消防、抢修、排障等设备。

三、环境影响因素分析

对于环境的因素,可按内部小环境和外部大环境分别进行分析。

1. 内部小环境

对于一般微观的人—机—环境系统而言,内部环境通常是指作业环境,即作业场所人为形成的环境条件,包括周围的空间和一切生产设施所构成的人工环境。然而,交通运营系统是一个非常复杂的宏观大系统,它是由系统硬件(运营基础设备和运营安全技术设备)、系统工作人员(运营系统内的各级管理人员和作业人员)、组织机构(管理、运行机构、维修机构等)以及社会经济因素(政治、经济、文化、法律等)等互相作用而构成的社会—技术系统。因此,影响运营安全的内部环境绝非仅是作业环境,它还包括通过管理所营造的运营系统内部的社会环境,即运营系统外部社会环境因素在运营系统内的反映,它涉及面广,包括运营系统内部的政治、经济、文化、法律等环境。

2. 外部环境

其包括自然环境和社会环境。需要强调的是，自然环境是指自然界提供的、人类一时尚难以改变的生产环境。自然环境对运营安全的影响很大，自然灾害不仅会对地铁运营造成影响，甚至可能引发次生灾害而造成更大的危险。运营线路暴露在大自然中，经常遭受洪水、雷电、台风、地震等自然灾害的威胁。在各种自然灾害中，最常见的是暴雨、洪水，严重影响运营安全，危害极大。此外，气候因素（风、雨、雷、电、雾、雪、冰等）、季节因素（春、夏、秋、冬）、时间因素（白天、黑夜）以及运营线路沿线的地形地貌等也是不容忽视的事故致因。

3. 社会环境

其包括社会的政治环境、经济环境、技术环境、管理环境、法律环境以及社会风气、家庭环境等，它们对交通运营安全均有不同程度的影响，较为直接的是运营线路沿线治安和站场秩序状况。影响运营安全的环境因素如图 1-12 所示。

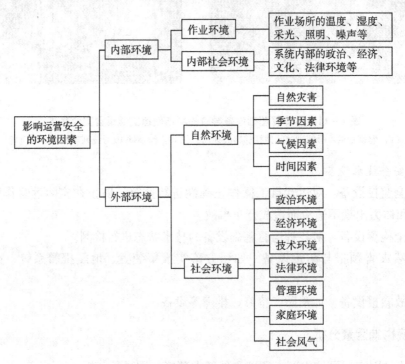

图 1-12　影响运营安全的环境因素

四、各种因素相互影响的分析

1. "人—人"之间

运营由多部门、多层次人员分工与合作来实现。人与人之间相互作用、相互影响、相互依赖、相互制约，必须协调配合，才能保证运营生产的顺利进行。如果协调配合不好，便会造成事故隐患，进而发生事故，影响城市轨道交通运营安全。

2. "人—机"之间

"人"是行为的主体，操纵"机"的运转。人的劳动能力、劳动熟练程度、劳动态度，直接影响"机"的运转状况；同时自动化"机"可部分监督人的行为，减少偏差。"人—机"之间是相互作用和相互影响的关系。

3. "人—环境"之间

人的活动受环境的影响和制约。人从环境中获取物质、能量和信息，并创造环境、改进环境，对环境施加能动性影响。同时环境反作用于人，使人必须适应环境，根据环境的变化调整自己的行为。

4. "机—机"之间

两者表现为联动关系，要求每一环节必须运转正常与协调。任何环节不协调，都会成为事故隐患的可能，因此，需要加强"机—机"之间衔接的可靠性。

5. "机—环境"之间

良好的环境能保证"机"的状态良好和运行正常。通过"机"改造环境，可以使环境向有利于系统的方向发展。

6. "环境—环境"之间

两者相互影响和制约。包括不可控的大环境之间、可控的小环境之间、大环境与小环境之间的相互改造和被改造的关系，要充分发挥可控的小环境的能动作用，影响不可控的大环境的变化。

7. "人—机—环境"之间

这是运营安全保障系统最基本的组成要素。一个要素的良好状态，不能保证系统的优化，必须有效地组合与协调三者之间的关系。

五、城市轨道交通运营安全保障系统

城市轨道交通运营安全保障系统是配置在运营系统上、起保障运营安全作用的方法和手段的综合，保证人员和设备的安全性，保证不受外部环境威胁。

1. 运营安全保障系统的特征

（1）具有较强的可操作性和时效性。

比运营安全系统范围具体，更有针对性（针对某一时期、某一阶段、某一范围内运营系统存在的安全问题），使其达到当时可接受的安全水平。

（2）是一个控制系统。

其施控主体是"管理"，受控客体是"直接影响因素"，包括单独因素和因素间关系及组合，从而实现某一时期的安全目标。

（3）是一个"人—机—环境"系统。

该系统以"管理"为中枢，以"人"为核心，以"机"为基础，以"环境"为条件，以保障运营安全为目的。

（4）是一种前馈—反馈耦合控制系统。

反馈控制过程：将输出端信息传到输入端，比较目标，找出偏差，采取措施纠正偏差，达到预期目标。该过程在偏差产生后进行，具有滞后性。

前馈控制过程：根据预测信息，在偏差发生前采取措施纠正偏差，增强系统抗干扰能力，提高系统稳定性。人、机、环境三者之间的输入输出关系如图 1-13 所示。

由图 1-13 可以看出，管理者为了实现对直接影响因素的有效控制，必须时刻掌握以往

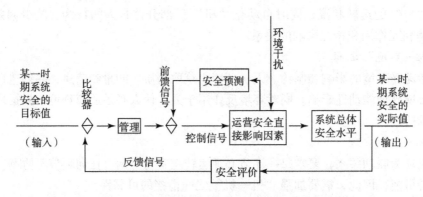

图1-13 运营安全保障系统的输入输出关系

控制效果的信息,进行安全评价,需要对直接影响因素及其关系的变化、环境的干扰进行预测。同时,评价、预测结果是实施控制的依据,科学、合理的安全评价与预测起着举足轻重的作用。一旦缺乏该环节,使控制成盲目行为,难以达到预期效果。

2. 运营安全保障系统的结构

运营安全保障系统由安全总体管理子系统和安全对象管理子系统组成。其中安全总体管理子系统包括安全组织、安全法制、安全信息、安全技术、安全教育和安全资金。安全对象管理子系统包括人员安全保障子系统、设备安全保障子系统和环境安全保障子系统。

1) 安全总体管理子系统

(1) 安全组织。

安全组织是安全管理的职能实体。措施的制定与落实离不开组织的支持,组织是一切安全管理活动的基础。安全组织的功能有:制定安全管理的方针、政策和目标,分配责任和权限,组织实施安全管理规划,提供决策沟通和协调配合,安全检查及整改,分析处理事故。

(2) 安全法制。

安全法制使人、机、环境的安全管理活动有章可循、有法可依,规范人、机、环境安全管理。其主要功能为完善运营安全法规、建立健全规章制度、完善安全标准体系监督与考核规章制度、作业标准的执行。

(3) 安全信息。

安全管理活动离不开安全信息的支持,信息促使系统动态化,将组织目标与参与人员联系起来。安全信息的主要功能是收集、记录、整理、传输、存储系统安全信息,提供系统安全分析工具、评价方法与决策支持,追踪先进安全科技与管理信息。

(4) 安全技术。

安全技术包括:运营安全硬技术设备的安全管理;运营安全软技术的研究、开发与应用。其主要功能包括:完成安全分析、评价和管理方法的研究与应用,事故管理方法的研究与应用,各种安全作业方法、工艺过程的研究与应用,制定与完善安全技术规范的方法研究与应用。

(5) 安全教育。

安全教育是通过改进人的行为状态，避免危险，防止事故。其功能是完善各级安全教育体系，建立健全促进安全行为的奖惩制度。

（6）安全资金。

安全资金是搞好运营安全管理的物质基础。其内容包括资金的筹集、调拨、使用、结算和分配。

2）安全对象管理子系统

（1）人员安全保障子系统。

人员安全保障子系统保障人员安全性的所有措施，保障不因人的差错而导致事故或隐患。其主要内容有两方面：

①通过岗位安全教育和培训提高人员安全素质（人员直接安全保障）。

②通过加强劳动管理、生活管理和行为管理，加强人员安全管理（人员间接安全保障）。

（2）设备安全保障子系统。

①设备安全设计。选用安全性较高的设备。

②设备保养、检修及更换。保障设备始终处于良好运行状态，更换超期服役的设备。

③设备状态及工作情况的检测和监控管理。有效获得实时动态信息。

④设备的故障安全对策。保证故障导向，杜绝非安全连锁反应，缩小事故后果。

（3）环境安全保障子系统。

①内部环境安全保障。作业环境安全保障，内部社会环境安全保障。

②外部环境安全保障。自然环境安全保障，自然灾害的预测、预报与防治，恶劣气候下安全作业方法的完善与落实。

③外部社会环境安全保障。

原因分析

国务院"4·28"胶济铁路特大交通安全事故调查组，2008年4月29日上午在山东淄博成立，国家安监总局局长王君任调查组组长。事故调查组认为，胶济铁路特大交通事故是一起典型的责任事故，济南铁路局在这次事故中暴露出两点突出问题：一是用文件代替限速调度指令；二是漏发临时限速指令。从而造成事发列车（北京开往青岛的T195次旅客列车）在限速80 km/h的路段上实际时速居然达到了131 km/h，超速51 km/h、60%，这充分暴露了一些铁路运营企业安全生产认识不到位、领导不到位、责任不到位、隐患排查治理不到位和监督管理不到位的严重问题；反映了基层安全意识薄弱，现场管理存在严重漏洞。

防范措施

查找管理漏洞，提升安全管理水平，落实安全生产制度，加强基层安全意识教育，落实安全生产责任制，降低人为因素对安全生产的影响。

任务3　城市轨道交通运营安全管理

情景导入

案例名称	韩国大邱地铁纵火案		
时间	2003年2月18日	地点	韩国大邱地铁

事件概况：上午9时55分左右，韩国大邱市，第1079号地铁列车刚在市中心的中央路车站停住，第三节车厢里一名56岁的男子从黑色的手提包里取出一个装满易燃物的绿色塑料罐，并拿出打火机试图点燃。车内的几名乘客立即上前阻止，但这名男子却摆脱阻拦，把塑料罐内的易燃物洒到座椅上，点着火并跑出了车站。

车内起火后，车站的电力系统立刻自动断电，站内一片漆黑，列车门因断电无法打开。车内没有自动灭火装置。正当大火烧起来的时候，刚好驶进站台的对面一趟列车也因停电而无法动弹。大火迅速蔓延过去，两列车的12节车厢全被烈火浓烟包围。人们乱作一团，有的拼命撬门，有的四处寻找逃生的出口。慌乱中，许多乘客因浓烟窒息而死。浓烟不仅从地铁出口向地面上的街道扩散，而且顺着通风管道蔓延至地下商场。200多家商店纷纷关门。当地警方、消防部门在2 min内接到了火警警报，迅速调集1500多名人员和数十辆消防车前往救援。地铁大火熊熊燃烧了3 h，直到下午1时才被扑灭。然而，塑料等物燃烧后造成的刺鼻毒气和浓烟仍然蔓延在地铁车站内，给救援工作带来了巨大的困难。到当天下午3时，消防人员仍然戴着防毒面具在地铁车站内寻找可能的幸存者，大量黑色浓烟仍从地铁通风管和楼梯间源源不断涌向地面，浓烟逼得救援直升机根本无法靠近。这场事故共造成198人死亡，146人受伤，298人失踪。事故现场如图1-14所示。

图1-14　韩国大邱地铁事故现场被烧毁的列车

知识要点

（1）城市轨道交通运营安全管理的含义。
（2）城市轨道交通运营安全管理的重要性。
（3）城市轨道交通运营安全管理的主要内容。
（4）城市轨道交通运营安全管理的方针、途径及企业安全文化建设。
（5）城市轨道交通企业员工安全管理方法。

（6）城市轨道交通安全相关法律法规。

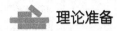 理论准备

城市轨道交通运营安全管理是指管理者按照安全生产的客观规律，对运营系统的人、财、物、信息等资源进行计划、组织、指挥、协调和控制，以达到减少或避免交通运营事故的目的。换言之，城市轨道交通运营安全管理是指为了有效地减免运营事故及由运营事故所引起的人和物的损失而进行危险控制的一切活动。

一、城市轨道交通运营安全管理的含义

城市轨道交通运营安全管理主要包含5个方面的含义。
（1）运营安全管理的目的是消灭和减少运营事故及其损失。
（2）运营安全管理的主体是运营系统的各级管理人员。
（3）运营安全管理的对象是人（基层作业人员）、财（安全技术措施经费等）、物（运营基础设备和运营安全技术设备等）、信息（安全信息）等。
（4）运营安全管理的方法是计划、组织、指挥、协调和控制。
（5）运营安全管理的本质是充分发挥人的积极性和创造性，调动一切积极因素，促使各种矛盾向有利于运营安全的方面转化。

二、城市轨道交通运营安全管理的重要性

运营安全的水平取决于人员、设备、环境和管理的本质安全化水平，其中人是系统安全的核心，设备是系统安全的基础，环境是系统安全的外部条件，而管理则是在一定技术经济和社会条件下系统安全的关键。管理对城市轨道交通运营安全的重要性主要体现在下述3个方面：
（1）管理有助于提高运营系统内人员、设备和环境的安全性，如进行人员教育与培训等。
（2）管理具有协调运营系统内人、机、环境之间关系的功能，包括人—人关系、人—机关系、人—环境关系、人—机—环境关系。
（3）管理具有优化运营系统人—机—环境整体安全功能的能力，亦即管理具有运筹、组合、总体优化的作用。

影响运营安全的管理因素较多，主要有安全组织、安全法制、安全技术、安全教育、安全信息和安全资金。影响运营安全的管理因素如图1-15所示。

三、城市轨道交通运营安全管理的基本内容

城市轨道交通安全就是指行车和客运不发生人身伤亡、火灾爆炸、设备设施故障等事故。按照城市轨道交通安全系统管理的基本原理和要求，安全系统管理的基本内容如下。

1. 安全总体管理

在城市轨道交通运营管理工作中，一切服务于安全生产，各管理部门为确保运输安全所做的工作都应纳入安全总体管理的范畴，形成包括安全组织、安全法规、安全技术、安全教

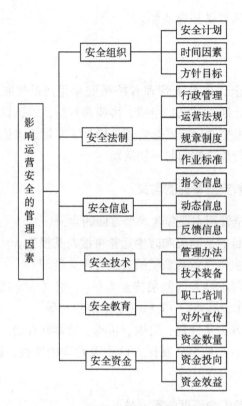

图1-15 影响运营安全的管理因素

育、安全信息、安全资金等在内的安全管理工作的总体。

安全总体管理的目的就是提出一定时期的运营安全要求,并根据运转目标构建城市轨道交通安全人—机—环境控制系统。在这一控制系统中,只有人向安全问题提出了具体的挑战。人—机—环境结合的目的,就是充分利用人体科学的发现,使技术和机器在更大程度上适合于人,从而提高人—机—环境系统的安全性。

安全总体管理的内容主要包括安全组织管理、安全法规管理(包括法规的建立健全、增加废止工作)、安全技术管理、安全教育管理(包括安全思想、安全知识、安全技能和事故应急处理等教育工作)、安全信息管理和安全资金管理。

2. 安全重点管理

为了保证运营安全,一方面,要认真做好安全基础管理(安全总体管理)的各项工作;另一方面,应根据实际需要和生产规律,对影响安全的关键因素进行重点管理,才能点面结合,更好地把握运营安全生产的主动权。安全重点管理的内容主要包括以下4个方面。

1) 对人的安全管理

对人员的安全管理要把握"四掌握、三要求"的工作原则。"四掌握":一要掌握生产规律,针对关键时间、岗位、车次和人员,把安全教育工作做到运营全过程中去;二要掌握自然规律,要根据风、雨、雾、霜、雪等天气和季节变化对运营生产和职工心理带来的影响,有预见地做好事故预想和预防工作;三是要掌握职工思想变化规律,能够对于社会条件和职工需求之间的矛盾,坚持正面教育为主,即时疏通引导,协调关系,增强团结,确保安全生产形势稳定;四是要掌握人的生理、心理规律,按照职工性别、年龄、体力和智力差异在生产中担当工作的性质不同，加强对行车主要工种人员的选拔和管理。"三要求"：一是要求全面强化职工业务培训；二是要求提高安全管理人员的综合素质；三是要求构建运输人员生理、心理安全保障体系。

2）对设备的安全管理

对设备的管理要遵循"三提高"原则：提高基础设备的安全管理水平；提高基础设备的安全性能；提高安全技术设备的安全性能。

3）对环境的安全管理

城市轨道交通运营安全生产必然会受到外界自然环境变化的影响。如天阴、下雨、刮风、下雪、下雾等，会影响电动车驾驶员瞭望信号和观察线路情况；到寒冷季节，可能造成运营设备冻坏，影响安全生产；强烈的雷电，可能毁坏或干扰通信、信号设备，也可能影响行车安全等。对环境的安全管理主要是消除危害运营安全和一切不良环境因素，保障人员和设备安全、舒适的工作。

4）对作业的安全管理

其主要包括标准化作业控制、非正常情况下作业控制及结合部作业联控管理。

3. 安全事后管理

安全事后管理是事故发生后的安全管理工作，它是运营安全系统管理不可缺少的重要组成部分，主要包括：运营事故调查处理，主要工作有事故通报、调查处理、责任判定、统计分析、总结报告等；运营事故应急处理，各种事故应急处理过程中，均应及时与调度指挥人取得联系，听候指示办理。

四、安全管理的方针

根据我国相关的法律、法规，"安全第一，预防为主"是我国城市轨道交通安全系统管理的方针。"安全第一"就是要求运营企业在组织生产、指挥生产时，坚持把安全生产作为企业生存发展的第一要素和保证条件。"预防为主"就是要求运输企业以积极、主动的态度，从组织管理和技术措施上增强安全保障系统的整体功能，把事故遏制在萌芽状态，做到防患于未然。安全工作必须始终将"预防"作为主要任务予以统筹考虑。

五、安全管理的途径

要做到城市轨道交通运营的安全生产，主要通过以下途径来实现：

(1) 建立完善安全规程，做到安全生产有章可循。
(2) 建立三级安全网络，落实安全生产责任制。
(3) 建立安全检查制度，预防运营事故发生。
(4) 建立安全培训制度，营造安全文化氛围。
(5) 建立应急救援体系，增强应急处理能力。
(6) 建立事故处理机制，落实责任追究制度。
(7) 建立境地联动机制，共保地铁一方平安。

六、企业安全文化建设

企业安全文化建设是将企业安全理念和安全价值观表现在决策者和管理者的态度和行

动中，落实在企业的管理制度中，将安全法规、制度落实在决策者、管理者和员工的行为方式中，将安全标准落实在生产工艺、技术和过程中，由此形成一种良好的安全生产气氛。

英国健康安全委员会的定义：一个单位的安全文化是个人和集体的价值观、态度、能力和行为方式的综合产物。因此，安全文化和企业文化同样是凝聚人心的无形资产和精神力量、企业实现可持续发展的灵魂和推动力，是员工精神、素质等方面的综合表现，是企业管理的基础和发展之宝。

安全文化建设的主要内容包括建立安全物质文化、建立安全制度文化、建立安全行为文化及建立安全精神文化。

1. 安全文化建设的要素

安全文化是普遍性和特殊性的结合。安全文化共性与个性的结合构成了整个社会和谐统一的安全文化机制，城市轨道交通企业的安全文化建设七大要素如下。

1）以人为本

在安全生产系统中，人的素质（心理与生理、安全能力、文化素质）是占主导地位的，人的行为贯穿生产过程的每一个环节。因此，在创建企业安全文化时，安全管理必须重视人的因素，必须强化群体的安全意识，必须提高企业全员安全文化水平，要尊重人、关心人、以人为本，采取必要措施，保障个人的利益，使大家找到归属感，最终形成安全管理"命运共同体"，推动企业安全文化的改善和提高。以人为本要注重3种人：班组安全员、检修清理作业人员、转岗复岗新员工，其中以班组安全员最为重要。

2）形式多样

要创建优秀的企业安全文化，首先要真正把安全教育摆在重要位置。在教育途径上要多管齐下，既要通过安全培训、安全日进行常规性的安全教育，又要充分发挥安全会议、厂报、有线电视、黑板报等多种途径的作用，强化宣传效果。在安全教育的形式和内容上要力求丰富多彩，推陈出新，使安全教育具有知识性、趣味性，寓教于乐，广大职工在参与活动中受到教育和熏陶，在潜移默化中强化安全意识。

3）重视对员工的激励作用

企业员工安全工作的积极性调动，要靠安全管理人员的挖掘和引导，从而激发他们的工作热情和创造能力，企业可以在各级安全生产责任制的基础上，对安全工作搞得好的集体和个人进行物质奖励；反之要进行物质惩罚。也可以搞评选安全标兵、安全之星等安全活动，对入选人员给予一定的奖励，从而调动员工参与安全管理工作的积极性和热情。

4）把感情融入安全管理

人的感情因素深深地渗透到行为中，影响着行为目标、行为方式等多个方面。在企业内部，每一名员工都拥有自己的情感世界，安全管理者只有深入了解、沟通和激发职工的内心情感，才能在管理工作中起到事半功倍的效果。

5）全员参与

要搞好安全、保障员工的安全必须达成"安全生产，人人有责"的共识，使员工能够把安全理论知识和生产实践紧密地结合在一起。在充分发挥专业安全管理人员作用的同时，要想方设法让全员都参与到安全管理中，充分调动和发挥广大员工的安全工作积极性。只有这样才能对现场的作业人员、设备状况，给予静态控制、动态预防，切断和制止有可能引发事故的根源,实现作业人员之间的自保、互保和联保,极大地降低安全事故的发生率。

6) 实行全方位安全管理

安全管理就是对人的作业行为进行有效的管理,制定出企业职工作业行为规范和安全操作规范等,建立切实可行的新型管理模式,不断学习安全理论知识,加强岗位安全技能培训,改正作业过程中的不安全、不规范、不正确的操作方法,要把有效的工作方法贯穿到企业生产的全过程。企业安全文化建设三级安全管理网络如图 1-16 所示。

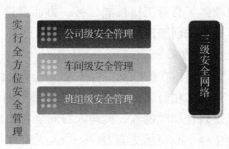

图 1-16　企业安全文化建设三级安全管理网络

7) 实行企业安全目标管理

企业安全目标管理是企业安全管理部门确定在一定时期内应该达到的安全总目标,也是在分解展开、落实措施、严格考核的基础上,通过组织内部自我控制达到安全目的的一种安全管理方法。它以企业安全管理部门总的安全管理目标为基础,逐级向下分解,使各级安全目标明确、具体,各方面关系协调、融洽,把全体成员都科学地组织在目标体系之内,使每个人都明确自己在目标体系中所处的地位和作用,通过每个人的积极努力来实现企业安全管理部门的安全目标。

2. 安全文化的特点

1) 高效的安全生产管理

企业安全生产目标明确,并且将目标分解成指标落实在各个岗位。安全职责清楚,每个岗位的工作人员都明白自己要做什么样的工作,在工作中会出现哪些不安全的因素和怎样预防。安全措施具体,企业为实现安全目标而制定的各项安全措施都能落到实处。员工行为标准化,管理体系按程序运作,不因人而发生改变。整个企业是个高效运行的体系,指挥体系令行禁止,部门之间相互协调。

2) 和谐的人际关系

一是企业与员工的利益融为一体,员工的需要与企业的安全生产目标一致,每个员工都有归属感,都为能成为本企业的一员而自豪,员工主人翁意识强,关心企业的发展;二是企业领导与员工只是岗位不同,职责不同,在人格上是平等的,领导敢为下属承担责任,不仅关心下属的工作,而且关心下属的生活、学习和身体;三是员工主动为领导分忧,在工作中遵章守纪,兢兢业业,员工之间要相互关心、互相学习、共同进步。

3) 优美的工作环境

优美的工作环境是企业安全生产的外在形象,是保障员工生命安全的基本条件,也是加强企业内部管理的必然要求。企业在生产经营不断发展的同时,有责任为员工创造优美的工作生活环境。在优美的环境中工作,能提升职工的工作效率,给人以舒畅的感觉,职工的工作创造性也会大大迸发。同时优美的环境能净化、美化人的心灵,约束人的不良行为,有利于员工的身体健康。

4)良好的学习氛围

一个企业建立了先进的安全文化,企业就成了一所学校。企业员工为了适应科学技术的发展和设备升级改造,需要不断学习,知识成为员工实现自我价值的一种资源。主动掌握安全知识与技能已成为企业员工的自觉行为,员工由要我安全变为我要安全、我会安全。企业员工通过学习培训,一方面增强了自身工作技能,另一方面促进了企业整体科技实力进步。学习创新已成为激发职工积极性和创造性的力量源泉。

3. 安全文化与企业安全管理的关系

安全文化与企业安全管理有其内在的联系,但安全文化不是纯粹的安全管理,企业安全文化也不是企业安全管理。安全文化对人的整个人生过程都不断影响、注入和培养、塑造,用安全的精神财富和物质财富教育和激励人,提高人的安全素质,即安全技术和安全文化知识,安全社会适应力和安全生理、心理承受能力。一个人无论在何时何地都自觉或不自觉地被当时当地的安全文化熏陶、改造和提高。

企业安全管理是通过有局限性的企业安全管理技术和方法,在企业职工从事生产经营活动的过程中发挥作用,被管理者始终处在一种被动安全、服从安全、要我安全的强迫、监督状态,从精神上、心理上的影响是相对短暂的、有限的。在企业安全管理上,要研究人的安全心理,以人为本,企业安全管理才能持久、深远。

七、安全生产

1. 职业健康安全管理体系 OHSMS

OHSMS(Occupation Health Safety Management System)是 20 世纪 80 年代兴起的现代安全生产管理模式,是一套系统化、程序化,具有高度自我约束、自我完善机制的科学管理体系。实施 OHSMS 可以强化企业的安全管理,完善安全生产的自我约束机制和激励机制,保护员工安全与健康,增强企业的凝聚力和竞争力。

OHSMS 以 PDCA 模式运行,也称为戴明模型,包括以下 4 大环节:

(1)策划(Plan)环节。建立所需的目标和过程,以实现组织的职业健康安全方针所期望的结果。

(2)实施(Do)环节。对过程予以实施。

(3)检查(Check)环节。根据职业健康安全方针、目标、法规和其他要求,对过程进行监测,并报告结果。

(4)改进(Action)环节。采取措施以持续改进职业健康安全管理绩效。

建立 OHSMS 的步骤包括前期准备、初始状态评审、体系策划、文件编写、体系运行、监督和评审、纠正和预防、持续改进和保持。

2. 企业安全管理知识

1)安全生产责任制

这是岗位责任制和经济责任制的重要组成部分,是安全生产规章制度的核心,也是最基本的安全管理制度。其主要内容是明确各职能部门的安全生产职责,包括安全技术部门、生产计划部门、技术部门、设备动力部门和劳动工资部门。

2）企业安全生产管理的组织保障

企业安全生产管理的组织保障包括两个方面：

（1）安全生产管理机构的保障。

安全生产管理机构是指企业中专门负责安全生产监督管理的内设机构。

（2）安全生产管理人员的保障。

安全生产管理人员是指在企业从事安全生产管理工作的专职或兼职人员。

3）安全生产投入与安全技术措施计划

安全生产投入主要用于以下方面：

（1）建设安全和卫生技术措施工程。

（2）防火防爆工程、通风除尘工程等。

（3）增设和更新安全设备、器材等，以及这些安全设备、器材的日常维护。

（4）重大安全生产课题的研究。

（5）按照国家标准为员工配备劳动保护用品和设施。

（6）员工的安全生产教育和培训。

（7）其他有关预防事故发生的安全技术措施费用。

（8）用于制定及落实生产事故应急救援预案等。

安全技术措施计划的基本内容如下：

（1）应用单位或工作场所。

（2）名称。

（3）目的和内容。

（4）经费预算及来源。

（5）施工单位或负责人。

（6）开工和竣工日期。

（7）预期效果及检查验收。

4）安全生产教育培训

（1）安全生产教育的对象和内容。企业主要负责人、安全生产管理人员、特种作业人员、其他从业人员。

（2）安全生产教育的形式。三级安全教育、特种作业人员安全教育训练及经常性的安全教育3种。

（3）安全生产教育的方法。课堂讲授法、实操演练法、案例研讨法、读书指导法和宣传娱乐法。

5）安全生产检查

安全生产检查内容包括软件系统检查（思想、意识、制度、管理、事故处理、隐患、整改）和硬件系统检查（生产设备、辅助设施、安全设施、作业环境）。

安全生产检查方式以经常性安全检查、定期安全检查、专业性安全检查和群众性安全检查4种形式为主。

3. 现场安全管理知识

现场安全管理是生产经营单位按照有关法规和规章制度，直接消除人的不安全行为和物的不安全状态的一种最基层、具有终结性的安全管理活动，是其他高层次管理活动得以实施的保证，也是安全管理水平的重要标志。

1）作业过程管理

作业过程是指以一定方式组织起来的人群，在一定的作业环境内使用设备和工具，采用一定的方法加工、制造、组合产品并运输和保存的过程。大部分的员工伤亡事故都是在作业过程中发生的。

作业过程管理采取的对策和措施应该包括合理安排劳动和休息时间、调节单调性作业、确定适当的工作节奏、实行标准化作业和实行确认制。

2）作业环境管理

作业环境是指生产现场的空间和生产设施所构成的人、机环境，包括机器、设备、原材料、半成品和产品等。这些人机环境管理有缺陷或不符合安全规范、标准要求，都有可能给操作者带来危害。

作业环境管理包括空间的合理设计，场所的清理、整顿，合适的照明、通风、温度、湿度及安全信号装置、标志的完善。

3）危险作业的现场管理

危险作业是指容易造成严重伤害事故和财产损失的作业，包括临时性作业、非生产性作业和劳动条件恶劣的作业。

危险作业的特点主要有：作业时间、地点不固定；临时组织作业人员，彼此不熟悉，难以配合默契；作业程序不固定、不熟悉，甚至是完全生疏的；使用的设备、工具不固定，甚至不适合，缺乏安全保障；技术要求高、危险性大等。

危险作业的控制管理过程一般是：提出申请；危险辨识和危险评价；制定控制危险的措施；审批；下达作业任务；作业前的准备和监督检查。

4）交叉作业的现场安全管理

交叉作业是指两个以上的生产经营单位（或部门）在同一区域内进行生产经营活动，可能危及对方安全生产施工作业的行为。在运营正线、辅助线路、车厂、车站、主变电所、控制中心进行交叉作业，必须落实施工安全防护措施。在运营正线、辅助线路、车厂等进行列车、工程车调试、试验的交叉作业，必须落实调试、试验安全防护措施。

交叉作业的安全检查与监察要坚持：

（1）作业前安全检查。
（2）作业中安全监护。
（3）作业后安全清理。
（4）作业人员自我检查。
（5）负责人检查。
（6）安全管理人员检查。
（7）发现的问题和隐患必须立即进行整改，落实防护措施之后方能作业。

八、员工的安全保障

1. 安全教育与培训

安全教育是通过学校教育、媒体宣传、政策导向等途径，提高从业人员安全意识和素质，使得他们能够从安全角度观察、理解从事的活动和形势，用安全观点解释、处理新问题。

安全教育是预防与控制的重要手段之一，是国家法律法规的要求，同时是企业安全生产的需要，其主要内容包括安全态度教育、安全知识教育和安全技能教育。

安全态度教育主要包括思想教育和态度教育。其中思想教育又包括安全意识教育、安全生产方针政策教育和法纪教育。

安全知识教育包括安全管理知识教育和安全技术知识教育。

1）安全管理知识教育

（1）组织结构。

（2）管理体制。

（3）基本方法。

（4）心理学、人机工程学、系统安全工程。

2）安全技术知识教育

（1）一般生产技术知识。

（2）一般安全技术知识。

（3）专业安全技术知识。

安全技能教育包括正常作业的安全技能培训和异常情况的处理技能培训。

安全培训主要是为了提高职工安全技术水平和防范事故能力而进行的教育培训工作，是企业安全管理的主要内容。

2. 劳动保护

安全生产法第37条规定：生产经营单位必须提供符合国家、行业标准的劳动防护用品，并监督、教育工作人员按使用规则佩戴和使用。

劳动防护用品是生产经营单位为从业人员配备的、免遭或减轻事故伤害和职业危害的个人防护装备，分为特种和一般两种。常用劳动防护用品有头部防护用品、呼吸器官防护用品、眼（面）部防护用品、听觉器官防护用品、手部防护用品、足部防护用品、躯干防护用品、防坠落用品和护肤用品。

1）头部防护用品

头部防护用品用于防御头部不受外来物体打击和其他因素危害，包括普通工作帽、防尘帽、防水帽、防寒帽、安全帽、防静电帽、防高温帽、防电磁辐射帽和防昆虫帽，如图1-17至图1-21所示。

图1-17 防尘工作帽（1）

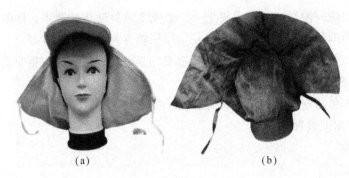

图1-18 防尘工作帽(2)

(a) 白帆布防尘帽;(b) 劳动布防尘帽

图1-19 防水工作帽

 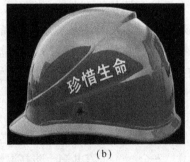

图1-20 安全帽

(a) V形透气安全帽;(b) 有源报警安全帽

图1-21 防高温帽

2）呼吸器官防护用品

呼吸器官防护用品用于防御作业者吸入有害气体、蒸气、粉尘、烟、雾等，保证作业人员在尘、毒污染环境及缺氧环境下正常呼吸，同时供氧或清洁空气，有防尘口罩和防毒口罩两种，如图 1-22 和图 1-23 所示。

图 1-22 防尘口罩

 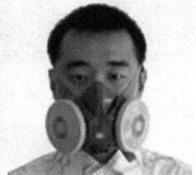

图 1-23 防毒口罩

3）眼（面）部防护用品

眼（面）部防护用品用于预防眼睛或面部被烟雾、尘粒、金属火花和飞屑、热辐射、电磁辐射、激光、化学飞溅等伤害，包括防尘类、防水类、防冲击类、防高温类、防电磁辐射类、防放射线类、防化学飞溅类、防风沙类、防强光类等，如图 1-24 至图 1-26 所示。

4）听觉器官防护用品

听觉器官防护用品用于防止过量声能侵入外耳道，避免噪声过度刺激，减少听力损失，预防噪声引起不良影响，包括耳塞、耳罩和防噪声头盔等，如图 1-27 所示。

5）手部防护用品

手部防护用品用于作业者劳动时戴用，用以保护手和手臂，常见的如劳动防护手套。

图 1-24 焊接护目镜

图 1-25 专用焊接面罩

图 1-26 防热辐射面罩

图 1-27 头盔式防噪声耳罩

劳动防护手套包括一般防护手套、防水手套、防寒手套、防毒手套、防静电手套、防高温手套等很多种,如图 1-28 至图 1-30 所示。

6) 足部防护用品

防止有害物质和能量损伤足部的劳动防护鞋,主要有防尘鞋、防水鞋、防寒鞋、防冲击鞋、防静电鞋、防高温鞋、防酸碱鞋等多种,如图 1-31 所示。

图1-28 防毒手套

图1-29 耐高温手套　　　　　　图1-30 防震手套

图1-31 防静电鞋

7）躯干防护用品

它包括一般防护服、防水服、防寒服、防砸背心、防毒服、阻燃服、防静电服等多种。

8）防坠落用品

即防止人体从高处坠落的安全带和安全网。

9）护肤用品

护肤用品用于防止皮肤免受化学、物理危害，包括防毒类、防腐蚀类、放射线类、防油漆类和其他类。

劳动防护用品管理过程中，单位和员工都要担负起一定的责任和义务。

（1）单位。

①负责劳动防护用品的免费提供，监督、教育、指导正确佩戴、使用。

②建立健全管理制度。

a. 购买、验收、保管、发放、更换、报废。

b. 制定发放标准。

c. 选定原则。

d. 安全、实用、经济、美观。

（2）员工。

①会检查可靠性。

②会正确使用。

③会正确维护保养。

④不得使用报废后的劳动防护用品。

⑤禁止使用化纤劳动防护用品（易燃、易爆、烧灼、有静电）。

九、企业安全生产相关的法律法规

1. 安全生产法规的发展

1）新中国成立初期

三大规程：

（1）工厂安全生产卫生规程。

（2）建筑安装工程安全技术规程。

（3）工人、职员伤亡事故报告规程。

五项规定：

（1）落实安全生产责任制。

（2）落实安全技术措施计划。

（3）加强安全生产教育。

（4）加强安全生产的定期检查。

（5）严肃伤亡事故的调查和处理。

2）改革开放后

关于加强安全生产工作的通知：

（1）加强劳动保护。

（2）搞好安全生产。

（3）保护员工的安全和健康。

（4）防止事故和职业病。

3）21世纪以来

《中华人民共和国安全生产法》规范宗旨、方针和政策，法制化、规范化。

2. 安全生产法规的概念

国家机关为加强安全生产监督管理、落实安全生产技术措施、保护人民群众生命和财产的安全、防止和减少安全生产事故，促进经济发展，按照一定的法律程序制定、颁布、实施的法律规范。

3. 安全生产法规的主要任务

调整生产经营活动中组织之间、组织与从业人员之间的安全生产权利、义务关系，保护人员人身安全和财产安全。

4. 安全生产法规的特点

安全生产法规具有国家强制性。要求生产经营单位、行政机关、社会团体、从业人员、相关方严格遵守、认真执行，一旦违反并造成重大后果的，将给予行政处分、经济处罚甚至追究刑事责任。

5. 安全生产法律体系

我国安全生产法律体系由法律、法规、规章和法定安全生产标准组成。

其中法律包括专门法律和相关法律。专门法律包括安全生产法、消防法、道路交通安全法、海上交通安全法和矿山安全法；相关法律包括劳动法、职业病防治法、工会法、矿产资源法、铁路法、公路法、民用航空法和港口法。

而法规包括行政法规和地方性法规两种，规章包括部门规章和地方政府规章。

6. 城市轨道交通安全相关法律法规——《城市轨道交通运营管理办法》

《城市轨道交通运营管理办法》已于2005年3月1日经第53次部常务会议讨论通过，自2005年8月1日起施行。其目的是为了加强城市轨道交通管理，保障正常、安全运营、维护秩序，保证乘客和运营者的合法权益。适用范围是与城市轨道交通运营相关的管理活动，其内容包括运营管理、安全管理、应急管理和法律责任。

原因分析

地铁列车一旦着火，地铁自身的防灾系统和控制指挥系统对于人员逃生、疏散起着至关重要的作用。在此前提下，个人是否具有消防安全意识和逃生自救知识非常重要。由韩国大邱地铁纵火案可以看出，车辆材料防火性能不好、车站通风及排烟系统设计不合理、安全疏散引导系统有缺陷、对运营员和乘客的安全教育和培训不足、应急安全设施预备不足等，往往会造成严重的伤亡事故。

防范措施

因此应注意以下几个方面：轨道车辆使用不燃内装饰面材料；加强车厢的灭火器数量与性能；改善排烟设备性能，设置烟屏蔽；改善紧急导向灯和路标系统；设置车厢紧急出逃窗口；对乘客普及从车厢和地铁站逃生的知识。

项目实施与评价

项目实施与评价表

项目一	城市轨道交通运营安全技术			
授课教师：	班级：	学生姓名：		时间：
一、典型案例 2011年9月27日14时10分，上海地铁10号线新天地站突发设备故障，交通大学站至南京东路站				

上下行采用电话闭塞方式行车；约 41 min 后，一列列车行至豫园站至老西门站下行区间不慎与前车发生追尾；事故造成 284 人受伤，无人员死亡，造成了重大的社会影响。这次事故的主要原因是在执行人工电话闭塞法行车过程中，行车调度员未严格执行调度规定，在忘记确认前车位置的情况下，违规发布调度命令，而前车一直停在区间没有行驶，造成后车与前车发生追尾。

二、原因分析

三、防范措施

四、成绩评定

1. 学生评价

评价等级	A（优）	B（良）	C（中）	D（及格）	E（不及格）
学生自评					
组内互评					
他组互评					

2. 教师评价

评价等级	A（优）	B（良）	C（中）	D（及格）	E（不及格）
专业能力					
方法能力					
社会能力					
评价结果					

3. 综合评定

评价等级	A（优）	B（良）	C（中）	D（及格）	E（不及格）
评价结果					

4. 评价量化标准

评价等级	行为表现描述
A	能高效、圆满地完成任务中的全部操作内容
B	能顺利完成任务中的全部操作内容
C	能完成实训任务的全部内容，但需要一些帮助和指导
D	只能完成实训任务的部分内容
E	只能完成实训任务的极少内容

1. 简述安全问题之间的相互关系。
2. 安全有哪些基本特性？了解安全的基本特性有何作用？
3. 事故有哪些基本特征？如何在实际工作中加以应用？
4. 为什么说事故是可以预防的？
5. 城市轨道交通运营安全特点有哪些？
6. 简述安全在城市轨道交通运营管理中的地位。
7. 人对城市轨道交通运营安全的影响具体体现在哪些方面？
8. 简述城市轨道交通运营安全管理的含义。
9. 安全管理的基本内容有哪些？
10. 如何做好城市轨道交通运营安全管理工作？
11. 如何做好员工的安全保障管理工作？
12. 城市轨道交通企业安全生产相关法律法规主要有哪些？

项目二
城市轨道交通岗位职责及作业标准

项目描述

城市轨道交通运营企业是一个多部门、多工种协同作业从而能够完成运输任务的综合性作业，虽然各个企业组织架构各不相同，但是他们主要作业岗位基本一致。其主要有车务部、AFC 管理中心、车辆管理中心、维修工程部以及自动化控制中心等。主要作业岗位有行车调度员、电力调度员、环控调度员、设备维修调度员、信号楼调度员、电客车司机、车站站长、值班站长、客运值班员、行车值班员、售检票员、站台安全员、设备维修员等。作为城市轨道交通系统的职工，必须掌握和了解这些岗位的职责和相关作业程序及标准，以便确保行车和乘客安全，完成各项工作任务。

本项目将详尽地介绍城市轨道交通调度、乘务、站务等各个岗位的工作职责和部分作业组织程序及标准。

1. 知识目标

（1）了解运营调度指挥组织架构及相互关系。
（2）掌握调度各工种的岗位职责与基本任务。
（3）掌握列车司机的岗位要求与作业标准。
（4）了解站务人员的通用标准。
（5）掌握站务人员的岗位职责与作业标准。

2. 能力目标

（1）能够熟悉各岗位工作职责和部分作业组织程序及标准。
（2）能够对事故案例进行分析。

3. 素质目标

（1）培养学生良好的职业道德、科学严谨的工作态度。
（2）培养学生良好的沟通能力和优秀的团队协作精神。

任务1 调度岗位职责及作业标准

情景导入

案例名称	列车故障救援		
时间	2005年12月1日5时55分	地点	南京地铁

事故概况：
2005年12月1日6：55，南京地铁1002次列车（图2-1）在小行至安德门上行区间故障，主风缸压力低于7 bar（1 bar = 10^5 Pa），紧急制动不能缓解。

控制中心接到报告，组织后续0702次列车在小行站清客前往救援。经过32 min，即7：27，救援列车与故障列车连挂完毕。

救援过程如下：

6：55，1002次司机报产生紧急制动，行车调度员通知抓紧时间处理，RM动车。

6：56，1002次报紧急制动不能缓解，行车调度员扣停0702次在小行上行站台。

7：02，行车调度员通知1002次列车启动旁路开关，待救援至安德门站清客。

7：03，1002次报仍然不能动车，行车调度员通知打旁路到安德门清客，通知0702次做好清客准备。

7：08，1002次汇报旁路结束，紧急制动仍然不能缓解。

7：10，行车调度员发布调度命令，0702次改开602次前往救援。

7：19，602次停车准备连挂。

7：27，602次连挂完毕，行车调度员通知推进运行至安德门清客。

7：33，故障列车1002次在安德门清客完毕。行车调度员组织故障列车回小行基地。

图2-1 1002次列车风缸

知识要点

（1）城市轨道交通运营调度的基本任务。
（2）城市轨道交通运营调度的指挥架构。
（3）城市轨道交通运营调度各岗位的职责与作业标准（组织程序）。

理论准备

一、城市轨道交通运营调度的主要作用与任务

1. 城市轨道交通调度工作的作用

城市轨道交通系统是技术密集型的公共交通系统，运营调度是城市轨道交通运营企业日常运输组织的指挥中枢，担负着组织行车、提高运营服务质量、确保运输安全、完成乘客运

输计划、实现列车运行图的重要责任。它对城市轨道交通日常工作的开展起着决定性的作用。运营调度现场如图2-2所示。

在生产过程中，为了保证完成乘客运输计划，实现列车运行图，必须进行一系列的运输日常工作组织。城市轨道交通运输工作的日常工作组织就是通称的调度工作。运营调度工作由调度控制中心实施，实行集中领导、统一指挥、逐级负责的原则，以使各个环节紧密配合、协同动作，从而保证列车安全、正点运行。

图2-2 运营调度现场

2. 运营调度工作的任务

列车运营调度的主要任务是科学地组织客流，经济合理地使用车辆及其他运输设备，挖掘运输潜力，根据列车运行图和每日的具体状况，组织与运输相关的各部门密切配合，采用相应的调整措施，努力完成运输任务，以满足乘客出行的需要。运营调度工作的基本任务如下：

（1）负责组织各站及有关行车部门，按列车运行计划行车，监督各站及有关行车部门的执行情况，及时正确发布有关行车命令及指示。

（2）监督列车到发及运行情况，遇到列车晚点和突发事件时，应及时采取运营调整措施，迅速恢复列车正常运行。

（3）遇运行列车调度调整时，应正确指导车站及有关行车部门工作。

（4）负责入轨施工作业的管理。

（5）负责工程车、试验列车等上线车辆的调度指挥工作。

（6）当发生行车事故时，应按规定程序及时向上级主管部门汇报，采取措施防止事故扩大，并积极参与救援工作的指挥。

（7）建立、健全运营生产、调度指挥等各项原始记录台账及统计分析报表，并按规定向上级主管部门报告。

（8）密切注意客流动态，协同有关部门根据客流变化采取相应的组织方案。

二、城市轨道交通运营调度的指挥架构

为了实现安全、正点地行车，城市轨道交通运营企业进行不间断的组织指挥和监督，从而有序地组织运营。城市轨道交通运营企业一般设立不同级别的调度控制中心（Operation Control Center，OCC），图2-3所示为控制中心组织架构。各轨道交通系统可根据自己的具体情况及管理模式设置不同的调度工作岗位，但在控制中心，一般都设置有行车调度员、环控调度员、电力调度员等调度工种。

值班调度主任是调度班组工作的领导者，在值班中，接受控制中心主任的领导，负责统一指挥协调各种调度工种及车站、车辆段等相关人员的工作，并组织处理运营中出现的各种故障和事故。

行车调度员是一个调度区段行车工作的指挥者，负责监控列车的运行状况，及时掌握列车运行、到发情况，发布调度命令，检查各站、段执行和完成行车计划情况，并且在列车晚点或事故时，组织和指挥车站工作人员、列车乘务员以及相关的各个部门及时采取相应措

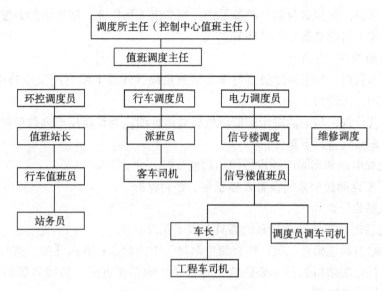

图 2-3 控制中心组织架构

施，尽快恢复列车运行，减少运营损失。

环控调度员主要监控通风、空调、给排水等和环境相关的各种设备，及时调节所管辖区段内的温度、湿度、空气流动速度、含尘量等各种参数，保证环境质量，满足乘客的出行需要。

电力调度员主要监控变电所、接触网等和供电相关的各种设备，及时采集各种数据，保证各个车站、列车供电的可靠性与安全性。

三、城市轨道交通运营调度的岗位职责与作业组织程序

1. 行车调度员

1）行车调度员的岗位职责

（1）组织指挥各部门、各工种严格按照列车运行图的规定和要求行车。

（2）组织列车到发和途中运行、监控列车行车和设备运转状况。

（3）根据客流变化，及时调整列车开行计划。

（4）列车晚点、运行秩序紊乱时，应通过自动或人工调度，尽快恢复按图行车。

（5）发生行车事故时，应按照规定立即向上级和有关部门报告，迅速采取救援措施，最大限度减少人员伤亡、降低事故损失、防止事故升级，及时恢复列车的正常运行。

（6）安排各种检修施工作业，组织施工列车开行。

2）正常情况下的行车调度组织程序

行车调度工作是协调与运营有关的各个工种的工作，在保证安全的前提下，以完成列车运行计划为基本任务。行车调度员在工作中，必须掌握指挥主动权；在复杂情况下，能积极主动调整列车运行以实现列车运行图；必须熟悉与运营有关的工种、人员、设备，如电力、车辆、信号等调度控制系统的使用；必须熟悉列车运行图和有关规章制度；必须掌握客流变化的一般规律，灵活运用各种列车调整方法，充分调动有关人员，确保完成乘客运输任务。

行车调度组织工作是指在营业时间内采用基本列车运行控制方式和基本行车闭塞法情况

下的列车运行组织，包括运营前的准备工作、列车出入场作业、运营中的调度监督、运营结束后的收尾及施工前的准备工作等环节。

(1) 运营前的准备工作。

①在每日运营前，行车调度员要与车站值班员确认线路上所有施工检修作业已经完成、注销，线路空闲，无侵占。

②根据运营计划，与车辆段运转值班员核对运行图，当日运用车列数应符合运营计划的要求。出场列车需具备以下条件：

a. 列车无线电话和车厢广播设备使用功能良好。

b. 车载列车自动控制系统设备日检正常、铅封良好。

c. 车辆设备良好。

d. 每日运营前列车自动监控系统需具备以下条件：

中央工作站表示正确且一致；所有集中站处于中控状态；方向开关、道岔位置及信号表示正确；确认各终端站折返的主要模式；确认系统的调整方式；消除告警窗内所有无效告警；建立并确认计划时刻表。

③每日运营前须确保接触网系统、消防环控系统、通信信号系统等与运营有关的设备状况良好。

④每日运营前各车站及信号楼须按规定做好各项运营准备工作。所有运营有关值班人员须到岗，检查并确认无任何异常情况。

⑤每日运营前行车值班员、运转值班员等有关运营人员须主动与行车调度员校对以控制中心 ATS 钟点为准的钟表时间（ATS 钟点应与北京时间校对），列车司机须在出乘报到时向运转值班员校对钟表时间。

(2) 列车出、入场作业。

①列车出场。出场列车为控制中心列车自动监控（Central Automatic Train Supervision, CATS）系统所确认的计划列车，并确定列车的出场径路，以及进入运营系统的车站。列车经出场线（入场线）出场，司机凭出场信号机显示的绿色灯光开出车场。列车在出入场无码区按慢速前行方式限速（20 km/h）运行，在进入有码区前一度停车，待设置好车次号及接收到速度码后，以列车自动驾驶（Automatic Train Operation, ATO）或列车自动防护（Automatic Train Protection, ATP）方式投入线路运营。遇特殊情况时，列车可以凭行车调度员下达命令投入运营。

②列车入场。入场列车为 CATS 系统所确认的计划回库列车，列车入场原则由入场线开往车场，图定或经由行车调度员准许的入场列车，可由出场线运行至车场。入场列车在有码区按人工 ATP 方式运行，在一度停车标至车场的无码区按慢速行车方式限速（20 km/h）运行，司机凭入场信号机显示的黄色灯光进入车场内。

车场接入站和车场信号楼的行车值班员，需相互办理行车日志的填报，其内容为车次、开车点、到达点、反向运行时尚需注明径路（出场线或入场线）及调度命令号等。在中央控制故障改为车站控制时，车场接入站和车场信号楼的行车值班员须向行车调度员报出、入场列车的车次、到开点，车场信号楼的行车值班员应按运行图规定，组织好列车的出、入场工作。

(3) 运营中的调度监督。列车进入正线运营后，行车调度员必须时刻关注列车运行动态，确保安全、正常运行。正常情况下的列车运行组织是指在营业时间采用基本列车运行控制方式和基本行车闭塞情况下的列车运行组织。目前主要有以下两种方式：

①调度监督下的列车运行组织。调度监督是一种行车调度员能监视现场设备和列车运行状态但不能直接进行控制的远程监督设备。通常是城市轨道交通新线在信号系统尚未安装的情况下投入运营时采用的过渡时期的调度指挥方式。为了实现调度监督，除控制中心的显示盘等设备外，还需要在车站安装行车控制台、道岔局部控制设备及出站信号机等临时信联及出站信号机等信联开闭设备，在实施调度监督时，双线自动闭塞为基本闭塞法。

在调度监督情况下，由车站值班员排列列车进路、开闭出站信号，行车调度员通过显示盘，监督线路上各车站信号机开闭显示、区间闭塞情况和列车运行状态，组织指挥列车运行。

为了实现按图行车，行车调度员要努力组织列车正点运行，而组织列车正点始发又是列车正点运行的基础。对始发列车行车调度员应在列车出库、列车折返和客流异动等各方面进行具体掌握，以组织列车正点始发。

在始发站列车正点始发的情况下，由于途中运缓、作业延误或设备故障等原因，难免会出现列车运行晚点的情况。行车调度员应根据实际情况，及时采取有效的调整措施，尽可能使晚点列车恢复正点运行或缩短晚点时间。

②行车指挥自动化时的调度监督。行车指挥自动化是利用计算机控制调度集中设备，指挥列车运行的一种自动远程遥控设备。在行车自动化时，自动闭塞为基本闭塞法。行车指挥自动化的基本功能有：由基本列车运行图或计划列车运行图自动生成实际列车运行图；自动或人工监督控制各管辖车站的信号机、道岔及排列接发车进路；跟踪正线列车运行的信息（车次、正晚点）、显示沿线各车站进路占用情况；自动或人工进行列车运行调整；自动绘制实际列车运行图及运营统计分析报告。

在行车指挥自动化情况下，由电子计算机通过调度集中设备实现当日使用列车运行图，指挥列车进路自动排列和列车运行自动调整。控制中心 ATS 通常储存多套基本列车运行图，经过加开或停运等修改后的列车运行图称为计划列车运行图。使用列车运行图是当日列车运行的实际计划，由基本列车运行图或计划列车运行图生成。行车调度员通过显示盘与工作站显示器，准确掌握线路上列车运行和分布情况、区间和车站的占用情况、信号机的显示状态和道岔的开通位置等。行车调度员也可以应用人工控制功能通过工作站终端键盘输入各种控制命令，控制管辖区域的信号机、道岔以及排列列车进路，进行列车运行组织。

③运营结束后的收尾及施工前的准备工作。

运营结束后，首先要核对所有运营列车及备用列车离开运营正线，确保正线线路空闲。

日常的养护、维修、施工，原则上利用停营期间进行。作业单位应提前提出计划报运营部，经运营部安排，以检修施工通告的形式下达给有关站、段、总调度所及作业单位。施工前，调度员应对当晚行车、电力、工务、环控等方面的施工进行核对，落实具体的施工计划、责任人和安全细则。

根据施工计划及施工申请，应通知电力调度员对需要停电区段的接触网停电，同时，监控施工作业过程。

对于日常的养护维修、施工，作业负责人应充分做好一切准备，按批准的检修施工计划,提前在车站进行检修施工登记,通过车站值班员向行车调度员申请作业,行车调度员应保证作业时间,并向有关车站、单位及作业负责人发出实际作业命令。作业负责人确认施工内容及起止时间后,在设好停车防护后方可开工,并保证在规定时间内完成。经检验,设备使用性能良好,通过车站值班员报行车调度员申请开通区间,由总调度所下达注销命令号码。如不能在规定时间内完成施工作业,须在规定的施工截止时间前20 min与总调度所联系,得到批准后方可延长作业时间。

3) 非正常情况下的行车调度组织程序

城市轨道交通采用较先进的设备,自动化程度比较高,正常情况时行车组织作业主要是利用先进设备监控列车运行。特殊情况下的行车组织是相对于正常情况下的行车组织而言的,主要指由于设备故障、大客流、火灾等原因不能采用正常情况下的行车组织时组织轨道交通行车的方法。城市轨道交通某条线路一旦发生事故,将会造成全线列车运行的延误,对乘客的出行将会造成重大的影响。因此,城市轨道交通系统非常重视特殊情况事故演练。下面以国内某些轨道交通系统为例,主要介绍几种特殊情况下的行车组织基本方法。

(1) 列车晚点。

由于列车故障或行车组织等原因造成列车大幅度晚点时,应牢固树立"以乘客为本"的思想,积极恢复正点运行。晚点时行车组织的重点是通过调整列车在区间的运行时间、运行速度和停站时间等,逐步恢复列车的正常运行秩序。行车调度员此时应该及时掌握列车晚点的原因、程度、发生地点等各种情况,及时调整前行和后续列车的站间运行时间和停站时间,并通知其他调度员和车站做出相应的应对措施,及时解决列车晚点所带来的不利影响。

(2) 区间发现不明身份人员。

在列车运行中,行车调度员若得到区间内有不明身份人员的报告时,应及时通知后续列车司机在区间内慢行查找,将不明身份者带出区间并交车站处理。若连续3辆列车在区间查找后,均未发现情况,可暂停查找。

(3) 列车故障。

列车在运行的过程中出现故障时,应根据不同的情况进行处理。若故障列车能进行牵引运行,列车应首先清客,空车驶回车辆段,动用备用车替换故障列车。若故障列车不能运行时,控制中心(OCC)负责此状况下的行车组织,故障的判断和处理由司机全面负责,行车调度员有责任提出辅助处理意见。若在规定时间内不能解决列车故障,可向控制中心请求救援。行车调度员可根据实际情况,安排救援车辆。

(4) 轨道电路故障。

轨道电路故障主要分为区间轨道电路故障和车站道岔区段轨道电路故障。区间轨道电路故障时,司机可根据行车调度员指示转换为人工驾驶模式行驶。当出清故障区段后,司机应改为列车自动驾驶(ATO)模式。车站道岔区段轨道电路故障时,行车调度员可授权车站进行车站级控制,车站工作人员应将进路转换到规定位置并锁闭。当列车出清故障轨道电路时,司机应改为列车自动驾驶模式。

(5) 列车冒进出站信号机。

由于各种原因,导致列车在运行的过程中冒进出站信号机时,行车调度员应根据不同情况处理:

①列车部分冒进出站信号机时,行车调度员可口头命令使列车退回站内,进行乘客乘降

作业。

②列车整列冒进出站信号机时，行车调度员与车站值班员共同确认前方区间状况，若可以运行，则令列车运行至前方车站进行乘降作业；若区间不允许行车，则以口头命令使列车退回站内。

③若冒进列车是末班车并且乘客无返乘条件时，行车调度员都须发布口头命令，使列车退回站内，进行乘客乘降作业。

（6）区间疏导乘客。

列车由于某些原因在区间内长时间停车，需要在区间内疏导乘客时，应首先封锁该区间，并阻止后续列车进入该区段，然后通知电力调度员对该区段断电，并通知环控调度员加强该区段通风。行车调度员得到停电通报后，应向有关人员和车站发布区间疏导乘客的命令，疏导命令中应指出疏导方向，原则上是向就近车站方向疏导，必要时可向两端车站疏导，车站工作人员应及时安置被疏导乘客。

（7）大范围停电。

若城市轨道交通线路遭遇大范围停电时，全线列车要停止运行，并尽量将列车扣在车站内，行车调度员应通知全线停止售票，并封锁相关车站。同时，应尽快查明各次列车所处线路位置，如果需要区间疏散乘客时，应按规定及时疏散。配合电力调度员应尽快查明断电原因与影响，并汇报总调度，尽快恢复电力正常供应。

（8）发生人员伤亡。

列车运行的过程中，若出现人员伤亡，应及时封锁事故区段，阻止后续列车进入该区段，并及时确认事故列车与伤亡人员的具体位置。若伤亡事故发生在车站，由车站值班员负责组织，将伤亡人员抬出运行线，尽快恢复列车运行；若伤亡事故发生在区间内，应由列车司机将伤亡者交给相邻车站处理。在处理的过程中，如需要断电时，应及时要求电力调度员对相关线路断电。

（9）发生火灾。

城市轨道交通中发生火灾往往会造成比较大的损失，因此城市轨道交通运营企业都非常重视火灾演练。按照火灾发生的地点可以分为车站站台火灾、车站站厅火灾、隧道火灾、车辆段火灾、非运行区域火灾、列车因火灾停在隧道内、列车因火灾停在站台内等情况。每个企业针对不同的情况设有不同的应急预案。一般来说，若发生火灾后，应先确定火源、火情和伤亡情况，必要时由现场负责人或目击者拨打119、120或报告当地公安局和调度人员。然后由行车调度员按照具体应急预案组织行车，并安排现场工作人员疏散乘客、组织灭火等工作，尽快恢复运营，以减少损失。

（10）发生地震、毒气事件。

发生地震、毒气袭击等状况时，行车调度员应封闭全线车站，引导乘客向站外疏散，并通知电力调度员断电、环控调度员加强事故及客流大的车站的通风。对于被迫停在区间内的列车，应进行区间疏散乘客。

2. 电力调度员

1）电力调度员的岗位职责

（1）在值班主任的领导下，负责所辖范围内的供电生产工作；按值班主任的要求协助处理突发事件。

（2）认真贯彻执行有关规章、制度、命令和上级指示。
（3）执行供电协议有关条文。
（4）执行供电系统的运行方式。制订事故情况下的供电运行模式。
（5）对电力调度员管辖范围内的设备进行操作管理。
（6）按照《施工行车通告》的要求审核所辖设备检修计划，并批准这些设备的检修计划。
（7）根据《施工行车通告》和日补充计划、临时补修计划的要求，组织设备的检修和施工，并负责审核工作票、填写操作票。
（8）指挥供电系统内的事故处理，参加事故分析，制定系统安全运行的措施。
（9）负责对供电系统的电压调整、继电保护、安全自动装置设备进行运行管理。执行继电保护及自动装置的运行、更改方案。
（10）收集整理本系统的运行资料并进行分析，总结交流调度运行工作经验，不断提高系统调度运行的管理水平。

2）电力调度作业规范

（1）电力调度员在改变系统运行方式或倒闸操作前，应充分考虑该操作对系统运行是否安全，能否保证城市轨道交通牵引供电的可靠性和灵活性及各车站Ⅰ、Ⅱ类负荷的正常供电。
（2）电力调度员值班期间负责调整系统供电电压，使电压符合供电标准：35 kV 电压不能超过 ±5%，力求达到安全、经济运行。
（3）电力调度员应根据运行情况合理投入或退出自动装置及继电保护。
（4）停用电压互感器时，电力调度员必须考虑对继电保护、自动装置和表计的影响。
（5）为保证调度操作的正确性，操作时均应执行双重称号和复诵制度。在调度联系时必须做好记录，发布命令时必须使用调度电话。
（6）电力调度员在审核工作票和填写倒闸操作票时，要对照计算机（Personal Computer，PC机）界面逐项检查，不得主观臆测。如发现疑问或对设备运行状态不清楚时，应与现场人员联系，共同核实设备的运行状态以保证正确操作。
（7）电力调度员在决定系统倒闸操作前，应充分考虑对运行方式、列车牵引供电、车站负荷的影响，在得到现场操作完毕的汇报后，应及时核对模拟屏、PC机界面的显示状态。
（8）有计划地倒闸操作，电力调度员应在 10 min 前通知施工人员做好操作准备。严禁约时停/送电、装拆接地线、开工检修和竣工送电。
（9）电力调度员、值班运行人员进行倒闸工作的过程中，应严格遵守发令、复诵、记录、汇报等程序，要执行调度标准用语。
（10）电力调度员在组织维修施工作业前，应将所有的停电作业申请进行综合安排，审查作业内容和安全措施，确定施工计划中"供电安排"的停电范围正确无误。

3. 环控调度员

1）环控调度员的岗位职责

（1）环控调度员通过 BAS 系统、FAS 系统中央级工作站监控车站机电设备。车站机电设备主要有各车站通风、空调、隧道通风设备和装置、气体灭火系统等系统设备以及扶梯、照明、给排水等设施。

(2) 负责监控全线车站环控系统按设定时间运行,确保车站环境温度及空气质量达标。

(3) 负责监视全线车站的火灾报警情况,确保火灾报警及时被确认。

(4) 负责监视全线车站环控设备、防灾报警设备、BAS系统、FAS系统、气体灭火系统以及电扶梯、照明、给排水设施的运行状态,发现故障及时通报设备维修调度,由设备维修调度员通知相关维修部门进行维修。

(5) 负责指挥BAS系统、FAS系统、气体灭火系统及机电设施的故障处理及维修施工。

(6) 负责在火灾、大客流、列车阻塞等紧急情况下环控系统的指挥及监控工作,确保相关设备在紧急情况下能够正常运行,协助抢修救灾工作。

(7) 负责在中央级失控时指挥车站设备值班员进行车站级控制。

(8) 负责在轨道交通发生火灾时向市公安局110指挥中心报告火灾情况,请求消防队支援。

(9) 负责随时了解和掌握所管辖设备的运行情况,负责定期、定时收集设备运行数据及信息,记录及跟踪设备故障。

(10) 及时了解关键设备和一般设备的运行情况。关键设备是指影响车站舒适度的设备(冷水机组、冷却塔、水泵、组合空调机等)以及影响消防安全的设备(隧道风机、站台站厅排烟风机),设备保障部门应及时将设备故障及修复情况报环控调度员;一般设备,应由设备保障部门定期上报设备完好情况;同时在收集数据方面,针对一些尚未传输到中央级的但作为调度员必须要了解的重要数据进行收集,如站台站厅公共区的温湿度、冷水机组进出水温度等,其余一些数据如运行电流、电压等参数由设备保障部门进行收集。

2) 环控调度员的作业组织程序

(1) 环控系统。

①环控系统设计参数、运行参数。

a. 地铁一号线地下站环境运行参数,站台公共区不高于29 ℃,站厅公共区不高于30 ℃。

b. 地铁隧道内阻塞情况列车周围空气平均温度不高于40 ℃。

c. 地铁室内人员的新风要求:空调季节12.6 m³/(h·人),非空调季节30 m³/(h·人)。

d. 空气质量要求:地铁室内含尘小于0.5 mg/m³。

②地铁环控系统运行工况。地铁环控系统运行按空调季节和非空调季节进行编制,原则上每年5月1日至10月31日为空调季节,其他时间为非空调季节。

a. 空调季节车站环控大系统、制冷系统启动向车站供冷。

b. 非空调季节车站大系统、水系统原则上停机检修,当遇到特殊天气或大型节假日时,环控调度员提前一天通知机电人员按时启动水系统向车站供冷。

③环控大系统(大系统)。

a. 地铁车站大系统由组合空调机、回排风机及一系列的风阀组成。

b. 正常情况下车站大系统由BAS系统根据采集到的实时值(如室外温度、湿度等)计算大系统的目标模式,并将计算结果直接写入前台软件的数据库,自动控制大系统运行。

c. 遇节假日等非正常情况,地铁需要提早、延长或减少服务时间时,由环控调度员根据临时运营时间灵活制定开/关机时间,提前一天以调令形式要求车站在ENCS系统上手动给定模式。

d. 日常运营中遇非正常情况，需要临时变更大系统运行模式时，由环控调度员根据实际情况决定是否中止正常运行模式，并要求车站在 ENCS 系统上人工变更大系统运行模式。

e. 大系统的故障运行。车站环控大系统出现故障时，环控调度员第一时间应通过调度现有的设备满足车站的通风要求，力求将对乘客服务的影响降到最低。

f. 大系统的检修运行。为避免影响客运服务及运营时间的消防安全，大系统运营时间一般不安排检修作业（故障处理除外）。大系统在运营时间检修时必须按照检修计划执行。在检修计划范围内，维修人员对大系统设备进行检查时，环控调度员在保证车站通风良好和温、湿度达标以及在维修人员做好足够防护和制定方案的前提下，可以安排维修人员对局部设备进行检查。

④环控小系统（小系统）。

a. 地铁车站小系统由空调新风机、小型组合空调机、回排风机及一系列的风阀组成。

b. 小系统设备一般运营时间内不间断运行，运行模式由 BAS 系统根据设定的判断条件自动执行。

c. 当小系统设备出现故障时，组织维修人员尽快恢复，保证设备房的温湿度。

d. 小系统设备需要检修时，如果不影响列车运行及供电，可以在任何时候进行。

⑤车站水系统。

a. 地铁车站水系统采用分散式供冷。

b. 正常情况下车站水系统由环控专业人员根据规定的正常运行时间定时启动和关闭。

c. 遇节假日等非正常情况，地铁需要提早、延长或减少服务时间时，由环控调度员根据临时运营时间灵活制定开/关机时间。提前一天通知环控专业人员变更水系统开/关机时间。

d. 日常运营中遇非正常情况，需要临时变更水系统运行模式时，由环控调度员要求车站或环控专业人员在 BAS 工作站上或现场人工变更运行模式。

e. 水系统的故障运行。车站环控水系统出现故障时，环控调度员应第一时间通过调度现有的设备满足车站的空调要求，力求将对乘客的影响降到最低。

f. 水系统的检修运行。为避免影响客运服务，水系统空调季节运营时间一般不安排检修作业（故障处理除外）。在检修计划范围内，维修人员必须停水系统设备进行检查时，环控调度员应尽量采取保证车站温湿度达标的模式运行。

⑥隧道通风系统。

a. 正常情况下，隧道通风系统由 BAS 系统根据设定的时间表，定时启动和关闭，环控调度员通过中央背投屏监控隧道通风设备按设定时间和设定模式运行。

b. 隧道通风系统的阻塞运行。列车因意外情况停在区间隧道内时，为确保列车上的乘客有足够的新鲜空气，同时排除列车空调散发的大量热量，必须在列车停车超过 4 min 后启动隧道通风设备，对隧道进行通风换气。

c. 隧道风机的故障运行。隧道风机也是事故风机，属于保障行车安全的重要设施，任何时候都必须保障隧道风机的通风排烟功能。一旦隧道通风系统出现故障，环控调度员应第一时间通过调度现有的设备满足隧道及车站的排烟能力。

d. 隧道风机的操作及保护。人工启动隧道风机时，隧道风机运行时间每次不得少于

10 min；送排风不能直接转换，需先停机后转换；送、排风转换间隔时间不得小于 2 min，并且 1 h 内启动不能超过 3 次。

（2）BAS 系统。

BAS 系统在 OCC 设有两台工作站，一主一备，均具备中央监控功能。它的监控范围是，城市轨道交通车站及区间隧道的空调、通风设备设施，所有车站的给排水、照明、自动扶梯等车站设备。BAS 系统在车站车控室与 FAS 系统有接口，能够直接接受 FAS 系统救灾指令，将相关系统工况转为防排烟模式。BAS 系统在 OCC 与 ATS 系统有接口，能够直接接收列车区间阻塞信号，将隧道通风系统转为阻塞模式。BAS 系统在 OCC 与主时钟有接口，能够自动将系统时间与主时钟进行同步。当发生故障时，调度员应该做好处理。

①BAS 系统中央与车站的通信中断（脱网）时。立即将故障情况通报全线车站，命令车站值班员接管控制权，同时组织相关人员进行维修；车站值班员应主动担负起设备状态的监控工作，并将设备故障情况及时向环控调度员汇报。

②车站 BAS 系统故障，所有设备不能监控时。

a. 环控调度员应立即命令车站设备操作员将所有环控设备转为环控状态，同时组织相关人员进行维修。

b. 车站值班员应熟悉模式操作卡片，紧急情况时立即采用手动操作模式。

c. 车站值班员应主动担负起设备状态的监控工作，并将设备故障情况及时向环控调度员汇报。

③BAS 设备故障只影响局部或单个设备不能监控时。

a. 不能监视设备状态时，命令车站设备操作员运营期间每隔 1 h 报告设备运行情况。

b. 不能控制设备时，命令车站设备操作员接管该设备的控制权，遇紧急情况时立即命令车站值班员进行就地操作。

（3）FAS 系统。

①FAS 系统中央与车站通信中断时。

a. 命令车站值班员每一小时不少于一次对车站重要区域和重要设备房进行巡查，通过无线调度电话随时与环控调度员联系。

b. 组织相关人员进行维修。

c. 车站值班员应主动担负起设备状态的监控工作，并将设备故障情况及时向环控调度员汇报。

②车站 FAS 系统故障，不能监视本站时。

a. 命令车站值班员定时对车站重要区域和重要设备房进行巡查，通过无线调度电话随时与环控调度员联系。

b. 组织相关人员进行抢修。

c. 车站值班员应主动担负起设备状态的监控工作，并将设备故障情况及时向环控调度员汇报。

d. 一旦遇到火灾发生时，应立即手动执行相应的火灾模式，并确认相关设备是否联动。

③FAS 设备故障只影响局部或单个设备不能监控时。

a. 局部区域不能监视时，命令车站设备操作员运营期间每隔 1 h 巡检该区域一次。

b. 组织相关人员维修。

c. 一旦遇到火灾发生时，应立即手动执行相应的火灾模式，并确认相关设备是否联动。

④FAS 设备故障一旦影响车站不能监控火灾报警情况，均属于严重故障，必须及时组织人员进行抢修。

（4）其他消防设备。

对于气体灭火系统、水消防设备、事故风机等设备由设备保障部门定期检修、定期维护，保证系统及设备的完好，有故障应及时处理，设备运行状态的改变必须征得环控调度员的同意。

（5）车站照明。

车站照明设备由 BAS 进行监控，在运营开始前自动打开，运营结束后自动关闭。环控调度员根据运营时间的变更，及时调整开关灯时间表。

（6）车站电梯及扶梯。

环控调度员通过 BAS 系统监视车站电梯及扶梯的运行，意外停机的电梯及扶梯须在规定时间内检查确认并恢复运行。

（7）车站及区间给排水系统。

BAS 系统能够监视车站及区间排水泵的运行状态、集水池的水位报警。环控调度员负责实时监视区间高水位报警。

4. 设备维修调度员

1）设备维修调度员的基本任务

设备维修调度是物资设施系统的生产调度。设备维修调度员的基本任务如下：

（1）负责物资设施系统设施设备故障（事故）信息接收、传递与反馈。

（2）一般性故障（事故）处理的组织、协调。

（3）重大故障（事故）的上报。

（4）故障（事故）的统计分析。

（5）检修作业计划汇总、协调，检修作业的监控。

（6）负责 AFC 故障的信息接报、传递。

2）设备维修调度员的岗位职责

（1）接收物资设施系统设施设备和 AFC 系统故障（事故）报告，并记录有关情况。

（2）对接收的物资设施系统设施设备的故障（事故）报告信息进行初步分析判断，报相关部门并向各中心发布设备维修调度命令，同时跟踪设备维修调度命令的执行情况，对故障（事故）处理过程中发生的各类事项进行必要的协调。

（3）在故障（事故）处理完成后，向各有关部门通报处理情况并记录。

（4）对物资设施系统设施设备的故障（事故）进行分类、分析、统计，按时填写物资设施部故障（事故）分析日（月）报，并报物资设施部。

（5）校核物资设施部管理范围内的维修计划，并协调、配合计划实施，监督、跟踪作业令执行与完成情况，对作业令的执行进行必要的协调；对计划完成情况进行统计，将统计结果报物资设施部。

（6）合理调配工程抢险用车和其他用车。

（7）协助控制中心主任（值班主任）校核检修计划和临时计划。

(8) 业务范围内的其他工作。

3) 设备维修调度员的施工组织程序

(1) 对维修、调试、施工等作业按性质、地点分别组织。

①影响正线、辅助线行车施工的 A 类作业，须经行车调度员批准，方可进行。

②在小行基地（含试车线）施工的 B 类作业，经信号楼调度员同意方可进行；如影响正线行车须报行车调度员批准。

③在车站不影响行车的 C 类作业，运营部门内部的施工项目经车站值班站长（行车值班员）批准方可施工，外部单位施工作业按外单位工程施工作业管理流程进行，经车站值班站长（行车值班员）批准方可施工。

(2) 对于各施工单位及部门的施工、检查作业，严格控制作业区范围及作业时间，外单位在地铁范围内进行施工时需向对口专业管理部门申报施工计划，最终得到批准后，凭施工计划向安保部申请办理施工人员临时出入证。

(3) 施工人员进出站规定。

施工负责人持作业令在作业令规定施工开始时间前 15 min 到达主站；施工联络人及维修人员在作业令规定施工开始时间前 10 min 到达辅站和相关车站；按规定程序办理施工作业手续。

施工作业人员于关站前 10 min 进站。因工作需要确需关站后进入的应与车站联系，车站根据联系的地点、时间，查验施工作业令和相关证件后开门放行。

(4) 请点规定。

①属于 A 类的作业，施工负责人在作业令规定施工开始时间前 15 min 到车站填写《施工登记表》（表 2-1）请点，由车站报行车调度员备案，当线路出清后行车调度员通知车站，车站值班员传达允许施工的命令，请点生效，可以施工。

表 2-1 车站施工登记表

__年__月__日　　　　　　　　　　　　　　　　　　　　　　　　　　　YYZL/GL__行调__006

请点登记栏	作业项目		作业区域	
	作业代码		作业单位	共　人进场
	施工负责人		证件号码	计划作业时间　时　分起　时　分讫
	安全措施			
	辅站		主站	
	接____站值班员通知本项作业已获行车调度员____批准，于____时____分至____时____分在所申报作业区域内进行，施工承认号码____。 车站值班员签署：　　施工联络人签署：		本项作业已由本站报 OCC 行车调度员备案，并获行车调度员____批准，于____时____分至____时____分在所申报作业区域内进行，施工承认号码____，并已通知辅站____。 车站值班员签署：　　施工负责人签署：	

续表

	辅站	主站
销点登记栏	本作业点的作业已结束，并于____时____分出清作业区域（本作业点所有有关人员已撤离，有关设备已恢复正常，工器具、物料已撤走）。 施工联络人签署：　　车站值班员签署：	本项作业已结束，并于____时____分出清作业区域（所有本项作业各作业点有关人员已撤离，有关设备已恢复正常，工器具、物料已撤走）。 施工负责人签署： 接施工负责人/____站值班员通知本项作业已结束并出清作业区域，由本人于____时____分报告行车调度员____销点。 车站值班员签署：
备注		

②属于 A 类的作业，但需由多个车站进入施工的作业项目，施工负责人除按第 1 条到主站办理外，还需核实辅站情况。辅站施工联络人在作业令规定施工开始时间前 10 min 到达辅站办理登记手续，辅站值班员向主站值班员核实施工事项并请点。主站接到行车调度员允许施工的命令后，传达给施工负责人及辅站，辅站值班员允许施工联络人开始该作业点的施工。

③属于 B 类的作业，施工负责人到信号楼调度员处填写《施工登记表》请点，经信号楼调度员同意，便可施工（基地内进行影响正线行车的作业应经行车调度员批准）。

④属于 C 类的作业，经批准，施工负责人到车站登记请点。

⑤如遇作业区域同时包含正线和基地线路时，施工部门到信号楼调度员请点，信号楼调度员在审核批准该项施工作业后，信号楼调度员还须向行车调度员请点，征得同意后，方可允许施工部门开始施工。

⑥有外单位作业时，由指定的施工配合部门人员协助办理请点后，方可开始作业。

⑦作业请点站（主站）须持外单位作业许可单、施工负责人合格证、出入证、作业令原件（运营部门内部作业部门作业时主站可用复印件或传真件）以及辅站登记可用作业令复印件（传真件）。

（5）销点规定。

①A 类作业，施工作业地点仅一个站的，施工负责人在施工区域出清完毕后，报车站，由车站向行车调度员销点。

②B、C 类作业施工完毕后，施工负责人负责施工区域的出清后，到基地信号楼调度员或车站行车值班员处销点。

③当多站销点时，辅站施工联络人负责本段线路出清并报施工负责人后，在辅站销点；辅站值班员向主站值班员销点；施工负责人负责该项作业区域全部出清后，方可报主站值班员销点，主站值班员向行车调度员销点。

④需异地销点的施工作业，施工负责人（联络人）应在《车站施工登记表》备注栏中注明异地销点的地点、人数。登记进入施工的车站要及时通知异地销点的车站值班员。

⑤当施工作业只有一组人员进行作业，需异地销点的，销点的时间不得超过《施工行

车通告》上规定的时间,作业结束后,施工负责人向销点站登记销点,销点站经与施工负责人核对销点的施工内容、施工人数、地点全部无误后,记录施工负责人有效证件、姓名、作业令号码、作业人数等,并向请点站核对无误后,准予销点;销点站向请点站销完点后还负责向行车调度员报告销点。

⑥当施工作业有多组人员进行,需异地销点的,销点的时间不得超过《施工行车通告》上规定的时间,作业结束后,由施工负责人统一向在主站登记的销点站登记销点,销点站经与施工负责人核对销点的施工内容、施工人数、地点全部无误后,记录施工负责人有效证件、姓名、作业令号码、作业人数等,并向请点站核对无误后,准予销点,销点站向请点站销完点后还负责向行车调度员报告销点。

(6)施工作业时间调整的要求。

当日因特殊原因,施工作业时间需调整时,值班主任通知作业部门或对口专业管理部门,由作业部门或对口专业管理部门通知施工作业人员。

(7)施工人员进、出站及请、销点作业程序。

施工人员进、出站及请、销点作业程序见表2-2。

表2-2 进、出站及请、销点作业程序

序号	作业程序	备注
1	施工负责人及施工人员凭施工作业令、证件进车站;需关站后进入的,应事先联系	
2	施工负责人向值班人员填报人数,办理施工登记手续;多站请点的,主站施工负责人及辅站施工联络人向主站或辅站值班人员填报人数,办理施工登记手续,辅站值班员要向主站汇报,由主站统一负责请点	
3	车站值班员根据施工负责人提出的施工申请及所报人数,办理施工登记手续,并按有关规定办理请点	B类作业到信号楼调度员处办理
4	行车调度员根据车站请点要求审核、批准	
5	车站值班员通知本站员工及相关车站设置防护	
6	车站员工(站务员)根据值班员的指示及要求设置防护	
7	施工负责人根据施工要求设置防护	
8	开始施工	C类作业到车站登记清点
9	施工结束后,施工负责人清点人数,出清线路,撤除防护措施,到车控室办理销点手续;多站销点的,主站施工负责人及辅站施工联络人清点人数,出清线路,撤除防护措施,辅站施工联络人向主站施工负责人报线路出清,主站施工负责人向在主站登记的销点站车控室统一办理销点,同时施工负责人应在销点站进行书面登记	
10	车站值班员按有关规定办理销点	
11	行车调度员根据车站销点要求审核、批准	
12	车站值班员销点后通知保安人员;开出入口门送施工人员出站	

5.信号楼调度员

1)信号楼调度员的岗位职责

(1)信号楼调度员A。统一指挥基地内的行车组织工作,全面负责组织实施列车、机车车辆转轨，取送作业组织实施调试作业，列车出入车辆基地等工作，合理科学地调配人员、机车车辆，协调安排车辆基地内行车设备、消防设备及库房等设备设施的检修维护。向行车调度员通报运用列车情况，协调基地内部与外部的工作，组织相关部门及时处理设备故障问题。

（2）信号楼调度员 B。通过信号楼微机联锁设备控制室操作微机设备，负责执行基地信号楼调度员 A 的接发列车、调车作业计划，实现微机联锁设备的用途及功能。

2）信号楼调度员的作业标准

为加强对信号楼调度员的日常管理，确保车辆基地行车作业绝对安全，信号楼调度员的作业应按以下标准执行：

（1）班前。

①交接班时间。白班，8：30—17：30；夜班：17：30—次日 8：30。

②接班人员应提前 20 min 到岗，按规定着装，衣帽整洁，系好领带或丝巾，佩戴标志，按乘务中心交接班制度规定在岗位上对号交接，及时更换当值人员工作牌。

③信号楼调度员 A 到岗后，做好下列班前准备：

a. 检查《施工作业登记簿》《行车设备使用登记簿》《设备维修登记簿》《调度命令登记簿》，查看《周施工作业计划》及《日补充作业计划》。

b. 了解运营计划（列车运营时刻表、出车顺序表）及施工计划情况。

c. 了解当日运营列车、备用列车及车辆装卸情况。

d. 了解上级有关命令指示、文件通知、演练方案、重点任务、注意事项等有关情况。

④信号楼调度员 B 到岗后，检查调度室内所有备品、备件数量和状态，并及时将检查结果向信号楼调度员 A 汇报。

⑤接班时要做到六清，即：运营计划清；装卸计划、调车作业计划清；车辆基地内停留车位置、接触网带电状况清；防溜措施清；有关命令、注意事项清；工具、设备、备品清。

⑥信号楼调度员 A 应传达运营计划和有关事项，开展安全预案活动，布置重点工作及重点任务执行时的注意事项。

（2）班中。

①信号楼调度员 A 应及时登录调度命令系统，做好命令接收，监控该系统正常运行。运营前 30 min，信号楼调度员 A 应组织做好运营前的检查工作，及时将基地内运营前的行车准备工作向行车调度员汇报。

②认真执行《行车组织规则》和《车辆基地运作规则》，正常情况下严格按《接发列车作业标准》办理行车作业，监控微机联锁显示屏。发生紧急情况或接到相关人员紧急情况的汇报后，应及时按相关规定做好组织指挥和汇报。

③全面负责基地内的行车指挥和施工管理工作。

④做好基地内各项施工清、销点登记和行车备品使用登记手续。

⑤检查、管理并做好对讲机、应急灯、信号灯、手电筒等需要充电设备的充电工作。

⑥发生突发事件后应在第一时间内报告控制中心主任（值班主任）、中心领导、调度工长及相关部门人员，并按指示做好临时组织指挥工作。

⑦认真执行"问路式"调车，及时、准确地开展好车场内的调车工作。

⑧按照控制中心信息通报程序，及时做好各类信息上报工作。

⑨白班信号楼调度员 A 应及时收取《周施工作业计划》《日补充作业计划》及相关命令指示，为交班做好准备。

⑩注意仪容仪表，严格按规定着装。

（3）班后。

①与接班人员办理交接手续，检查《信号楼工作日志》《施工作业登记簿》《行车设备使用登记簿》《设备维修登记簿》《调度命令登记簿》等行车簿册有无漏填。

②重要事项应重点交接，确保接班人员清楚无误。

③检查行车备品齐全，行车设备完好。

④做好设备定置、定标管理及岗位卫生清洁等有关工作。

⑤注销、退出调度命令系统。

⑥在规定地点与接班人员对号交接。

⑦工作交接完毕，应在交接班簿上签名后下班。

⑧遇下列情况，不得交班：

a. 不在规定交接班地点时。

b. 接车时，自列车由车辆基地所在站发出至列车进基地停妥前不得交班；发车时，自待发列车出场信号开放或交付行车凭证至列车整列出基地前不得交班。

c. 接班人员未到岗时。

d. 调车作业一批未完时。

e. 设备、备品不清时。

f. 控制室及更衣室卫生不清洁时。

g. 不具备交班的其他情况。

原因分析

（1）从列车发生事故（6：55）到决定救援（7：10）时间过长，行车调度员对司机发布调度命令时间也太长（7：10—7：15）。

（2）列车故障出现在小行至安德门上行区间，行车调度员其余区段列车没有及时调整，造成下行线列车拥堵，上行线列车较少的局面。

（3）列车须在车站清客时，行车调度员没有及时通知车站或司机。

（4）行车调度员对 MMI（人机操作界面）的部分操作不熟练。

防范措施

（1）控制中心对救援时间的把握要到位，果断决定清客，及时发布救援命令。

（2）行车调度员发布的救援命令内容要精简，并采取分步发布命令的方法。

（3）采取平行作业的方法，故障列车在接到救援命令后，就可以切除 5 节车的 BIPS，只保留一节制动，作业与救援列车前往救援途中的时间是平行的。

（4）减少联系环节。

任务2 乘务岗位要求及作业标准

案例名称	西班牙地铁列车出轨事故		
时间	2006年7月3日13时00分	地点	西班牙东部城市瓦伦西亚地铁1号线

1. 事故概况

2006年7月3日13时00分，西班牙东部城市瓦伦西亚地铁1号线，一列由西班牙广场站驶往耶稣站的列车于接近耶稣站前的曲线段隧道内出轨。

2. 事故后果

（1）41人死亡（包括司机员），47人受伤。

（2）大约150人从隧道与车站疏散，疏散耗时30 min。

（3）该事故造成4节车厢中有2节车厢出轨，并撞击隧道壁。

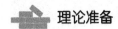

（1）列车司机的岗位要求。

（2）列车司机的作业标准。

理论准备

一、电动列车司机的岗位要求

（1）列车司机必须牢记"安全第一、便民第一"的宗旨，遵守和学习有关的安全规定和运行规则，严格按照安全制度、行车规则执行乘务驾驶任务。电动列车司机工作场景如图2-4所示。

图2-4 电动列车司机工作场景

（2）电动列车司机必须掌握列车的基本构造、性能，具有一般的故障处理能力，熟悉运行线路和停车场等基本设施情况，熟练掌握担任的驾驶区段、停车场线路断面的情况。

（3）电动列车司机还必须掌握其他相关的业务能力和具有一定的应变能力，如懂得救援的过程和方法，懂得消防灭火的要求，学会扑灭初起火灾的方法，知道常用灭火器的使用方法等。

鉴于电动列车司机在整个运行过程中的重要作用，因此城市轨道交通管理部门规定了电动列车司机上岗值乘的必要条件。

首先，电动列车司机必须经过考试合格，并取得"电动列车驾驶证"后方准独立驾驶电动列车。其次，脱离驾驶岗位6个月以上，如再需驾驶列车必须对业务知识和安全运行知识等进行再培训与考核并且合格。最后，对电动列车司机的纪律性和身体状况、心理状况要有相关管理部门以及有关领导做出鉴定。符合以上几个必需条件时才能够上岗驾驶列车，以保证行车安全和秩序正常。

二、电动列车司机的作业标准

为加强对电动列车司机的日常管理，确保列车安全正点运行，电动列车司机作业应按以下标准执行。

1. 班前

1）交接班时间

白班，8：00—17：00；夜班，16：00—次日9：00。

2）车场内出勤

（1）按规定出勤时间提前30 min到派班室出勤。

（2）抄录有关的运行、安全注意事项，了解值乘列车（车辆）的技术状况、故障记录、车号、停车股道、担当车次、运行方向等。

（3）回答派班员的三交三问。

（4）领取列车时刻表、车辆故障单、司机报单、手持台、列车钥匙等相关行车备品。

（5）由派班员在司机手册上签字（盖章）后，白班、夜班车场出勤时须与正线司机长联系，确认正线注意事项方可上车。

（6）严格按照《列车检查作业标准》对列车进行各种性能试验和部件检查（不超过30 min），对发现的问题要及时报告信号楼。

（7）检车完毕，确认列车具备动车条件后及时与信号楼联系，按"问路式"调车规定请求列车出场进路。

（8）得到信号楼通知及地面信号开放后，按车场动车"四确认"和《车场呼唤应答》标准动车（车场呼唤应答用语标准见表2-3），根据运营图的规定确认运行至转换轨处停车，及时将车载无线电台转换至"正线组"模式后与行车调度员联系。

表 2-3　车场内呼唤应答用语标准

呼唤时机	呼唤用语	手比	备注
库门前	一度停车	√	列车必须在库门前/一度停车牌前/平交道口前停车
平交道口前			
一度停车牌			
入库库门前	库门好红灯亮	√	确认库门开启位置正确，接触网有电
列车接近道岔时	道岔好	√	
	停车		道岔位置显示不正确时，立即停车
列车接近调车信号机时	白灯	√	
	红灯停车	√	列车必须在红灯前停车
列车进入尽头线	尽头线注意		自进入该线起，控制好速度，准备停车

说明：
1. 手比方式为：左手握拳，食指中指并拢平伸。指尖需指向确认内容。
2. 列车进出库停车规定：
（1）入库列车进入 A 端停车时，需 5 km/h 限速牌、库门前分别停车 1 次。
（2）入库列车进入 B 端停车时，需 5 km/h 限速牌、库门前、A－B 端道口处分别停车 1 次。
（3）A 端列车出库，动车前确认库门开启正常，动车至库门外平交道口前一度停车。
（4）B 端列车出库，动车前确认 A－B 端道口安全，动车至库门前、库门外平交道口前各停车 1 次。

（9）接行车调度命令后，凭车载信号或地面信号机的显示，动车至车辆基地上行（下行）站台，根据列车运营图的规定决定是否进行折返作业和开关门操作。

（10）压道、巡道车严格按照规定程序行车，加强瞭望确认。

3）正线出勤

（1）按照上岗标准，带齐行车备品在所担当运行车次开车时间前 20 min 到指定换乘室出勤。

（2）抄录有关的运行、安全注意事项，了解正线列车（车辆）的技术状况、故障情况等。

（3）回答司机长三交三问。

（4）由司机长在司机手册上签字（盖章）。

（5）按担当运行车次到达时间提前 5 min 到相应站台端头，等待接班。

（6）列车到达后按照《司机交接班作业标准》与下班司机交接运行注意事项及车辆状态情况。

（7）两名司机在站台认真监护乘客的上下情况，乘客上下车基本完毕，发车计时器（Departure Time Indicator，DTI）为 15 s 左右，接班司机关门，确认无夹人、夹物后进驾驶室按规定开车。

2. 班中

（1）司机按规定驾驶模式驾驶列车，途中加强瞭望，确认信号，认真执行《正线呼唤应答制度》（正线呼唤应答用语标准见表 2-4）。运营中遇车辆出现故障，按《电动列车故障应急处理指南》处理，列车故障消失可以继续运行时必须报行车调度员后方能动车。途中产生紧急制动时，做好客室广播，列车停车后按规定程序缓解，动车前必须与行车调度员联系，得到允许动车的命令后，方可采用受限制的人工驾驶模式（Restricted Manual Mode，RMM）动车。遇列车在正线折返线、存车线下线时由检修人员处理故障，在故障处理完毕必须得到行车调度员通知后方能动车，不得听从检修人员的口头通知随意动车。遇车载 ATC 故障需采取不受限制的人工驾驶模式（Unrestricted Manual Mode，URM）驾驶时，应严格按照《行车组织规则》行车，运行中加强地面信号的确认，严格按照线路限速运行。遇非正常情况下，应按照各类《非正常行车办法》执行，加强确认各行车凭证和注意事项。

表 2-4　正线呼唤应答用语标准

呼唤时机	呼唤用语	手比	备注
道岔防护信号	绿灯	√	按正常速度通过
	黄灯，注意限速	√	控制速度（低于 25 km/h）
	红灯停车	√	
列车接近道岔时	道岔好 （正常情况下不必呼唤）		非正常情况下道岔必须呼唤
	停车		
距离开车 15 s 时	关门		按压关门按钮
车门关好时	车门关好 无夹人、夹物		
进入驾驶室	门关好 指示灯亮 有速度码	√	原则上必须在站台确认，如因光线等原因在站台无法确认时，可进入驾驶室内确认
列车接近站台时	进站注意		
列车接近站台中部时	对标停车	√	ATO 时注意 MMI 上目标速度为"0"，目标距离变红，控制速度，准备停车
列车停稳开门时	开左（右）门		
列车接近进（出）场信号机时	黄灯（白灯）	√	
	红灯停车	√	列车必须在红灯前停车
列车折返换端两司机交接时	设备正常，安全无事		由交班司机确认设备正常后向接班司机交班

（2）运行中的电动列车由车站开出和接近前方站时，要做好客室的广播工作并进行监听，防止漏报或错报站。

（3）列车进站时，司机必须加强瞭望，密切注意线路及站台乘客动态，防止乘客跌落站台和异物侵入行车限界，发现异常应及时采取减速或停车措施。

（4）列车进站停车时，应按规定停车位置停车。列车停站后司机应立即打开客室车门，确保乘客及时上下车。SM 模式驾驶时，列车停站后严格执行先上站台后开门制度。

(5) 司机在站台认真监护乘客上下情况，确认乘客上下车基本完毕，发车计时器 DTI 在 15 s 左右关门，关闭车门后必须确认车门关闭良好、无夹人夹物，方可回驾驶室内准备发车，动车前应通过站台倒车镜再次确认站台有无异常。

(6) 列车发车时必须确认行车凭证（ATO 或 SM 模式时为速度码、非正常时为路票、电话记录号码或调度命令）。

(7) 列车到达终点站后，打开车门，接班司机及时到另一驾驶室，同时感知客室的空调舒适度，待车站工作人员清客完毕后关门，进入驾驶室按压折返按钮，确认信号、速度码进行折返作业。接班司机到达另一端驾驶室后应及时按下驾驶室对讲按钮与到达司机联系，折返线停车后换端并交接列车运用情况、安全注意事项等，交接完毕，接班司机确认信号，凭速度码动车至站台，到站台对标停妥后，到达司机下车。

(8) 列车出折返线在始发站，接班司机对标停车后，必须及时上站台打开客室车门后，再进驾驶室做报单填写等其他工作，在发车计时器 DTI 倒计时在 20 s 时必须上站台立岗监护乘客上下情况，确认乘客上下车基本完毕，发车计时器 DTI 倒计时在 15 s 左右关门。不参与运营列车在开车前司机必须确认站台安全，鸣笛动车。

3. 班后

1）列车回场

(1) 列车回场按运行图规定执行，列车在车辆基地上行或下行站台停车后，应及时开门，待车站工作人员清客完毕后关门，视列车运行方向决定列车是否进行换端作业。

(2) 确认回场信号开放后，凭速度码或行车调度命令动车至转换轨处，在进场信号前停车，及时将车载无线电台转换至"车辆段"模式，与信号楼联系列车停放股道（A 端或 B 端）、是否转线、洗车作业等。

(3) 按照信号楼调度员的命令，在确认进场信号开放后动车，运行中加强对调车信号机的确认，运行至限速牌一度停车，确认平交道口安全情况，库门前再次停车，确认库门开启良好、触网供电状况、无人或异物侵入限界。

(4) 列车库内运行速度为 5 km/h，在规定的位置停车，按要求降弓、休眠（特殊情况时除外）。携带时刻表、手持台、主控钥匙、方孔钥匙等物品下车，锁闭驾驶室门至派班室退勤。

(5) 与派班员交接时刻表、手持台、钥匙等行车备品，交接清楚后回答派班员提问，并在司机手册上签字或盖章，了解入住房间号后在退勤登记簿上签名，至相应房间休息。

2）正线退勤

(1) 站台交接班完毕，交班司机在安全线内目送列车安全离站，至换乘室退勤。

(2) 交司机报单并回答司机长提问，了解下个班担当的列车车次、出勤时间等情况，司机长在司机手册上签字后休息，等待召开交班会。

(3) 不得退勤的情况。

①不在规定退勤地点时。

②设备备品不清时。

③接班司机未到岗时。

④发生车辆故障或行车事件未交接清楚时。

⑤会议室及换乘室卫生不清洁时。

⑥不具备退勤的其他情况。

 原因分析

依据列车"黑盒子"记录显示,列车在即将进入耶稣站前的曲线路段速度高达 80 km/h,而该路段速度限制为 40 km/h,同时,当地运输官员已排除隧道崩塌或列车车轮破损的因素,事故原因为列车司机缺乏驾驶经验和安全意识所致。

 防范措施

(1) 强化电动列车司机相关的业务能力和应变能力。
(2) 加强电动列车司机的安全防范意识。
(3) 培养电动列车司机养成遵章守纪的好习惯。

任务3 站务岗位职责及作业标准

 情景导入

案例名称	车站地滑乘客摔倒案例		
时间	2010年3月27日16时15分	地点	南京地铁四平路站
案例概况: 有位女乘客在站内因地上有水不慎摔倒,责备车站没有设置"此处地滑"的告示牌,当值服务员情急之下话说得不好听,导致乘客投诉,事件"升级"。为解决争端,值班站长带着工作人员几番上门道歉才取得谅解。			

 知识要点

(1) 站务人员通用标准。
(2) 车站各岗位(站区长、值班站长、客运值班员、行车值班员、售检票员、站台安全员等)的工作职责与作业标准。

 理论准备

随着我国"公交优先"政策的推广和对绿色交通的大力倡导,轨道交通作为城市公共交通的一种重要组成部分,发展也越来越快。作为城市轨道交通运营企业,为乘客提供方便、快捷、舒适的服务是企业的工作中心。客运部门是运营企业的核心部门,因为它是最直接接触乘客,为乘客提供服务的部门,包括行车、客运、票务等,车站岗位设置架构如图2-5所示。可见,客运部门服务的好坏直接影响到乘客对整个轨道交通运营企业服务水平的评价。为此,客运部门应该更加重视自己的工作,认识到服务工作的重要性。客运服务各岗位的作业标准、岗位责任制作为每个客运服务人员必须严格执行。

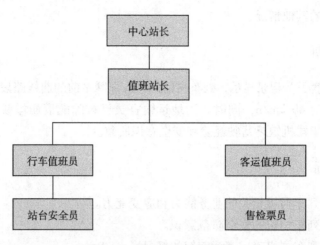

图 2-5 车站岗位设置架构

一、站务人员通用标准

客运部门要时刻牢记自己的承诺,才能为乘客提供更好的服务。服务通用标准主要体现在以下几个方面。

1. 仪表着装标准

统一着装(工作制服)、整洁整齐、佩戴领带(结)与标志、不戴首饰、不能有过分怪异的装扮、女子淡妆。

2. 行为举止标准

精神状态要饱满、站有站态、坐有坐态、认真工作(履行好自己的岗位职责,严禁在工作岗位上处理私人事情,包括打手机、聊天等)、面对乘客要微笑、有耐心(不能爱理不理、不耐烦)。

特别说明:穿着工装就表示在工作岗位上要用标准的服务规范来要求自己的言行、举止等,因为此时你代表的是公司,而不是个人(下班后着工装,与乘客发生纠纷,都是要按照工作考核来处理的)。

3. 服务语言标准

使用普通话;注意十字文明服务用语,即"您好、请、谢谢、对不起、再见";与乘客对话、使用人工广播时,应该语调沉稳、圆润,语速适中,音量适宜;遇到乘客纠纷时,态度要友善、要耐心解释、说明,不能训斥乘客。

4. 服务态度标准

想乘客所想、急乘客所急,主动关心乘客,帮助有困难的乘客解决问题,树立"乘客至上、服务为本"思想。工作时要加强责任感,以确保乘客和行车安全。

二、车站各岗位的工作职责与作业标准

了解站务人员服务工作的通用标准以后,下面就来具体地讲述各个岗位的工作职责和作业标准。

1. 站区长(中心站站长)

1)站区长(中心站站长)的岗位职责

(1) 指导所管辖范围内的车站工作，负责全站区范围内的行车、客运和票务管理，乘客服务、事故处理、员工管理、班组管理、安全管理、员工培训等工作。

(2) 协助部门领导管理站区日常工作，认真贯彻执行各项规章制度和上级指示。

(3) 进行车站巡视和查岗，了解情况，解决问题，遇到重大事情应及时汇报，检查、督促值班站长开展各项日常工作。

(4) 制订各项工作计划，并按照计划实施（如培训、演练），同时做好总结工作，定期召开全站区大会，分析总结工作情况。

(5) 处理乘客投诉、来信、来访；汇总服务案例、服务技巧，提高员工服务质量，确保各车站人员提供高品质的乘客服务。

(6) 监督各级人员的管理情况（准确掌握当日员工岗位安排情况），掌握员工思想状况，定期与员工谈心，听取员工意见和建议，及时反映情况并反馈解决办法给员工。

(7) 严格执行考评制度，确保所管辖内车站工作的安排、指导、检查、监督、评价和考核工作，能适当及公平公正地执行，减少内部冲突，保持车站团队的伙伴合作精神，营造积极向上的良好工作氛围。

(8) 负责指导并加强车站系统的安全作业，检查排除安全隐患，与公安及政府应急抢救部门及其他公交机构保持沟通合作，以便在发生重大交通故障或事故时能及时处理。

(9) 有重要任务、事故、事故苗头、设备不正常时必须到现场，在处理故障或事故时，指导各车站人员根据相关的规则及程序协助处理故障或事故，并做好恢复、善后及预防的工作，保证及时、安全、高效地处理突发事故和恢复客运服务。

2) 站区长（中心站站长）的作业标准

(1) 管。

①组织车站行车、客运和票务工作编制，执行车站行车、票务和客运组织方案。

②根据上级的要求和本站培训需求制订车站培训计划。

③所属辖区各项制度落实到位，服务工作秩序井然。

④定期计划、检查、总结车站行车、客运和票务工作。

⑤监督各层级人员的工作情况，统筹安排班表并协调各岗位的工作。

(2) 查。

①严格检查各项服务设备运转情况，发现问题应及时报修或采取有效防护措施。

②根据规定认真执行票、卡、款、账管理制度。

③及时查询乘客的来信、来访，妥善处理服务纠纷。

④所管辖区周边环境良好，站内卫生环境达标。

(3) 讲。

①对本管辖区人员操作错误或操作不当及业务不精的，应及时督导指出，以便消除安全隐患。

②对本站存在的问题敢讲敢管，有明确的是非观。

2. 值班站长

1) 值班站长的岗位职责

(1) 管理并监督车站内的所有活动，负责本站日常的行车客运和票务管理、乘客服务、事故处理、设备日常管理、安全管理、员工培训等工作。

（2）监督行车值班员日常工作，负责管理本车站的有效列车运作及客运服务工作，确保站员能按要求提供安全、可靠及高效率的车站服务。

（3）按客运方案组织乘客服务，主动与行车调度员、司机、邻站及有关岗位员工密切配合，随时保持与控制中心行车调度员、电力系统调度员和站务人员的联络畅通，掌握有关行车和相关设备的情况。

（4）做好车站票务工作（票款的管理、收缴、填写日常台账），统计、汇总当日的客运量和营收情况报行车调度员。

（5）处理本站乘客投诉、来访事件，汇总当班的服务案例及问题，及时处理车站发生的行车事故，减少对乘客的影响，并每月向站长汇报。

（6）当车站的设施、设备发生故障或出现突发情况时，担任"事故处理主任"的工作，按应急方案操作，应组织车站员工处理事故，采取有效措施保证车站的正常使用，并将故障情况通知有关单位。

（7）协助制定站务人员的排班表，加强对本班组员工管理，组织召开接班会和交班会；合理安排和调配本班组人员的工作，对当班人员进行监督、检查、考核，对当班员工进行培训、教育，掌握员工思想状况，营造及维持站务室内的团队伙伴合作精神。

（8）负责车站日常安全检查，每月向站长汇报安全情况。

（9）监督车站保安、保洁等工作，并提出考核意见。

（10）完成上级领导交办的其他工作。

具体要求：接班时，提前到站了解有关客运及行车情况，查看行车值班员记录本，清点票款、钥匙，检查行车用品等，认真做好与上一班的交接工作；组织召开交班会，布置本班工作重点、注意事项，检查落实上岗前的各项准备工作；正常情况下，对车站各岗位的作业及设备、客运、卫生、保安、站风站貌等情况进行巡视检查（每班至少两次），指导员工各项工作，及时制止员工违规行为。

2）值班站长的作业标准

（1）坚持阶梯形交接班制度，加强交接班工作，贯彻值班站长"三字"工作法。

（2）加强票务管理，确保票务结算单、票务台账的记录准确。

（3）落实安全工作措施，确保安全指标全面完成。

（4）热情接待乘客来电来访，按规定妥善处理各类服务纠纷。在发生异常情况及突发事件时，要结合实际，认真按上级规定进行汇报及处理。

（5）坚持组织每月不少于两次的班组活动，并认真做好记录。

（6）加强掌握车站设施、设备的管理，发生故障应及时报修。

（7）搞好车站综合治理，协调各单位关系，争创安全文明车站。

（8）执行上岗统一着装的规定，如发生气候的变化需要做相应调整的，须向上级报告并备案。

（9）认真对待上级部门检查，对存在的问题，应采取有效措施，积极整改。

（10）完成上级领导交办的其他工作。

知识链接

某市值班站长工作标准

值班站长作为最基础的管理人员，必须从列车安全、客运服务、票务管理、卫生管理、设备财产管理五大部分管理车站的日常运营。他们在地铁的运营生产中发挥着十分重要的作用。

1. 主题内容和适用范围

本标准规定了对值班站长作业的具体要求。

本标准适用于客运段值班站长。

2. 性质和基本任务

值班站长岗位是车站运营组织工作的重要组成部分，在中心站长的领导下开展工作，是唯一一个覆盖所有对外运营时间的管理岗位。其基本任务是带领本班人员认真执行各项规章制度和上级指示、命令，完成运营指标，并负责本班的行车、客运、后勤等日常管理工作。

3. 工作内容及要求

（1）提前到站了解有关行车及客运情况，掌握上级下达文件和命令的精神，做好安全预想。

（2）组织召开接班员名会，布置本班工作，检查上岗前的各项准备工作，合理布岗。

（3）认真组织各岗人员的对口交接，发现问题应及时解决，重大问题应向有关部门汇报。

（4）组织全班人员落实好班组的考勤、交接班、岗位及卫生清扫制度。

（5）负责统计本班各项数据，填写《值班站长工作日志》，认真做好本班的各项运营组织工作，末班车后向客运段行车调度员汇报当日运营情况。

（6）积极参加客运组织工作，维持车站运营秩序，深入各岗位检查，及时纠正违章。

（7）对本班发生的各项事故和事故隐患、不良反映和投诉信，要及时调查分析，查明原因，及时整改，并向有关人员反馈处理意见。

（8）负责组织本班的各种班组学习和各项活动，每月召开一次班务会，总结本班月度工作。

（9）掌握本班人员业务素质情况，合理安排和调配各岗位人员，组织学习有关业务知识，不断提高班组管理水平。

（10）掌握车站各岗位的工作内容，必要时能顶岗工作。

（11）掌握车站设备情况，发生故障应及时报修。

（12）搞好车站综合治理，协调各单位关系，争创安全文明车站。

4. 责任与权限

1）责任

（1）对本岗位承担的各项运营指标负责。

（2）对本岗位及上下级下达任务的完成质量负责。

2）权限

（1）对其工作范围内的工作有指挥和决定权。

（2）对本班的违章违纪人员及危及人身和行车、设备安全的行为有临时处置权。

(3) 有向中心站长提出本班职工奖罚、调动的建议权。

5. 检查与考核

按段颁布的经济责任制及上级有关规定进行检查与考核。

3. 客运值班员

1) 岗位技能

(1) 能够处理简单的自动售检票系统（Auto Fare Collection，AFC）设备故障。

(2) 掌握相关的票务报表、账册的填写。

(3) 掌握车站 SC 的有关知识，能够熟练操作车站 SC。

(4) 按照公司规定掌控车票、钱款的操作，确保车票、现金安全。

(5) 处理与乘客相关的票务事宜。

(6) 掌握车站的客流动态，协助值班站长合理安排售检票员岗位。

(7) 其他需要掌握的相关技能。

(8) 掌握车站周边的地理环境及交通状况。

2) 岗位职责

(1) 执行运营公司、部、中心、车站的有关规章制度，做到有令必行、有禁必止。

(2) 在值班站长的领导下主管车站客运管理，组织站务员从事客运工作。

(3) 负责车票的收发、回收和保管工作。

(4) 本班组售票组织及车站营收统计工作，各种票务收益单据填写及保管。

(5) 车站收益送达银行的实施和安全。

(6) 协助值班站长组织管理安全员、售票员，处理乘客纠纷，提供优质服务。

(7) 监督售票员、安全员在岗行为。

(8) 在非运营时间值守车站，统计汇总当日的客运量和营收情况，报行车调度员。

(9) 每班巡视车站两次，维护车站安全，防止意外事件发生。

(10) 完成上级领导临时交办或外部门需协办的其他工作。

3) 作业流程及一次作业标准

客运值班员班分为早、晚两班：一般早班时间为 8：00—20：00；晚班时间为 20：00—次日 8：00。

(1) 早班。

客运值班员早班作业标准见表 2-5。

表 2-5 客运值班员早班作业标准

作业时段	作业标准
班前	(1) 早上 7：30（提前 30 min 到岗）在车站控制室的《车站工作人员签到簿》上签到，并认真学习重要文件及上级指示精神。 (2) 在点钞室与交班客运值班员进行交接。 ①检查车票、现金、钥匙、票务设备备品情况； ②检查《客运值班员交接班本》是否按要求填写； ③检查票务、乘客服务的文件通知是否有要注意的重点工作； ④检查上一班的票务报表； ⑤与交班客运值班员交接清楚后签名

续表

作业时段	作业标准
班中	填写各类台账、报表；在车站站厅、售票亭巡视、检查售票员工作；通过车站 SC 监控 AFC 设备运行情况；及时更换票箱及清点自动售票机 TVM（Ticket Vending Machine）钱箱；发现设备故障及时报维修调度员；维修人员到场后，全程监控其工作；负责安全和协助值班站长处理车站内务。 （1）在站台交前天各类报表。 （2）准备银行解款和在票亭、站厅巡视，及时安排 TVM 钱箱、票箱的更换、补币、补票工作及车票回收盒的清理工作，在此期间要保管车站的车票、现金、票务备品、部分票务钥匙，并负责其安全。 （3）在特殊情况时，顶替售票、补票员的工作。 （4）为售票员进行配票，给售票员发放票务备品备件。 （5）统计好本班的车票、现金、发票及票务设备备品情况，并在《值班员交接班本》上做相应的记录，准备交班
班后	在车站控制室的《车站工作人员签到簿》上签名后即可下班

（2）晚班。

客运值班员晚班作业标准见表 2-6。

表 2-6 客运值班员晚班作业标准

作业时段	作业标准
班前	（1）晚上 19：30（提前 30 min 到岗）在车站控制室的《车站工作人员签到簿》签到，并认真学习重要文件及上级指示精神。 （2）在票务室（点钞室）与上班客运值班员进行交接。 ①检查车票、现金、钥匙、票务设备备品情况； ②检查《客运值班员交接班本》是否按要求填写； ③检查票务、乘客服务的文件通知是否有要注意的重点工作； ④检查上一班的票务报表； ⑤与交班客运值班员交接清楚后签名
班中	（1）填写各类台账、报表。 （2）每 2 h 巡视车站一遍，检查售票员工作及 AFC 设备运行状态。 （3）通过车站 SC 监控 AFC 设备运行情况；及时更换票箱及清点 TVM 钱箱；发现故障及时报设备维修调度员；维修人员到场后，全程监控其工作。 （4）运营结束前 5 min 关闭所有 TVM 和进站闸机，到站厅协助值班站长做好对乘客的宣传解释工作。 （5）运营结束后，与售检票员结账，钱款封包，封包后与值班站长一起收取 TVM 钱款，核对钱款封包，填写相关台账，核对后签字确认。 （6）完成部分报表台账。 （7）开车前 20 min 协助值班站长巡视各个出入口。 （8）开车前 15 min 做好配票工作，并检查售票员到岗情况和开启 TVM 和闸机。 （9）完成本班全部报表、台账，整理票务室（点钞室），准备交班。 （10）与接班客运值班员交接完后签名
班后	在车站控制室的《车站工作人员签到簿》上签名后即可下班

4. 行车值班员

行车值班员在值班站长的领导下，主管行车组织工作，协助值班站长开展客运、票务以及监督站务员等相关工作；按列车运行图及行车调度命令监护列车运行，负责监控操作控制区域的列车运行；非运营时间应做好巡道、设备维修的登记和注销手续；监控站厅、站台情况，观察车站客流及列车到发情况，按要求播放广播等；完成上级领导交办的其他工作。

具体要求：接班时，提前到站与上一班行车值班员进行交接工作（STC（车站控制器）工作站操作情况、车站施工情况、上一班接收的文件、通知等）。

1) 岗位技能

（1）了解车站突发及紧急情况下的处理方法。

（2）熟悉列车时刻表，并严格按照列车时刻表办理行车。

（3）掌握现场操作 LOW（操作站）工作站的操作使用，闭路电视 CCTV、环境自动控制 BAS、火灾自动报警 FAS 等系统的监控。

（4）熟练使用车站广播系统，能够做到及时广播。

（5）做好对现场施工及施工过程的监控。

（6）其他需要掌握的技能。

2) 岗位职责

（1）执行运营公司、部、中心、车站的有关规章制度，做到有令必行、有禁必止。

（2）在值班站长的领导下，负责车站行车工作。

（3）服从行车调度员指挥，执行行车调度员命令，严格按列车运行图组织行车。

（4）严格执行一次作业程序，熟悉行车设备的性能，掌握其操作方法。

（5）控制车站广播，密切关注监视屏，掌握站台乘客动态，并视情况及时广播。

（6）LOW 停用时负责现场人工排列进路。

（7）非运营时间做好巡道、设备维修的登记和注销手续。

（8）保管使用行车设备备品，正确填写各种行车日志，要求字迹清楚。

（9）值班站长不在车站控制室时，应代理其职责。

（10）完成上级领导临时交办或外部门需协办的其他工作。

3) 作业流程及一次作业标准

行车值班员班分为早、晚两班：一般早班时间为 8：00—20：00；晚班时间为 20：00—次日 8：00。

（1）早班。

行车值班员早班作业标准见表 2-7。

表 2-7 行车值班员早班作业标准

作业时段	作业标准
班前	（1）7：30 前在车站控制室的《车站工作人员签到簿》上签到。 （2）与上一班行车值班员进行交接，详细了解当前运作情况；查看《行车值班员日志》《技术工作联系单》《车站防火巡查登记簿》《设备故障登记簿》《施工登记簿》《调度命令登记簿》及相关文件通知。 （3）检查、清点钥匙、行车备品柜内物品是否齐全，状态是否良好

续表

作业时段	作业标准
班中	填写相关台账、处理日常事务及交班需完成的工作： (1) 监控CCTV，播放广播，处理相关事务，负责车站各岗位人员调配，传达相关重要信息。 (2) 列车进出车站时，监控列车运行状态、站台乘客上下车情况。 (3) 监控站台岗，发现险情或危及乘客人身及行车安全时，应及时采取应急措施。 (4) 做好施工登记，加强对现场施工及施工过程的监控。 (5) 协助当班值班站长处理一些简易事务。 (6) 在特殊情况时的替班工作。 (7) 做好交接前准备工作，把当班未完成须下一班完成的工作交接清楚，补充交班记录，填写各类台账，准备交接班
交班	19：30与下一班行车值班员交接，强调注意事项，交接清楚、完整，并签名后即可下班

(2) 晚班。

行车值班员晚班作业标准见表2-8。

表2-8 行车值班员晚班作业标准

作业时段	作业标准
班前	(1) 19：30前在车站控制室的《车站工作人员签到簿》上签到； (2) 与上一班行车值班员进行交接，详细了解当前运作情况；查看《行车值班员日志》《技术工作联系单》《车站防火巡查登记簿》《设备故障登记簿》《施工登记簿》《调度命令登记簿》及相关文件通知。 (3) 检查、清点钥匙、行车备品柜内物品是否齐全，状态是否良好
班中	填写相关台账、处理日常事务及交班需完成的工作： (1) 监控CCTV，播放广播，处理相关事务，负责车站各岗位人员调配，传达相关重要信息。 (2) 列车进出车站时，监控列车运行状态、站台乘客上下车情况。 (3) 监控站台岗，发现险情或危及乘客人身及行车安全时及时采取应急措施。 (4) 做好施工登记，加强对现场施工及施工过程的监控。 (5) 协助当班值班站长处理一些简易事务
运营结束前	(1) 上/下行尾班车开出前10 min开始广播。 (2) 上/下行尾班车开出前5 min，通知停止售票和进站检票工作，并广播
运营结束后	(1) 尾班车开出后按时广播，关闭一般照明、广告照明，协助值班站长清客关站。 (2) 做好各项施工消点登记手续，做好施工和工程车开行的安全防护措施。 (3) 检查、管理对讲机、应急照明等设备的充电情况。 (4) 按要求关闭部分环控设备，并检查运行情况

续表

作业时段	作业标准
次日运营开始前	（1）运营前 30 min，应组织检查线路出清情况，并及时报告行车调度员（如红闪灯有无撤除等）。 （2）按要求模式打开环控设备并检查运行情况。 （3）首班载客列车到站前 15 min，应打开车站照明。 （4）首班载客列车到达前 10 min 应确认出入口、闸机、TVM 等开启。 （5）全面负责车站行车组织、车站广播播放、文件收发。 （6）做好交接前准备工作，把当班未完成而需下一班完成的工作交接清楚，补充交班记录，填写各类台账，准备交接班
交班	7：30 与下一班行车值班员交接，强调注意事项，交接清楚、完整，并签名后即可下班

5. 售检票员

售检票员工作场景如图 2-6 所示。

图 2-6　售票员工作场景

1）岗位技能

（1）熟练掌握 POST 机、TVM 的操作方法。

（2）熟练掌握对票卡的分析，熟知票务政策。

（3）掌握售票员结算单及乘客事务处理单等相关报表的填写。

（4）按照公司规定掌控车票、钱款的操作，确保车票、现金安全。

（5）处理与乘客相关的票务事宜。

（6）其他需要掌握的相关技能。

（7）掌握车站周边的地理环境及交通状况。

2）岗位职责

（1）执行运营公司、部、中心、车站的有关规章制度，做到有令必行、有禁必止，为乘客提供优质服务。

（2）在客运值班员领导下负责车站售票工作，妥善处理坏票、补票工作。

(3) 按规定时间开关售票窗口。

(4) 严格执行"一收、二验、三找、四清"的作业程序，准确发售票、卡，按规定提示乘客确认票卡面值，不得拒收分币。

(5) 热情接待乘客，对乘客提出的问题，要按规定妥善解决。

(6) 对无法过闸票卡进行分析，并按规定处理。

(7) 准确填写结算单，交清当班票款。

(8) 正确使用设备，确保售票亭内整洁。

(9) 加强防范，确保票款安全。

(10) 完成上级领导临时交办的其他工作。

3) 作业流程

售检票员作业流程见表2-9。

表2-9 售检票员作业流程

作业时段	作业标准
班前	(1) 早上首班载客列车到站前30 min，在车站控制室的《车站工作人员签到簿》上签到，并领取对讲机。 (2) 首班载客列车到站前20 min，按规定着装，参加点名交接班，学习重要文件及上级指示精神，了解当班注意事项，听从当班值班站长的岗位安排。 (3) 首班载客列车到站前12 min，到车站票务室客运值班员处领取本班所需票务备品（票箱、硬币托盘、验钞机、售票员结算单、乘客事务单、发票）及备用金等。 (4) 首班载客列车到站前12 min到岗，在售票员结算单上填好POST机上左右票箱的车票数量，检查AFC设备、备品备件及对讲设备情况，做好开窗的一切准备工作
班中	(1) 严格按照售票作业程序售票，如果乘客使用大面值的纸币购票时，应提醒乘客当面点清票款。 (2) 在帮助乘客充值时，应提醒乘客看显示器金额，请乘客确认。 (3) 当班过程中须保持客服中心的整洁，票证报表、钱袋摆放整齐。 (4) 当硬币、车票、发票数量不够时，应向车站控制室报告。 (5) 售票结束后，应进行设备设施的交接，将本班的报表、车票、所有现金收拾好后放回票务室。 (6) 整理钱、票，带回票务室结算。 (7) 班中如果需要替换岗位时，做好票务钥匙、票务设备、对讲设备的交接工作。 注意：不能让非当班人员随意进出（非当班人员需有上级人员的授权方可进入）
交班	(1) 正确填好《售票员结算单》上的关窗张数，注销POST机，清点好自己的钱款及备品，放好暂停服务牌，关好售票亭的门。 (2) 到票务室与各运值班员结账，填好《售票员结算单》及《封包明细表》，将票款打包。 (3) 归还在票务室所领取的票务备品。 (4) 在车站控制室的《车站工作人员签到簿》上签名，归还早班领用的对讲机

4) 作业标准

(1) 服从站长的安排，按规定时间开关售票窗口，上岗前应备足票卡，票卡用完要及时清理。

(2) 严格按照作业程序正确、迅速发售票、卡，做到"一收、二验、三找、四清"。

(3) 主动兑换硬币，不得拒收分币、旧钞，按规定处理假币。

(4) 准确填写结算单，交清当日票款。
(5) 正确使用设备，确保工作区域整洁。
(6) 准确分析票卡，按规定处理。
(7) 加强防范，确保票、卡、款的安全。
(8) 对无法过闸的票、卡，准确分析，按规定处理。
(9) 文明礼貌地处理与乘客的事务，对乘客提出的问题应认真回答，做到耐心细致。

6. 站台安全员

站台安全员（图2-7）主要负责站台乘客安全，维护站台秩序，及时处理站台乘客问题。上岗时，应携带口哨、对讲机，上岗前确认对讲机状态良好；运营开始前应提前15 min全面巡视站台，确认线路空闲、无异物侵限后，报告车站控制室；在岗巡视时，要以规范姿态来回走动，全面巡视站台的行车安全、乘客人身安全及设施、设备运行情况和卫生情况。发现问题，应及时处理并向车站控制室汇报；岗位轮换时，应在两班车间隙进行交接，交接内容为对讲机、设施设备状态等需说明的问题；运营结束后，确保没有乘客逗留在站台上，关闭自动扶梯，全面巡视设备情况，确认其状况良好。

图2-7 站台安全员工作场景

1) 岗位技能
(1) 应掌握站台层发生意外情况时各种处理方法。
(2) 掌握信号灯的使用及其显示规定。
(3) 必须掌握使用工具的操作和维护知识。

2) 岗位职责
(1) 实行属地管理，必须服从值班站长和值班员指挥，协助值班站长进行事故处理。
(2) 执行运营公司、部、中心、车站的有关规章制度，做到有令必行、有禁必止。
(3) 随时关注站台乘客动态，防止跳下站台、进入隧道，组织乘客有序乘降，如发现乘客有违规行为时，应及时制止，维护车站正常的候车秩序。
(4) 负责站台、自动扶梯的客流组织（客流高峰时限流）工作，必要时采取一定措施，引导乘客站在安全线内候车。

(5) 当车辆进站时，应于靠近紧急停车按钮处站岗，提醒乘客不要拥挤，不要手扶车门，列车关门时注意列车和屏蔽门之间的空隙，密切注意列车车门状态，防止乘客在关门时被夹伤。

(6) 列车启动时，注意乘客和列车动态。

(7) 解答乘客问询，关注行动不便的乘客，必要时给予帮助，遇有清车或列车不停本站时，应做好解释劝说工作。

(8) 巡查站台时，发现问题应及时采取相应的处理措施；车站发生伤亡事故时，做好取证工作，并协助公安人员清理现场。

(9) 清客完毕，需要向司机显示"一切妥当"的信号。

(10) 完成上级领导临时交办的其他工作。

3）作业流程及作业标准

站台安全员的作业流程与作业标准见表2-10。

表2-10 站台安全员的作业流程与作业标准

作业时段	作业标准
班前	(1) 在首班列车到达前30 min到站，在车站控制室的《车站工作人员签到簿》上签到并领取对讲机。 (2) 提前20 min到交班会议室进行班前点名，接受工作安排。 (3) 提前12 min领齐必需的工具（电喇叭、口哨、切门控钥匙、贴纸、对讲机、信号灯或信号旗）到岗
班中	(1) 工作内容：负责站台的接发列车工作，乘客乘车安全的监控工作，解答乘客问题。 (2) 工作时间：早班为首班列车到站前30 min到站至14：00；中班为13：30到运营结束。 (3) 立岗地点：立岗时，必须站立在站台两端"紧急停车按钮"附近，站台有3名安全员时，四班倒，安全员在站台中部。 (4) 站立姿势：接、送列车时，必须成立正姿势，遵循"一迎、二接、三送"原则。其他时间可成稍息姿势，但不得坐在站台座椅或灭火器箱上，不得双手背于身后或插在裤兜内。 (5) 巡视：除接发列车立正时间外，在下一次列车到站前应对站台区域进行不少于一次的巡视。 (6) 休息：工作满3 h或吃饭时间可休息20 min，由值班站长安排人员替班。 (7) 交接：交接内容包括上岗必需的工具，本班上级交代的注意事项，若必需工具损坏时，应报值班站长进行责任界定；否则所损坏的工具及由此产生的不良后果由接班人员承担。中班交接班时，接班人员未能及时到岗时，在无法安排替班人员时，由值班站长指定早班当班人员中一人继续工作，继续工作时间不超过2 h。 (8) 夜班安全员在运营结束后应负责定时巡视全站及出入口，配合行车值班员做好对施工单位的监控工作；第二日开站前一小时负责检查站内轨行区，确认线路空闲后向行车值班员汇报；开站前40 min开启员工通道；开站前15 min开启所有出入口
班后	(1) 上下行末班列车开出后，清理站台，确认站台区域无滞留乘客、无异常情况后向值班站长汇报。汇报用语："站台清理完毕，无滞留乘客、无异常"。 (2) 配合值班站长做好清客关站工作。 (3) 按照就近的原则，协助关闭站台至站厅的自动扶梯。 (4) 到车站控制室归还对讲机，签名后即可下班

知识链接

站台安全员遇特殊情况的处理技巧

（1）大客流时，应注意乘客动态，及时疏导乘客，并向车站控制室报告站台客流情况。

（2）乘客越过黄线时，应立即上前阻止，情况紧急或距乘客较远时可先吹哨警示。

（3）乘客物品掉下站台时，应第一时间明确告诉乘客"请勿擅自跳下轨道，我会尽快帮您把失物捡回来。"在不影响行车的情况下，汇报行车值班员，征得同意后用拾物钳夹取，或请乘客留下姓名、联系方式，运营结束后为其拾取。

（4）列车关门夹人夹物时，应立即用对讲机通知司机，若司机无法重开车门，应视情况按压站台紧急停车按钮，并报告车站控制室。

（5）乘客跳下站台时，应立即按压站台紧急停车按钮，向车站控制室汇报，值班员按压上下行站台紧急停车按钮，实施救援。救援后应对乘客进行教育。

（6）列车清客时，应进入列车车厢，请全体乘客下车（终点站用语："终点站已到，请全体乘客下车"；列车中途清客用语："本次列车因故不能继续运营，请全体乘客下车，换乘下趟列车"）。当所有乘客离开列车时，向司机和车站控制室报告清客完毕。

7. 站厅（厅巡）岗站务员

站厅（厅巡）岗站务员主要在站厅巡视，及时处理乘客进出站时遇到的问题，不能处理的问题应向值班站长请示。巡视的重点位置是进出站闸机、电（扶）梯口等。

具体要求：站厅巡视时，在站厅范围（包括进出站闸机、自动扶梯处）巡视或引导乘客购票、进闸、出闸，发现问题应及时处理；乘客进出闸时，注意观察闸机指示灯和声音提示，遇使用工作证、乘车证、老人储值票、免费票时，可抽查相应证件。岗位交接时，早中班站厅岗人员应在两班车间隙进行交接。

闸机引导应严格执行"一迎、二导、三处理"的一次作业程序（一迎：乘客进出站时，应以规范站姿面向闸机提供站立服务，目光关注乘客进出站的动向。二导：引导乘客进出闸机，发现车票无法使用时，应向乘客说明"请让我帮您分析一下票卡"。三处理：对不能正常进出闸机的票卡应交 BOM（票务分析处理机）操作员进行分析；拾获车票要及时交 BOM 操作员回收；使用专用通道做到随开随关。对需凭证件出入的乘客，应说明"请出示证件"，认真验证后说"谢谢"并放行。遇公司接待和团体票进出专用通道时，应提供站立服务）。

购票引导严格执行"一察、二导、三处理"的一次作业程序（一察：注意观察乘客动态，及时发现不会使用 TVM 购票的乘客并给予帮助。二导：引导乘客购票，购票完毕后提醒乘客"请拿好您的钱和票"，五指并拢，为乘客指明进站闸机方向并说"请从这边进站"。三处理：出现卡币或卡票等情况时及时到 TVM 前处理，必要时通知值班站长和 BOM 操作员一起核实处理）。

1）站厅岗站务员的岗位职责

（1）发现乘客携带超长、超大、超重物品时，应劝阻："对不起，您携带的物品不符合轨道交通有关规定，不能带进站。"并做好相应的解释工作。

（2）发现精神不正常乘客应该禁止其进站乘车，并及时向车站控制室汇报，必要时请求警务人员或同事的协助，保护自身安全。

（3）负责保证重点旅客（年老体弱者、小孩、残疾人、携大件物品乘客等）的安全，发现儿童在自动扶梯上嬉戏时，应劝阻儿童："请不要在自动扶梯上嬉戏、打闹"，并对其进行教育，必要时通知监护人。

（4）负责巡查站厅、出入口，保证设备设施的正常运行，并做好相关巡查记录，发现安全隐患时应及时报修，发现有故意损坏地铁设备的应及时制止，并上报车站控制室。

（5）留意地面卫生，发现积水、垃圾、杂物等应及时通知保洁人员处理，同时设置警示牌，防止乘客摔倒。

（6）站厅、出入口发生治安安全事件时，应及时赶到并保护现场，寻找两名及以上目击证人。

（7）负责站厅、出入口的客流组织工作，乘客较多时，加强宣传和引导，防止乘客过分拥挤，必要时采取相应的限流措施。

（8）负责更换钱箱、票箱，引导不能正常进出闸机的乘客到客服中心办理。

（9）乘客反映站内 AFC 设备无法使用时，先确认设备状况，若设备故障，可安抚乘客："对不起，我们会帮您处理。"并报告值班站长。

（10）关注乘客动态，发现进出闸机不规范行为，如发现违反地铁《乘客守则》规定的应及时制止，并对其进行教育，引导乘客办理购票或补票手续。

2）站厅岗站务员的作业流程与作业标准

站厅岗站务员的作业流程与作业标准见表 2-11。

表 2-11 站厅岗站务员的作业流程与作业标准

作业时段	作业标准
班前	（1）签到，阅读文件，接受上级交代的工作及注意事项。 （2）领取对讲机设备和钥匙等。 （3）巡视车站及设备。 （4）带齐工作备品，准时到岗，配合值班站长做好车站开启工作
班中	（1）引导乘客使用自动售检票设备。 （2）运营时间内巡查车站设备，并做好相关记录。 （3）回收闸机票卡，补充 TVM 的票卡及找零钱箱。 （4）发生紧急情况时，第一时间内报告车站控制室。 （5）在上下行末班车到站前 ×× min，在 TVM 上、每组闸机前应摆放告示牌停车售票
班后	（1）末班车开出后，清理站台，确认车站没有滞留乘客，无异常情况后向值班站长汇报。 （2）协助关闭车站的相关设备。 （3）配合值班站长做好车站关闭工作，将对讲机设备和钥匙交还给车站控制室

原因分析

（1）值班员情绪急躁。
（2）未预见到地滑致使乘客摔倒的结果。

防范措施

（1）在地滑处放上告示牌，起到警示作用。
（2）养成细致、耐心、全面、周到的职业习惯。

 项目实施与评价

项目实施与评价表

项目二　城市轨道交通岗位职责与作业标准
授课教师_____　班级：_____　学生姓名：_____　时间：_____
一、典型案例 某日，南京地铁。 7：51，行车调度员发现安德门、新街口联锁区段 MMI 大屏灰显，随即询问安德门、中华门、新街口等站 LOW 是否正常，车站回复正常，行车调度员初步判断为安德门、新街口联锁区 ATS 故障。 7：52，MMI 大屏恢复正常，安德门、新街口联锁区 ATS 故障恢复。 7：54，安德门、新街口、鼓楼联锁区大屏再次灰显，车站 LOW 显示正常，行车调度员判断安德门、新街口、鼓楼联锁区 ATS 故障。 8：02，MMI 大屏恢复正常，安德门、新街口、鼓楼联锁区 ATS 故障恢复。 8：33，行车调度员发现 MMI 大屏全部灰显，各联锁站 LOW 显示正常，控制中心启动中央 ATS 故障应急处理程序。 8：33，行车调度员通知各联锁街站中央 ATS 故障，各站强行站控，按 ATS 故障情况下组织行车，加强对列车运行的监控。 8：34，行车调度员通知全线列车司机中央 ATS 故障，要求司机按 ATS 故障下组织行车。 8：48，MMI 大屏恢复正常，中央 ATS 故障恢复。
二、原因分析 _____ _____ _____
三、防范措施 _____ _____
四、成绩评价 1. 学生评价

评价等级	A（优）	B（良）	C（中）	D（及格）	E（不及格）
学生自评					
组内互评					
他组互评					

2. 教师评价

评价等级	A（优）	B（良）	C（中）	D（及格）	E（不及格）
专业能力					
方法能力					
社会能力					
评价结果					

3. 综合评定

评价等级	A（优）	B（良）	C（中）	D（及格）	E（不及格）
评价结果					

4. 评价量化标准

评价等级	行为表现描述
A	能高效、圆满地完成任务中的全部操作内容
B	能顺利完成任务中的全部操作内容
C	能完成实训任务的全部内容，但需要一些帮助和指导
D	只能完成实训任务的部分内容
E	只能完成实训任务的极少内容

思考与练习

1. 行车调度员的岗位职责有哪些？
2. 行车调度组织程序包括哪些环节？各个环节的要求是什么？
3. 电力调度员的岗位职责有哪些？
4. 环控调度员的岗位职责有哪些？
5. 信号楼调度员的作业标准是什么？
6. 列车司机的岗位要求有哪些？
7. 列车司机的作业标准是什么？
8. 城市轨道交通客运服务通用标准主要有哪些？
9. 如何正确领会值班站长"三字"工作法？
10. 行车值班员的岗位技能有哪些？岗位职责是什么？
11. 客运值班员的岗位技能有哪些？岗位职责是什么？
12. 售检票员如何严格执行"一收、二验、三找、四清"的一次作业程序？
13. 如何理解站台安全员"一迎、二接、三送"原则？

项目三
城市轨道交通突发事件应急处理

项目描述

由于城市轨道交通所处区域地理位置的重要性，具有客流量大，空间狭窄，内部结构、设施、系统复杂的特点，一旦发生纵火、爆炸、毒气等突发事件，施救十分困难，特别是次生危害更加严重，给国家社会经济、群众生命财产造成的损失和社会影响难以预料。为保证城市轨道交通的运营安全，必须构建城市轨道交通安全防控体系，制定相关突发事件处理的应急方案，以增强相关人员对突发事故的应急处理能力。通过本项目的学习，了解城市轨道交通突发事件应急处理相关基础知识。

培养目标

1. 知识目标

（1）了解城市轨道交通突发事件的定义。
（2）掌握城市轨道交通突发事件的特征。
（3）掌握城市轨道交通突发事件的应急处理方法。
（4）了解城市轨道交通应急管理模式。
（5）掌握城市轨道交通突发事件应急管理内容。
（6）掌握城市轨道交通应急管理遵循的原则。
（7）掌握城市轨道交通事故分类。
（8）掌握城市轨道交通事故等级确定的原则。
（9）掌握行车事故处理原则、责任划分、处理程序。
（10）掌握城市轨道交通应急预案编制步骤。

2. 能力目标

（1）能够理解城市轨道交通应急管理模式。
（2）能够知道行车事故处理过程。
（3）能够编制突发事件应急预案。
（4）能够演练突发事件应急预案。

3. 素质目标

（1）具有良好的职业道德认识、情感、意志、行为和修养，有铁的组织纪律观念。
（2）具有责任感和突发事故的应变能力。
（3）树立"安全第一、预防为主"的思想意识和观念。

(4) 具有创新精神与实践能力。

任务1　城市轨道交通突发事件预防与处理

情景导入

案例名称	香港地铁火灾事故		
时间	2004年1月5日	地点	尖沙咀至金钟车站之间

事故概况：
　　2004年1月5日香港地铁尖沙咀至金钟车站之间发生了一起列车纵火事件（图3-1）。该日上午一名精神病男子携带易燃物品进入一辆荃湾线列车，在即将进入金钟站时，点燃该物品，威胁到乘客安全。9：12，一辆前往中环站的列车的车长向控制中心报告，列车发生火警紧急事故，要求金钟站职员候命协助。当列车进入金钟站，有烟从列车冒出。地铁迅速安排列车上的乘客疏散，9：16疏散完成，随即将金钟站关闭。疏散乘客约1 200人，只有14名乘客因吸入烟被送往医院，但很快就全部康复出院。

图3-1　香港地铁火灾事故

　　城市轨道交通为城市的公益性公共基础设施，各类突发事件都有可能在城市轨道交通场所发生，这些突发事件由于发生的规模、地点、危害性质、事前准备的不同而会产生不同的影响和后果，这些突发事件发生具有随机性、不确定性，如果城市轨道交通运营企业应对不当就可能发展成更大规模的事故或事件，造成更大的损失和影响。

知识要点

(1) 城市轨道交通突发事件的定义。
(2) 城市轨道交通突发事件的特征。
(3) 城市轨道交通突发事件的处理方法。

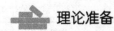

理论准备

一、城市轨道交通突发事件概述

　　城市轨道交通系统是城市公共交通的重要组成部分，它面向公众提供快速、便捷的交通运输服务，具有建设要求高、技术复杂度高、客运环境封闭、运转强度大、网络化运营等特点。在这样的环境下,城市轨道交通系统一旦发生突发事件,其明显表征就是影响大、高度不确定性、综合性强、回旋余地小,极有可能造成群死群伤和严重财产损失。

城市轨道交通突发事件是指在运营过程中列车脱轨(图3-2)、冲突、解体、路外人员伤亡、群死群伤(3人死亡或5人死亡、重伤及以上)、火灾(图3-3)、爆炸、毒气袭击(图3-4)、地震(图3-5)、恶劣天气、突发大客流或者由于设备严重故障、损坏等原因造成中断运营的非常事件。

图3-2 列车脱轨事件

图3-3 火灾事件

图3-4 毒气袭击事件

图3-5 地震事件

二、国内外城市轨道交通突发事件

国内外城市轨道交通运营过程中不乏突发事件实例,近年来世界各地发生的地铁突发事件如表3-1所示。

表3-1 国际重大轨道交通运营突发事件

时间	地点	事故类型及原因	损失
1991年8月	美国纽约	列车脱轨并引发火灾	死亡6人,100人受伤
1995年5月	法国巴黎	炸弹爆炸	死亡8人,受伤150人
1999年5月	白俄罗斯	人多拥挤造成踩踏	54人被踩死

续表

时间	地点	事故类型及原因	损失
1999年8月	德国科隆	系统故障造成列车相撞	受伤67人，7人重伤
2000年6月	美国纽约	列车出轨	受伤89人
2000年8月	法国巴黎	超速列车脱轨	受伤24人
2003年2月	韩国大邱	人为纵火	死亡198人，受伤147人
2003年8月	英国伦敦	大面积停电	约25万人困在地铁中
2004年2月	俄罗斯莫斯科	炸弹爆炸	死亡40人，受伤100人
2005年9月	美国芝加哥	轻轨列车出轨	死亡1人，受伤83人
2006年7月	西班牙瓦伦西亚	超速造成列车脱轨	死亡41人，受伤47人

世界各国地铁已经发生过或可能发生的事故（灾害事件）共有以下13种：火灾、爆炸、地震、毒气泄漏、突发疫情、电梯事故、列车脱轨（包括倾覆）、大面积断电、大面积淹浸、重大设备故障、大客流爆满、恐怖袭击、其他重大紧急事件。

目前，我国大多数城市轨道交通运营企业按照《国家突发公共事件总体应急预案》，将突发事件划分为4级的分级方法，结合企业自身情况，按照性质、严重程度、可控性和影响氛围等因素将突发事件分为Ⅰ级、Ⅱ级、Ⅲ级、Ⅳ级4个等级。如北京地铁城市轨道交通运营突发事件等级的划分，见表3-2。也有的城市轨道交通运营企业为了方便管理和处理，结合我国《国家突发公共事件总体应急预案》将突发事件划分为自然灾害、事故灾难、公共卫生事件和社会安全事件四类，将城市轨道交通突发事件做了进一步的细分和归纳。如广州地铁运营突发事件的分类情况，见表3-3。

表3-2 北京地铁城市轨道交通运营突发事件等级的划分

级别	名称	条件
Ⅰ级	特别重大轨道交通运营突发事件	出现下列情形之一时： (1) 造成轨道交通运营中断6h以上。 (2) 造成30人以上死亡（含失踪），或者危及50人以上生命安全，或者100人以上重伤（中毒）。 (3) 造成被困人数3 000人以上。 (4) 造成1亿元以上直接经济损失。 (5) 造成需要紧急转移安置10万人以上
Ⅱ级	重大轨道交通运营突发事件	出现下列情形之一时： (1) 造成轨道交通运营中断3h以上、6h以下。 (2) 造成10人以上及30人以下死亡（含失踪），或者危及30人以上及50人以下生命安全，或者50人以上及100人以下重伤（中毒）。 (3) 造成被困人数1 000人以上及3 000人以下。 (4) 造成5 000万元以上1亿元以下直接经济损失。 (5) 造成需要紧急转移安置5万人以上及10万人以下

续表

级别	名称	条件
Ⅲ级	较大轨道交通运营突发事件	出现下列情形之一时： （1）造成轨道交通运营中断0.5 h以上、3 h以下。 （2）造成3人以上、10人以下死亡（含失踪），或者危及10人以上及30人以下生命安全，或者10人以上及50人以下重伤（中毒）。 （3）造成被困人数500人以上及1 000人以下。 （4）造成1 000万元以上及5 000万元以下直接经济损失。 （5）造成需要紧急转移安置1万人以上及5万人以下
Ⅳ级	一般轨道交通运营突发事件	出现下列情形之一时： （1）造成轨道交通运营中断0.5 h以下。 （2）造成3人以下死亡（含失踪），或者危及10人以下生命安全，或者10人以下重伤（中毒）。 （3）造成被困人数500人以下。 （4）造成1 000万元以下直接经济损失。 （5）造成需要紧急转移安置1万人以下

表3-3 广州地铁运营突发事件分类

1级类别	2级类别	3级类别
自然灾害	台风	
	暴雨	
	大雾、灰霾	
	冰雹、道路结冰	
	寒冷	
	高温	
	地震	
	其他	车站防洪抢险
事故灾难	车辆故障	①车辆轮轴卡死；②车辆脱轨；③车辆事故；④高架线路事故
	线路及附属设备故障	①道岔故障；②线路挤岔事故；③轨道故障；④道床故障；⑤感应板变形或松动；⑥桥隧变形；⑦隧道结构裂损；⑧故障建筑结构漏水；⑨爆水管；⑩钢轨铝热焊焊接失败；⑪钢轨伤损及折断；⑫高温胀轨
	通信设备故障	①临时有线/无线电话故障；②SDH网故障；③OTN网故障；④通信UPS供电中断；⑤无线设备瘫痪；⑥有线调度系统中断、调度交换机瘫痪
	信号设备故障	①正线道岔故障；②信号联锁故障；③轨旁ATP故障；④联锁站STC故障；⑤信号VCC故障；⑥信号STC故障；⑦信号SMC故障；⑧电源故障；⑨SICAS故障
	AFC系统设备故障	①车站级设备（包括闸机、自动售票机、半自动售票机）重大故障；②车站计算机系统重大故障；③ES重大故障；④计算机病毒入侵；⑤消防事故；⑥突发事件

续表

1级类别	2级类别	3级类别
事故灾难	机电设备故障	①区间泵房故障；②区间消防水管爆管；③区间冷冻水管爆管；④屏蔽门故障；⑤防淹门故障；⑥电梯故障；⑦给排水及水消防设备专业故障；⑧事故照明应急电源装置故障；⑨环控设备故障；⑩楼梯升降机故障
	供电设备故障	①主变电站故障；②牵引所故障；③弓网关系故障；④接地故障；⑤拉弧故障；⑥变电设备故障；⑦接触轨故障；⑧柔性接触网事故；⑨刚性接触网事故；⑩接触网故障
	其他紧急情况	①恢复OCC使用；②车站大面积停电
公共卫生	传染病	
	毒气	
	放射性污染	
	其他	有毒动物、昆虫进入车站
社会安全	恐怖袭击	①车站遭受恐怖袭击；②毒气袭击；③发现可疑物品；④可燃气液体泄漏；⑤ATP失效时有人劫车；⑥劫持人质事件
	有人/动物进入区间	
	人潮	①可预见性人潮（上下班高峰）；②可预见性人潮（节假日及重大活动）；③突发性人潮；④OCC启动或停止应急公交接驳
	火灾	①站台火灾；②站厅火灾；③车站设备区火灾；④车站设备房火灾；⑤列车火灾；⑥隧道火灾
	乘客事件	①列车撞人/压人；②屏蔽门与车门间滞留乘客；③区间乘客疏散；④OCC紧急疏散；⑤乘客打架或受伤
	其他	列车服务延误

三、城市轨道交通突发事件的特征

城市轨道交通因为其自身半封闭的空间特点、公共场所属性、人员和设备密集状况，所发生的突发事件具有突发性、公共性、危害性、不确定性、紧迫性和社会性等特征。

1. 突发性

突发性是指城市轨道交通突发事件通过偶然的契机，以偶然的形式突然发生，没有预警，处理难度大。这种突发性表明，一方面，突发事件的爆发偶然因素更大一些，因为它几乎不具备发生前兆或者征兆不明显，且难以完全预测或预警；另一方面，突发事件要求人们必须在极短的时间内就做出突发事件发生的具体时间、实际规模、具体态势和影响深度分析、判断。这一特征稍有偏差，没有及时或处理不当，就会造成财产损失和人员伤亡。

2. 公共性

地铁突发事件的公共性首先体现在该事件涉及公共利益，即对公共财产、公共安全和公共秩序产生影响。在目前高度复杂、变化快速的现代社会，普通的突发事件如果不及时处理或处理不好,当其达到一定数量或规模时就会发生质变,从而成为一种挑战公共利益的公共事件,就有可能演变为非常态的突发公共事件甚至紧急状态。其次,在应对和处理城市轨道交通突发事件中,需要调动和整合全社会的人力、物力、信息等公共资源和力量,即政府部门间的协调和配合、政府与社会组织及公民个人的合作与沟通。

3. 危害性

不论什么性质和规模的突发事件,都必然不同程度地给国家造成政治、经济、文化等方面的损失和破坏,给人民带来生命、财产或精神上的损失和损害。这种危害性不仅体现在人员的伤亡、组织的消失、财产的损失和环境的破坏上,而且体现在突发事件对社会心理和个人心理所造成的破坏性冲击,并进而渗透到社会生活的各个层面,产生社会后遗症。如果地铁突发事件导致了公众对政府部门管理社会的能力及其管理体制和方式的怀疑,造成了对于政府形象的伤害,则其消极作用和影响更甚。因此,城市轨道交通运营企业处理突发事件的最基本的原则就是力求在可能的范围内,最大限度地控制突发事件的发生和发展,并且将其损害降至最低限度。

4. 不确定性

不确定性除了指城市轨道交通突发事件的发生不确定或具有突发性外,其主要指突发事件发展的不确定性,以及突发事件的后果和其严重程度的不确定性。同任何事情一样,城市轨道交通突发事件也有一个发生、发展、变化的动态过程。突发事件发生后,事态的变化、发展趋势以及事件影响的深度和广度也不能事先描述和确定,是难以预测的,特别是在当今复杂化和信息化的社会里,这种连锁反应带来的一个直接后果就是突发事件变得复杂化,已经超出纯粹的经济、纯粹的政治和纯粹的文化内容,变成一种含有多项内容的综合性社会危机。城市轨道交通突发事件的这种特点增加了人们处理突发事件的难度。在昆明和广州相继发生暴力恐怖事件后,国内某市地铁多次因各种普通事件的因素产生恐慌事件,引发踩踏事件,不但对人民生命财产造成威胁,也产生了严重的社会负面影响。因此,如何处理城市轨道交通突发事件不确定性已经成为城市轨道交通运营企业目前极为重视的一个方向。

5. 紧迫性

紧迫性是指地铁突发事件所反映的问题极端重要,关系到社会、组织或个人的安危,需紧急采取特别的、及时的和有效的处理措施。随着突发事件的发展、演变,它所造成的损失可能会越来越大。因此,城市轨道交通突发事件的应急响应越快,响应决策越准确,其所造成的损失就会越小。所以,在突发事件中,时间非常紧迫,对时间的把握在很大程度上决定了突发事件管理的紧迫性。

6. 社会性

城市轨道交通和人们的社会、经济生活密切相关,一旦发生突发事件,势必对社会经济产生影响。突发事件的发生一方面会对社会和经济造成一定的损失,另一方面往往会对社会系统的法律法规、技术规范、经验认识、行为准则等产生影响,从而推动社会和轨道交通行业基本架构的发展。

四、城市轨道交通突发事件的应急处理

城市轨道交通突发事件应急处理机制,是指对城市轨道交通运营中发生的事故、故障和突发事件,能及时做出反应并采取有效措施,以尽快恢复正常运营秩序的相关组织机构功能

和相互关系。

1. 应急反应处理机制的分析

事故故障应急反应机制是指相关部门对事故故障的探测和判断，信息的传递和决策，对乘客及外界信息的发布等功能、技术手段及相互关系。事故故障应急处理机制是指相关部门对事故故障现场的处理、乘客的疏散以及外界对处理提供支持的功能、技术手段和相互关系。反应机制要求建立运营信息的搜集、处理、传递和发布系统。处理机制则要求建立相关的应急预案体系，保证一旦发生事故故障，能实现快速、有效的处理，使其造成的影响和损失最小化。反应机制和处理机制通过信息的传递和相互作用有机地结合。城市轨道交通运营组织和管理有其自身的特点，建立应急处理机制应结合运营企业的机构设置及其分工，确定在事故故障状态下，各部门的职责范围以及应采取的措施。

2. 城市轨道交通突发事件应急处理原则

城市轨道交通运营企业及主管部门针对城市轨道交通突发事件的突发性、公共性、严重的社会危害性、事件发展的不确定性、应急处理的紧迫性以及影响的社会性等特点，对应急处理突发事件提出了以下原则。

（1）系统性原则。突发事件涉及面广，影响到社会生活的方方面面，可以用"牵一发而动全身"来形容，因此面对突发事件应采用系统的方法综合处理。在现代化城市这个大系统中，城市轨道交通突发事件涉及了更多、更复杂的城市子系统，如供电、供水、通信等系统，城市轨道交通运营企业和政府主管部门对突发事件应采用系统方法加以综合处理，重视应急保障体系的建设，建立起良好的应急管理机制，规划和编制应急预案体系，系统地明确不同部门和不同专业的职责，加强应急管理过程中各部门之间的协调配合，最大限度地减少突发事件造成的损失。

（2）快速反应原则。突发事件发展变化迅速，能否在危机发生的初始阶段采取及时、准确的应急措施，控制住局势的发展，在很大程度上决定着整个应急处理的成败。现场应急处理过程中任何延误都可能加大应急处理工作的难度，造成灾难的损失扩大，引发更严重的后果。因此，在应急处理过程中应坚持做到快速反应、控制事态、减少损失、尽快恢复正常的运营秩序。

（3）适度反应原则。适度反应原则是指突发事件应急处理的各种措施应当与突发事件的规模、性质和危害程度相当，一方面要避免反应不足造成的控制不力，另一方面避免反应过度而扩大危机的影响范围，浪费应急资源，甚至引发其他类型的危机。因此，在城市轨道交通运营企业处理突发事件中，必须有效辨别危机的程度和大小，对现场情况进行科学评估，启动相应级别的应急预案，谨慎、适度地行使危机应急处理权力，以期达到危机损失和应对资源效益平衡的最佳程度。

（4）安全第一原则。在突发事件的应急处理过程中，"以人为本、安全第一"是最重要的原则。在突发事件现场处理过程中，贯彻"以人为本、安全第一"的原则就是要把人的安全放在首要的位置，被保护的对象不仅包括危机的受害人和间接受害人，也包括参与应急处理的人员和其他社会公众等潜在的受害人。在地铁中人员密集，空间半封闭，在处理城市轨道交通突发事件时的首要原则就是要把处于危险境地的乘客尽快疏散到地面安全地带，避免出现更多伤亡的灾难性后果。

（5）资源共享原则。突发事件应急管理的资源，包括人力资源、财政资源、物质资源和信息资源等。由于突发事件的紧迫性,在大多数情况下,现场第一时间可用的资源往往是有限的,而且这些资源往往掌握在不同的部门和机构中,这就需要遵循资源共享原则,建立良好的资源准备和配置机制,有效发挥资源的综合使用效果。特别是突发事件具有信息不对称特征,在现场管理过程中,信息资源的共享尤为重要。城市轨道交通运营企业必须重视通过各种方式收集突发事件的危机信息,并及时通过各种方式建立良好的信息沟通渠道,一方面为应急决策和现场管理提供必要的信息基础,另一方面通过信息的及时发布减少谣言和恐慌事件的发生。突发事件应急处理流程如图3-6所示。

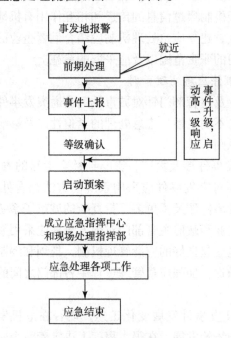

图3-6 突发事件应急处理流程

3. 突发事件的应急反应——预警及应急信息

1) 预警的概念

预警是指对事故(事件)征兆进行预先警告,即对将来可能发生的危险进行事先的预报,提请相关当事人注意。预警机制则是指能灵敏、准确地告示危险前兆,并能及时提供警示,使机构能采取有关措施的一种制度,其作用在于超前反馈、及时布置、防风险于未然,最大限度地降低由于事故(事件)发生对生命造成的侵害、对财产造成的损失。

2) 预警原则

预警的原则有4个方面,即及时性、全面性、高效性及引导性原则。

(1) 及时性原则。

就是要"居安思危",在事故还在孕育和萌芽的时期,就能够通过细致地观察和研究,防微杜渐,提早做好各种防范的准备。

(2) 全面性原则。

对生产活动的各个领域进行全面检测,及时发现各个领域的异常情况,尽最大努力保证生命财产的安全,这是建立预警机制的宗旨。

(3) 高效性原则。

鉴于事故的不确定性和突发性，预警机制必须以高效为重要原则，唯有如此，才能对各种事故进行及时预告，并制定合理、适当的应急救援措施。

（4）引导性原则。

预警的基本功能是预测事故的发生和警示，不能因可能引发社会动荡就隐匿有关信息，预警正是在某种灾害、突发公共事件降临之前，提醒或引导人们应该采取什么态度去应对和处理，这样既减少了因盲从、跟风带来的被动和生命财产的损失，又尊重了公民的基本权利。

3）预警目的

应急管理中的预警分析的目的是告知人们可能出现的事件或事件的恶化状态，使人们可以提前采取一些有效的措施把可能发生的突发事件或可能恶化的事态扼杀在摇篮状态。面临的问题是如何根据相关信息的变化趋势来判断可能出现的事件。通常预警的指标有多个，如轨道交通设施设备发生故障后的影响范围是不同的。因此，单指标的预警分析是考察该指标超过某一阈值的可能性，而多指标的预警分析是考察这些指标值所在的 n 维空间的点在某一曲面外的可能性。

4）预警级别

《中华人民共和国突发事件应对法》规定，按照突发事件发生的紧急程度、发展势态和可能造成的危害程度，将预警级别分为Ⅰ级、Ⅱ级、Ⅲ级和Ⅳ级，分别用红色、橙色、黄色和蓝色表示，Ⅰ级为最高级别。

（1）红色预警。

预计将要发生Ⅰ级以上突发事件，表示安全状态特别严重，事件会随时发生，事态正在不断蔓延。

（2）橙色预警。

预计将要发生Ⅱ级以上突发事件，表示受到事故的严重威胁，事件即将发生，事态正在逐步扩大。

（3）黄色预警。

预计将要发生Ⅲ级以上突发事件，表示处于事故的上升阶段，事件已经临近，事态有扩大趋势。

（4）蓝色预警。

预计将要发生Ⅳ级以上突发事件，表示生产生活处于正常状态，事件即将临近，事态可能会扩大。

5）预警机制

完善的安全生产预警机制是建立在预警系统基础之上的，而预警系统主要由预警分析系统和预控对策系统两部分组成。

（1）构建预警机制需要遵循及时、全面、高效和引导的原则。由于事故的发生和发展是人的不安全行为、物的不安全状态及管理的缺陷等方面相互作用的结果，因此，为了实现对事故的预警作用，减少或避免事故的发生，从安全管理战略的角度出发，应针对事故的特点建立安全生产事故预警管理体系。各种安全生产事故类型预警的管理过程可能不同，但预警的模式具有一致性。在构建预警管理体系时，需遵循信息论、控制论、决策论以及体系论的思想和方法，科学建立标准化的预警体系，保证预警的上下统一和协调。

（2）一个完整的安全生产预警管理体系应由外部环境预警系统、内部管理不良的预警体系、预警信息管理体系和事故预警系统组成。

（3）预警分析系统主要由监测系统、预警信息系统、预警评价指标体系系统和预测评价系统等组成。检测系统是预警系统主要的硬件部分，其功能是采用各种检测手段获得有关信息和运行数据；预警信息系统负责对信息的储存、处理、识别；预警评价指标体系系统主要完成指标的选取和预警准则的确定；预测评价系统主要是完成评价对象的选择，根据预警准则选择预警评价方法，给出评价结果，再根据危险级别状态，进行报警。

（4）预控对策系统根据具体警情确定控制方案。

（5）检测系统、预警信息系统、预警评价指标体系系统和预警评价系统完成预警功能，预控对策系统完成对事故的控制功能。

4. 应急信息

1）城市轨道交通应急信息处理的原则

（1）运营企业应规范信息的报告与处理。按照国家和城市的有关规定，明确事故信息的报告与处理办法。

（2）信息发布。运营企业应明确突发事件的发布部门和发布原则。应急信息应由现场抢险指挥及时准确地向新闻媒体通报信息。

（3）信息报告与通知。运营企业应明确24 h应急值守电话、突发事件信息接收和通报程序。突发事件信息报告流程如图3-7所示。

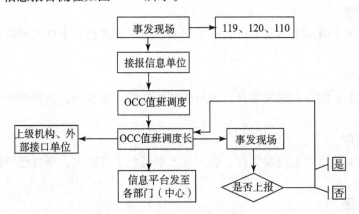

图3-7 突发事件信息报告流程

（4）信息上报。运营企业应明确突发事件发生后向上级主管部门和地方人民政府报告事故信息的流程、内容和时段。

（5）信息传递。运营企业应明确突发事件发生后向行车调度指挥部门、技术安全管理部门、客运服务部门和设备设施维修部门等相关部门或单位通报事故信息，并明确方法和程序。

2）城市轨道交通应急处理的信息管理

（1）为使事故故障发生时运营管理部门能迅速做出反应，应建立由高技术支持的轨道交通应急处理信息管理和发布系统。这样的系统既包含了轨道交通运营管理内部在事故故障发生时的信息管理，也包含了与外部单位的信息交流和共享。充分利用数字化信息技术与网络通信技术，实现对供电设备、环控设备、车站客运设备、行车设备、列车运行状况以及客运组织情况等的全方位监控；实现对各种应用系统的有机集成，建立空间信息与共享平台机制，便于各种信息直观表达、综合利用和快速反应；以助于将轨道交通内部和外部城市的各种数字信息以及轨道交通的各种信息资源加以整合利用；加强基于局域网和互联网的办公管理体系的建设，使得能够在事件发生地点通过文字和多媒体信息记录事件发生过程，存入计算机，并通过局域网将信息发布到控制中心存储，以用于事后分析。

（2）当轨道交通网络发生重大事件，其影响超出了轨道交通运营的范围时，轨道交通应急处理工作需要市级其他相关部门如地面公交、公安、消防、救护、抢险等部门全面配合。主要包含以下两方面内容：

①实现日常运营信息的有效采集和共享，做好应急处理的信息储备。由轨道交通运营综合信息管理系统向城市其他部门或中心，如公安应急联动中心、综合交通指挥中心、消防支队、地震局、气象局、城市防灾中心、供电局、急救中心、公安防暴中心等，提供轨道交通主要运营信息，如运营状况、供电系统状况、客流状况等。轨道交通运营主体也接收城市其他中心的相关信息，如气象、地面交通等综合性信息，制作轨道交通网络的各类公共信息。

②处理重大事件时迅速综合和传递各方信息，实现信息快速通畅，实现与外界联合处理的各相关指挥部门之间、各相关执行部门之间、各指挥部门和所属执行部门之间、现场与执行部门之间、现场与指挥部门之间的信息综合和传递。

 原因分析

（1）此次事故是由人为纵火引起。
（2）进站乘客的安全检查不够。

 防范措施

（1）定期举行各种公众教育活动，提醒乘客危险品有可能危害公众及乘客的安全。
（2）各紧急服务部门进行定期演习，训练员工在紧急事故时的应变及疏散程序等。
（3）加强对进站乘客的安全检查以及线路内安全情况的监控。

任务2　城市轨道交通突发事件应急管理

案例名称	伦敦地铁爆炸事故		
时间	2005年7月7日	地点	英国伦敦
事故概况：英国当地时间2005年7月7日早上8时59分，伦敦6处地铁车站和至少3辆双层大客车在人流高峰期遭爆炸袭击。爆炸造成至少50人死亡，千人受伤。多辆公交车被炸毁，所有地铁全部驶停，交通全			

续表

| 时间 | 2005年7月7日 | 地点 | 英国伦敦 |

面瘫痪（图3-8）。后据媒体报道，一个自称是"欧洲圣战组织基地秘密小组"组织宣称对此次伦敦发生的连环爆炸事件负责，其在网站上发表声明称这起事件是为报复英国参与对阿富汗及伊拉克的军事行动。

图3-8 伦敦地铁爆炸事故

应急管理是指在应对突发事件的过程中，为了降低突发事件的危害，达到优化决策的目的，基于对突发事件的原因、过程及后果进行分析，有效集成社会各方面的相关资源，对突发事件进行有效预警、控制和处理的过程。城市轨道交通应急管理是在突发事件的事前预防、事发应对、事中处置和善后管理过程中，通过建立必要的应对机制，采取一系列必要措施，保障乘客生命和财产的安全。

 知识要点

（1）城市轨道交通应急管理的模式。
（2）城市轨道交通突发事件应急管理的方法。
（3）城市轨道交通应急管理遵循的原则。

 理论准备

城市轨道交通面向公众提供快速、便捷的交通运输服务，具有建设要求高、技术复杂度高、客运环境封闭、运转强度大等特点，一旦发生突发事件，造成的经济损失和社会影响都不可估量。为保障公众生命财产安全、建设施工安全、运营设备稳定和系统设施安全，加强城市轨道交通突发事件应急管理是城市轨道交通运营企业的一项重要研究课题。

一、应急管理概述

应急管理是近年来针对突发事件的决策优化研究的一门系统性新兴学科，它涉及公共管理、运筹学、信息技术及各领域的专门知识。

应急管理是指在应对突发事件的过程中，为了降低突发事件的危害，达到优化决策的目的，基于对突发事件的原因、过程及后果进行分析，有效集成社会各方面的相关资源，对突发事件进行有效预警、控制和处理的过程。

应急管理是以其客体突发事件应急响应全过程为主线，涵盖突发事件的监测监控、预测预警、突发事件信息报告、突发事件响应处理、应急资源组织调配、事件善后处理、应急体系与预案的建设等。应急管理主要包括应急组织机构、应急预案管理、应急资源管理和突发事件应急处理等。

（1）应急组织机构。应急组织机构是应急体系的中枢，是日常应急体系建设和应急规章制度监督的主体机构；同时在突发事件发生时，应急组织机构也是应急指挥的决策和执行机构。

（2）应急预案管理。突发事件发生在不同领域、不同环境、不同处理条件下，所发生发展的结果也不尽相同。这就需要对容易发生突发事件的领域及突发事件特征本身进行专业性、针对性的研究和分析，科学推演，制定比较完善的应对方案，这些方案的集合就是预案。预案就是由一系列决策点、实施原则、方法和措施的集合组成，用于指导将来可能出现的突发事件。预案制订完成后还需要反复进行演练实施，演练过程本身也是对预案的验证和调整。预案管理就是根据这些研究和实践对可能出现的突发事件的规律进行分析、预测，从而用来指导和完善预案的准备和制订。

（3）应急资源管理。应急资源包括物资资源、人力资源、社会资源和环境资源等。突发事件的潜在危害性需要在限定的时间内处理完毕，避免突发事件的扩大，这就要求决策者迅速组织所需的应急资源来响应，突发事件应急处理最终将落实在应急资源的使用上。因此，应急资源管理是应急管理的一项重要内容，应急资源的布局、资源的调度效率、组织协调就显得尤为重要。决策者在限定的时间将各种资源有效地调度到指定的地点，将会直接影响对突发事件处理的效果。

（4）突发事件应急处理。突发事件应急处理是应急管理的核心，应急管理的各项内容都是围绕着应急处理这一核心开展的。突发事件发生后，决策者就应该对突发事件所表现出来的特征、发展趋势、可能造成的影响做出分析和判断，做出相应的决策；应急人员则通过预先准备的预案和反复演练中所获得的应对能力及经验，熟练应对和处理突发事件。

二、城市轨道交通应急管理的模式

城市轨道交通应急管理正在由分类管理走向综合管理、由分阶段管理走向全过程管理，形成预防、准备、响应和恢复4个阶段应急管理。这4个阶段的管理不是相互割裂分开的，而是一体、连续、动态反馈的系统过程，如图3-9所示。

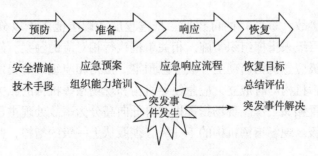

图3-9 城市轨道交通突发事件应急管理模型

1. 预防

预防是城市轨道交通突发事件应急管理的重要一环，导致突发事件发生的各种可能性都要予以排除。该阶段涉及城市轨道交通企业和管理机构为防止事故发生采取的各类安全措施和技术手段。

预防工作主要针对运营危险源，制定相关安全生产风险的管理办法，保障运营监控。运营监控的主要内容包括规章制度、强制性标准、设施设备及安全运营管理情况。

技术手段主要通过车站设备监控系统（BAS系统）、电力监控系统（SCADA系统）、主控系统（MCS系统）和火灾自动监控系统（FAS系统）等自动化系统实现对车站机电设备、供电设备、重要系统接口、火灾危险源等进行实时监控。通过客流系统对大客流进行监控，在高架线路设置风力检测装置，实现对特殊气象的监控，在地铁车辆段建立周界报警系统，实现车辆段治安监控；辅以其他人为的控制方法，包括定时、定人进行轨道巡检、设备检修、定期的安全检查和危险源识别等。

2. 准备

准备阶段包括：制订应急预案，建立应急组织结构和危机预警机制，制订应对不利的紧急情况的应急方案；然后根据方案需要，做好组织、人力资源、资金、应急物资和设备等方面的准备。

城市轨道交通运营企业各单位或部门都应建立有本单位或部门的应急人员保障制度、应急物资保障制度、技术保障制度、培训保障制度和培训演练制度等。其中，应急人员保障制度包括：应急人员的配置、救援队伍和应急抢险人员的培训等；应急物资保障制度应明确应急物资配置的地点和清单；技术保障制度包括成立技术保障组，建立技术图纸及物资合账的存档制度等。培训保障制度包括：各部门结合自身业务，制订的年度应急培训计划，开展自救、互救、救生的知识和技能培训，组织应急抢险队伍进行突发事件处理的知识和技能培训。培训演练保障制度包括：各运营生产部门结合自身业务，制订年度应急演练计划，由安全部门统筹发布年度应急演练计划，各运营生产部门按年度应急演练计划组织实施。

3. 响应

一旦发生紧急事件，立即启动城市轨道交通应急响应程序。应急响应程序为：接警→应急响应级别确定→应急启动→救援行动→应急恢复→应急结束等。城市轨道交通运营企业及主管部门与外部机构协调，在事发现场采取初步措施，同时派人员赶赴现场，明确所需的技术支持手段。

响应行动按照事故（事件）的可控性、严重程度和影响范围予以分级，不同等级的响应由不同应急指挥层级来指挥组织实施，相关单位执行相对应的预案。超出本级应急处理能力时，应报请上一级应急机构启动上一级应急预案。接到相应级别的突发事件信息后，应急领导机构和现场指挥机构即时成立，应急领导机构和现场指挥机构的相关人员应立即赶赴事件现场，指挥、布置相关工作。现场指挥机构自低向高分为事故处理主任、现场指挥部、应急领导机构3个层级。现场指挥机构的下一级必须服从上一级的指挥，并向上一级报告应急抢险工作。

突发事件应急处理过程中的应急指令下达、应急信息收发及应急资源协调、调配等管理规定一般以运营单位的总体应急预案为依据；具体应急处理方法和流程按照专项应急预案和现场处理预案执行。

4. 恢复

突发事件处理完成后，需要对恢复或重建进行管理。城市轨道交通运营企业各当事单位或部门应尽快组织生产秩序恢复工作，消除事件后果对正常运营的影响。

应急抢险结束后应对应急处理过程进行总结，对应急救援能力做出评估，就事故应急救援过程中暴露出来的问题，及时进行调整、完善，制定改进的措施，并将结果反馈给预防阶段，作为制定或修改安全措施和技术手段的依据。评估的内容有以下几个方面：

(1) 应急抢险过程中发现的问题。
(2) 对应急抢险物资准备情况的评估。
(3) 对各专业救援组在抢险过程中的救援能力、协调的评估。
(4) 对应急指挥部的指挥效果的评估。
(5) 应急抢险过程中通信保障的评估。
(6) 对预案有关程序、内容的建议和改进意见。
(7) 在防护器具、抢救设置等方面的改进意见。

三、城市轨道交通突发事件应急管理

1. 应急组织管理

应急组织机构是应急体系的中枢，是日常应急体系建设和应急规章制度监督的主体机构；同时在突发事件发生时，应急组织机构也是应急指挥的决策和执行机构。根据城市轨道交通线网化的特点，轨道交通应急组织机构分为3个级别设置，分别是总公司层级应急组织机构、线网层级应急组织机构和线路层级应急组织机构，如图3-10所示。

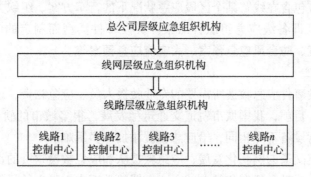

图3-10 城市轨道交通应急组织机构

各应急组织机构根据所处层级，其分工各不相同，如表3-4所示。

表3-4 城市轨道交通各层级应急组织机构分工

项目	总公司应急组织机构	线网应急组织机构	线路应急组织机构
管理范围	总公司内所有应急资源的调配，包括新线建设业务、地铁运营业务	地铁运营范围内全线网内的严重突发事件	负责本条线路的紧急事件的处理

续表

项目	总公司应急组织机构	线网应急组织机构	线路应急组织机构
管理职责	（1）负责制定公司级应急制度、应急预案，指导下级应急组织机构制定相关应急处理程序。 （2）负责接报并处理由下级应急组织上报的地铁建设和运营的重大突发事件，协调总公司内部应急资源，进行合理的救援。 （3）负责与市政府、社会救援力量联系	（1）负责接报并处理由线路控制中心上报的重大突发事件，对于特别重大的突发事件应向总公司应急组织上报。 （2）负责协调各线路的应急人员应急资源，进行救援。 （3）负责监督各线路应急组织的救援工作	（1）负责本条线路的突发事件接报，并向线网指挥中心上报。 （2）协调本线路控制中心的应急资源和救援力量，进行应急抢险。 （3）负责向全公司各级应急组织通报现场救援情况

2. 应急预案管理

应急预案即突发事件应急处理行为规程，必须具备较强的可操作性。它在内容组成上应包括危害因素、事件类型、事发场所或部位、事件等级、处理目标、工作组织、岗位职责、处理流程、预案仿真及培训演练等；在功能要求上应体现职责分明，流程固化，操作简便，处理有效。从预案体系来说，预案可分为以下几类：

（1）总体预案。即总公司针对突发事件的指导性预案，包含突发事件的等级、事件处理的原则和总公司应急组织等内容。

（2）现场预案。即突发事件发生时，规定现场救援人员应急救援的操作规程。从预案层级来说，现场预案应根据应急组织的层级编制不同级别的应急预案，如某线的应急处理程序、某线指挥中心应急预案。从预案内容来说，现场预案的内容应尽可能详细，如某线控制中心应急处理程序应包含在线路某个区段应急状况下的行车方案、组织方案等内容。

（3）专项预案。即各级应急组织针对某一突发事件类型而制定的应急处理操作规程，如恶劣天气应急预案、防台风应急预案、大客流应急预案等。

3. 应急资源管理

应急资源是突发事件应急救援所需要的专业救援人员、应急物资，还包括历史资料、法律法规、专家资源。目前，我国城市轨道交通迅猛发展，很多城市的轨道交通已成为线网，多条线路的地铁运营设备不尽相同，给应急救援添加许多困难。

因此，针对轨道交通的网状化发展，应急救援队和应急救援物资的设置应采取线路救援中心、区域救援点与流动救援车相结合的方式。线路救援中心设立的目的是：解决地铁重大突发事件，在救援中心配置专业救援人员、大型救援机械等。区域救援点能够快速赶赴现场，迅速解决其负责范围内常见系统设备故障，并配合救援中心的大型救援活动。区域救援点配置熟悉常见地铁设备的救援人员以及小型救援设备。流动救援车负责某线路中的一个区域，配置中型救援设备和熟悉本线路设备的救援人员。上述设置能够形成"点—线—面"的应急资源配置，从而达到快速到场、专业救援的应急救援效果，提高应急救援的效率。

4. 突发事件应急管理

城市轨道交通突发事件处理层级应与城市轨道交通运营企业应急组织机构相互对应，其分为3个级别：总公司应急指挥部、线网应急指挥中心和区域控制（OCC）应急指挥中心。3个层级分别代表总公司层级、线网层级和线路层级行使应急指挥权。

5. 突发事件应急管理信息化建设

城市轨道交通突发事件应急系统应服务于应急管理的全过程，包括预防、准备、响应和恢复4个主要阶段。应急系统的信息流和控制流是连接各项应急活动的纽带，对不同阶段的应急管理都能提供快速、高效和安全的保障。应急管理的各个阶段根据事件类型不同有不同的功能需求，如图3-11所示。

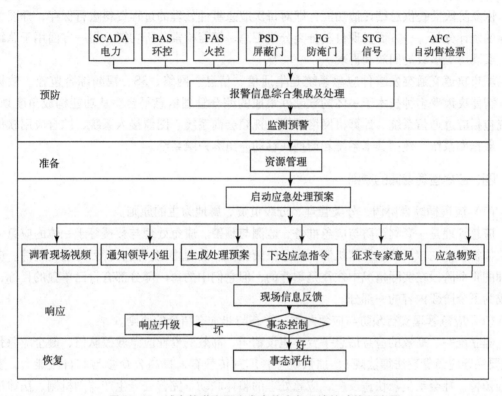

图3-11 城市轨道交通突发事件应急系统的功能和流程

1）预防阶段

预防阶段需提供监测预警功能，即根据地铁重大风险源、关键基础设施以及重点防护目标的分布和运行状况信息，接入地铁综合监控系统的报警信息，分析风险隐患，实现对可能发生的突发事件进行监测和预警，并进行趋势分析。

2）准备阶段

准备阶段需提供预案管理、资源管理、应急值守、模拟演练功能。

（1）预案管理。实现对城市轨道交通各级各类突发事件应急预案的数字化管理和快速查询。

（2）资源管理。对城市轨道交通运营企业救援队、救援设备、应急物资储备以及地方医疗机构、应急救援专业队伍、特种救援设备进行动态管理。

（3）应急值守。实现突发事件信息的接报处理、反馈和情况综合等管理。对应急事件的情况进行及时通报，完成对突发事件的发布等功能。

（4）模拟演练。通过模拟突发事件及对历史事件的真实回放和再现，检查预案的科学性、可行性，并对应急缺陷进行诊断，提高应急救援体系的反应能力、救援能力和协同作战能力。

3）响应阶段

响应阶段需提供应急指挥功能，即在电子地图定位事发地提供事发点附近车站平面图、视频图像信息、信号设备、线路设备等救援设备的空间分布，展示地方救援资源信息，分析最短救援路径，为指挥人员提供直观的决策支持信息。

4）恢复阶段

恢复阶段需提供总结评估功能，即对每次应急事件处理的过程资料进行保存，开展关键指标的统计分析。一方面实现自动分类分级汇总、智能检索分析功能；另一方面用于总结分析，实现历史事故的回放和再现。

城市轨道交通突发事件应急系统是集通信、信息、网络、3S、视频综合监控、数据集成、智能决策等多种技术于一体的软硬件集成的综合管理信息平台。从功能构成角度划分，系统包括应急通信系统、计算机网络系统、视频会商系统、图像接入系统、综合应用软件系统、数据库系统、数据共享系统和便携式移动应急客户端系统。

四、应急管理遵循的原则

（1）应遵循综合协调、分类管理、分级负责、属地为主的原则。

应急管理是一套集预防与应急准备、监测与预警、应急处理与救援等于一体的应急体系和工作机制，它包括信息披露机制、应急决策机制、处理协调机制、善后处理机制等。应急管理的4个阶段在实际情况中往往是重叠的，但它们中的每一部分都有自己单独的目标，并且成为下个阶段内容的一部分。

（2）应急管理实行预防与应急并重、常态与非常态结合的原则。

建立统一、高效的应急信息平台，建设精干、高效的专业应急救援队伍，健全应急预案（主要完善应急管理法律法规），加强应急管理宣传教育，提高公众参与和自救能力，实现社会预警、社会动员、快速反应、应急处理的整体联动，完善安全生产体制机制、法律法规和政策措施，尽量消除重大突发事件风险隐患，最大限度地减轻重大突发事件的影响。

（3）运营企业的各个部门在处理突发事件时，必须坚持"高度集中、统一指挥、快速反应、动作协调"的原则。

突发事件发生后，应迅速准确地报告事件信息，确保信息渠道的畅通，事发后立即采取积极有效的行动控制事态，减少影响，确保乘客生命安全，防止次生、衍生灾害的发生。优先组织人员疏散、伤员抢救，同时兼顾重点设备和环境的防护，将损失降至最低程度。积极调动人力、物力投入应急处理工作，尽快恢复运营。贯彻抢险与运营并重原则，最大限度地维持地铁运营，在处理过程中应兼顾现场的保护工作，以利于公安、消防和事件调查部门的现场取证，向主管部门及时通报，员工不得擅自发布相关信息。

 原因分析

（1）伦敦地铁处于消极防灾状态。1984年，在牛津街站，可能是一支香烟酿成地铁大火，第二年起伦敦地铁内就禁止吸烟；1987年11月，在国王十字地铁站，一支擦着的火柴引燃木质扶梯，造成大火，有31人葬身火海，此后伦敦地铁开始使用阻燃或非易燃建筑材料；在2005年7月7日这次大爆炸后，伦敦地铁将对乘客的行李进行安全检查，以减少或杜绝恐怖袭击。

（2）防范系统差，安检系统基本是一片空白。虽然伦敦地铁内布满了监控探头，但在这次地铁爆炸事件中，阿德门站、国王大街站、埃德韦尔站均是由炸弹爆炸所引起。恐怖分子在地铁列车上安置如此多的炸弹、炸药均未被发现，可见其安检系统存在严重缺陷。

（3）地铁的结构设计不够完善。地铁出入口通道与消防人员救援通道为同一通道，严重妨碍了救援工作的顺利进行。此外，通风照明系统也不完善。

（4）管理意识差。在地铁发生连续大爆炸后，伦敦地铁部门竟然通知："伦敦发生电力故障，所有列车停驶。"在爆炸发生 2 h 后，才将事件发生原因由断电改为恐怖袭击。这种管理意识和理念非常不利于乘客疏散，不利于人员逃生。

 防范措施

（1）地铁公司应加强对车站的安全预防措施，对乘客的行李进行安全检查，以减少或杜绝恐怖袭击。观察乘客动态，巡视站厅及各出入口，发现可疑的人要进行盘问并及时报告。

（2）加强列车的安全预防措施，运营结束后，认真检查有无遗留物品，日常清洁时，注意检查车内状况。

（3）增设救援专用通道。当地铁发生突发事件后，救援人员可以通过救援专用通道快速进入地铁，而站内乘客可通过出入口通道向外疏散，从而提高事故处理效率。

任务 3　城市轨道交通行车事故处理

案例名称	日本铁道公司列车出轨事故		
时间	2005 年 4 月 25 日	地点	西日本铁路公司福知山线冢口到尼崎车站之间的一处弯道

事故概况：

一列隶属西日本铁道公司的通勤电车，在一处时速限制 70 km 的急转弯处出轨，冲入距出轨点 60 m 远与轨道距离 6 m 的一栋 9 层楼公寓，两节车厢严重扭曲变形，车上旅客死伤惨重，酿成日本铁路史近 40 年来最严重的事故。其中，事故列车共有 7 节车厢，有 5 节出轨，第一节车厢冲入大楼（距离轨道 6 m）的一楼停车场，第二节车厢紧贴大楼边缘并严重扭曲变形，挤压成正常宽度的一半。事故列车共搭载约 580 名乘客，死亡人数达 106 名，另 458 人轻、重伤，为日本铁路史上 42 年来最严重的惨剧（图 3-12）。

图 3-12　日本铁道公司列车出轨

城市轨道交通事故是因故障或工作人员操作不当或管理人员指挥不力而造成人员伤亡、设备损坏,影响可靠性或危及运营安全的事件。一旦发生重大事故,要及时采取有效措施处理,减少事故的影响范围和降低事故损失。

 知识要点

(1) 城市轨道交通事故的分类。
(2) 城市轨道交通事故等级标准的确定。
(3) 城市轨道交通事故的处理程序。
(4) 城市轨道交通行车事故的处理原则、责任划分、处理程序。

 理论准备

一、城市轨道交通事故的分类

1. 行车事故

凡在城市轨道交通运营工作中,造成人员伤亡、设备损坏、中断行车、危及运营安全及经济损失等情况的,均构成行车事故,具体包括以下情况:

(1) 由于人的行为失误或因轨道交通系统的设备故障而导致产生危及列车在正线上正常运行的事件,如图3-13所示。

(2) 车站、车辆基地内所有与行车、调车作业有关的危及人身安全和设备安全的各类事件。

(3) 列车运行过程中(包括运行途中和停车期间)危及乘客安全的事件。

在发生行车安全事故时,除了尽快实施抢险抢修救护等紧急处理外,必须按照行车事故报告程序及内容进行报告,并填写事故报表备案,如图3-14所示。

图3-13 信号设备故障事故

图3-14 莫斯科地铁列车脱轨事故

2. 客运事故

凡是在车站的站厅(指收费区内)、站台上、客运列车车厢内发生的危及乘客人身安全的事件,均属于客运事故。客运事故主要有列车车门、自动扶梯(图3-15)、屏蔽门(图3-16)、列车停站时站台边缘与列车间的间隙、列车进出站等造成的乘客伤亡。发生客

运安全事故时,应及时救助处理,并填写相关文件备案。

图 3-15 自动扶梯故障事故

图 3-16 屏蔽门故障事故

3. 自然灾害引起的事故

由自然因素引起的事故与灾害包括水害、风害、雷击或地震等。对此,城市轨道交通在建设时应有良好的预防监测措施。在遭遇此类事件时,应及时统一指挥组织乘客疏散转移,组织现场抢救。

二、城市轨道交通事故等级标准的确定

目前,我国尚未在全国范围内制定城市轨道交通事故等级分类标准。但各拥有轨道交通系统的城市都结合自身的特色,制定了相关的规则和标准。以 A 市为例,在《A 市城市轨道交通行车事故处理规则》中对城市轨道交通运营突发事件进行了等级方面的相关规定。

依据城市轨道交通运营突发事件可能造成的危害程度、波及范围、影响力大小、人员伤亡及财产损失等情况,由高到低划分为特别重大事故、重大事故、大事故、险性事故、一般事故和事故苗头。

1. 特别重大事故

列车、工程车辆等发生冲突、脱轨、火灾、爆炸等事故,造成下列后果之一的为特别重大事故。

(1) 死亡 30 人及以上。

(2) 事故直接经济损失在 500 万元及以上。

2. 重大事故

列车、工程车辆等发生冲突、脱轨、火灾、爆炸或由于城市轨道交通设备状态不良等其他原因造成下列后果之一的为重大事故。

(1) 人员死亡 3 人或死亡、重伤 5 人及以上。

(2) 中断正线(上下行正线之一)行车或耽误本列列车 180 min 及以上。

(3) 事故直接经济损失在 300 万元及以上。

(4) 列车中破一辆。

(5) 工程车辆大破一台。

3. 大事故

列车、工程车辆等发生冲突、脱轨、火灾、爆炸或由于城市轨道交通设备状态不良等其

他原因造成下列后果之一的为大事故。

(1) 人员死亡1人或重伤2人及以上。

(2) 中断正线（上下行正线之一）行车或耽误本列列车 120 min 及以上。

(3) 事故直接经济损失在 100 万元及以上。

(4) 列车小破一辆。

4. 险性事故

凡事故性质严重，但未造成严重损害后果或损害后果不够大事故及以上事故，造成下列后果之一的为险性事故。

(1) 列车冲突。

(2) 列车脱轨。

(3) 列车分离。

(4) 未经批准，向占用区间接入或发出列车。

(5) 未准备好进路或错排进路接入或发出列车。

(6) 列车运行中擅自切除车载安全装置。

(7) 列车错开车门、运行途中开门或车未停稳开门产生紧急制动。

(8) 列车冒进信号或越过警冲标。

(9) 列车夹人或夹物开车，导致乘客受伤或城市轨道交通设备损坏。

(10) 列车、工程车溜入区间或站内。

(11) 未拿或错拿行车凭证发车。

(12) 列车运行中，因车辆部件脱落或货物装载不良刮坏城市轨道交通设备。

(13) 变电、动力供电、接触网系统操作中发生错送电、漏停电，造成严重后果的。

(14) 接触网塌网、坠落或其他设备部件脱落刮坏列车。

(15) 运营线路走行轨由轨头到轨底贯通断裂。

(16) 正线各类设施、设备、物资等侵入车辆限界，刮坏列车。

(17) 运营线路几何尺寸四级超限。

(18) 其他（性质严重的列车事故，经运营分公司安委会决定列入本项的）。

5. 一般事故

凡事故性质及损害后果不够大事故及险性事故的，为一般事故。

(1) 调车冲突。

(2) 调车脱轨。

(3) 挤道岔。

(4) 列车分离。

(5) 未经批准，应停列车在站通过。

(6) 调车作业碰轧脱轨器或防护信号。

(7) 错误办理行车凭证发车或耽误列车。

(8) 在运营时间内，因设备故障或其他原因造成正线（上下行正线之一）中断行车或耽误本列列车 30 min 及以上。

(9) 在非运营时间内，因施工、设备故障或其他原因影响首班车晚开 30 min 及以上。

(10) 漏发、漏传、错发、错传调度命令耽误列车。

(11) 因错发操作命令或人员误操作造成断路器跳闸，或接触网误停电，造成后果。

(12) 接地线错挂、漏挂、错撤、忘撤。

(13) 其他（经运营分公司安委会决定列入本项的）。

6. 事故苗头

凡在城市轨道交通运营工作中，因违反规章制度，违反劳动纪律或其他原因造成设备损坏，影响正常行车或危及行车安全，但事故性质或损害后果达不到事故的，为事故苗头。此外，还包括因违章行为性质严重，虽未造成损失，但经安全部门定性为事故苗头的。

(1) 在运营时间内，因设备故障或其他原因造成正线中断（上下行正线之一）行车或耽误本列列车 20 min 及以上。

(2) 列车车门因故障无法关闭，且无安全措施行车。

(3) 列车夹人、夹物开车。

(4) 未经批准，通过列车在站停车。

(5) 因错办进路造成变更交路或列车错进股道。

(6) 在运营期间，列车内灯管、广告牌、镜框等脱落。

(7) 车站未按规定时间开、关站，造成不良影响。

(8) 在运营期间，设备、设施、广告、备品脱落或掉下站台、隧道，造成停车。

(9) 正线作业进入隧道施工未登记或作业结束后未注销。

(10) 运营中，车站正常照明全部停电。

(11) 在运营线上，委外施工无安全协议，现场无甲方（或甲方指定的）安全负责人。

(12) 设备故障情况下，单个道岔的手摇道岔作业时间超过 20 min。

(13) 调度电话无录音或未到规定时间录音丢失；中央处理系统未到规定时间数据丢失。

(14) 各类机柜门、检查孔盖未按规定锁闭或一段施工固定不牢，造成后果。

(15) 列车主风管破裂；工程车辆撞止挡或溜逸。

(16) 无证操作或违章操作相关命令，影响行车安全。

(17) 空调季节，车站环控系统停止运行连续时间超长。

(18) 人为失误造成自动消防设施误喷。

(19) 在灾难、险情时，FAS 系统未能正常报警。

(20) 行车指挥无线通信系统故障，造成全线无线中断 20 min 及以上、局部无线中断 30 min 及以上。

(21) 运营线路几何尺寸三级超限。

(22) 其他（经运营分公司安委会决定列入本项的）。

三、城市轨道交通事故处理

事故的分析、调查、处理是事故发生后的重要环节，目的是及时恢复正常，找出事故发生的原因和形成机制，并制定相应的措施、方法与手段，减少和杜绝事故的再次发生。

1. 分级处理

根据发生事故的隶属关系和事故的等级分类，对事故按照分级管理原则予以处理。

(1) 凡发生下列重特大安全生产事故的，由城市轨道交通安全管理部门或者配合上级有关部门调查处理。
①轨道交通发生重大事故、大事故、火灾、爆炸、毒害等事故。
②造成两人（含）以上死亡的重特大交通事故。
（2）凡发生下列安全生产事故的，由城市轨道交通安全管理部门具体负责调查处理。
①发生行车的险性事故、涉及两个单位以上的一般事故。
②火灾、爆炸、毒害事故，造成人员伤亡的；直接财产损失达到一定数额的。
③发生因工死亡事故。
④发生重大道路交通事故以上的。
⑤设施设备重大事故、大事故或涉及两个单位以上的一般事故。
⑥在短时间内连续发生多起安全事故。
⑦因人员违规操作或行车设备故障造成严重晚点 15 min 或 30 min 以上的。
⑧城市轨道交通安全管理部门安全生产委员会认为要调查处理的事故。
（3）凡发生下列安全生产事故的，由各直属单位具体负责调查处理。
①发生行车的一般事故。
②因人员违规操作或行车设备故障造成晚点 10 min 以上的事件。
③发生因工轻伤、重伤事故。
④发生设施、设备一般事故、故障和障碍。
⑤客伤事故。

2. 处理程序
1）事故报告

事故处理直接关系到事故发生后的处置，以及事故发生后能否及时、迅速地恢复运营线路正常行车秩序。良好畅通的信息传递能够使事故损失减少到最低程度；反之，如果由于信息传输程序复杂、混乱，将会引起事故后果与损失扩大、不良印象扩大、延误事故的处理。

事故报告的主要内容包括：
（1）事故基本情况，包括事故经过、人员伤亡、财产损失等。
（2）事故原因，包括直接原因、间接原因、事故性质及认定依据。
（3）事故有关人员的责任认定和处理意见。
（4）事故的教训及采取的防范措施。
（5）员工受教育情况。
（6）其他需要报告的事项。

2）事故调查分析
各处理职责单位应按照职责要求，开展事故的调查取证工作。
（1）调查分析依据。
①根据相关法律法规，分析火灾事故和因工伤亡事故的主要原因，分别以《火灾原因认定书》《企业职工伤亡事故报告和处理规定》和市、区安全生产监督局制定的与法律文书有关的规定为准。
②分析轨道列车事故、设施设备事故、客伤事故发生的原因，以城市轨道交通企业颁发的各类规章制度为准。
（2）调查分析要求。

①查清事故原因。调查事故的原因应从主观原因和客观原因、直接原因和间接原因、管理原因和技术原因等多层次、全方位分析查找，对一时难以查清的，要采用挂牌制度，定时间、排节点，落实负责人，落实有效的安全防范措施，以确保安全。

②组织安全再教育。各单位必须针对随时暴露的安全隐患，通过召开事故分析会、班组学习等形式，有针对性地开展员工安全教育。要从安全法规、安全意识、安全技能、事故教训、预防措施等方面着手，让每个员工都能吸取教训，举一反三，增强防范意识。安全教育必须做到有内容、有记录、实行备案制。

③实施预防措施。在查清事故原因的基础上，应及时制定并落实安全预防整改措施。预防措施的落实，必须建立安全责任制，落实到责任部门和责任人，做到明确期限，并从人力、物力、财力上给予必要的保证，确保措施真正落到实处。

④调查分析时间要求。调查工作中注意原始操作资料的收集、分析工作，并要求在规定的时间内完成事故（件）的调查取证工作，提出相应的处理意见报告。

四、城市轨道交通行车事故处理

1. 行车事故产生的原因

通过对以往所发生的行车事故进行分析发现，造成列车运行事故的主要原因有以下几个：

（1）行车纪律松弛、制度执行不严。纪律松弛，出乘标准化作业不落实，责任制贯彻不力，是造成行车事故的重要因素。

（2）疲劳行车、带情绪行车。相关工作人员睡眠不足和将受外界环境影响而产生的情绪带入运行作业中，会产生生理、心理的疲劳，从而精力不济、精神不集中，给安全行车带来隐患。

（3）业务素质不高。由于技术问题及缺乏经验，行车人员业务水平不精，不能及时处理运行中的突发事件和故障。

（4）安全意识不强。行车人员情绪不稳定、思想波动大、责任心不强、行车纪律观念淡薄、臆测行车是造成行车事故的重要原因。

（5）行车技术、设备不完善。行车设备老化，技术结构不合理，使之不能适应实际行车的需要。

（6）风、雪、雷、电等恶劣气候及环境的影响。风、雪、雷、电等恶劣天气对安全运行的影响是不可低估的。列车司机对气候环境变化及突发事件能否正确处理直接影响城市轨道交通运输的安全。

（7）安全管理及制度、规章的适用性存在缺陷。安全管理归根结底是对人的管理，而各项制度的健全和完善是行车安全的基础，是行车安全的依据，没有完整、有效的制度与规定是制约安全行车的重要因素。

2. 行车事故处理的原则

（1）发生一般以下事故时，由运营管理部门行车事故处理小组负责处理；发生一般及以上事故时，需由上级主管部门调查处理，运营公司行车事故调查处理小组做好协助调查工作。

（2）各部门处理行车事故必须执行"高度集中、统一指挥"的原则。参与行车事故处理的各岗位员工都应紧急行动起来，迅速开展工作，员工在行车事故过程中应兼顾现场的保护工作，以利于公安、消防和事件调查部门的现场取证。

（3）坚持"先救人，后救物；先全面，后局部；先正线，后其他"的原则。优先组织人员疏散、伤员抢救，同时兼顾重点设备和环境的防护，将损失降至最低限度。

（4）应坚持"就近处理"的原则。行车事故发生时，在上一级行车事故处理负责人到达现场前，员工按表3-5规定担任现场临时行车事故处理负责人；在上一级行车事故处理负责人到达现场后，则由上一级行车事故处理负责人担任现场指挥。

表3-5 行车事故处理负责人

序号	行车事故发生处所	现场临时行车事故处理负责人
1	列车上	本列司机
2	车站	所在站值班站长
3	若列车在车站时	所在站值班站长
4	区间线路上	行车调度员指定的值班站长
5	车厂	车厂调度
6	运营公司其他场所	现场最近最高职务的员工

3. 行车事故责任的划分

（1）事故全部由一方原因造成则承担全部责任；当事故由两方原因造成，但双方互相推托，造成责任难以分清时，运营公司可裁定双方均承担全部责任；对擅自清理、改变、破坏事故现场的单位或个人，由运营公司裁定其承担事故全部责任。

（2）事故由两方原因造成，主要原因一方则承担主要责任，非主要原因一方则承担次要责任。

（3）事故由两方或多方原因造成，当各方责任同等时，则各方分担同等责任。

（4）当事故由三方以上原因造成，则视各方责任而依次承担主要责任、次要责任、一定责任，或具有非造成事故的直接原因，但与事故发生有着一定的关系时，则负有一定责任。

（5）因材质（含零配件）原因，致使车辆、设备质量不良而造成的运营事故或运营秩序紊乱不良影响，由设备订货方承担责任。

（6）因施工、维修、设备安装问题造成运营事故，由工程主管单位承担责任。

（7）车辆经过大修、更新、改造后上线载客正式运营时，因车辆技术质量问题所发生事故的责任，按车辆检修规程规定内容并超过质量保障期（以双方书面技术保障合同为依据）时，由车辆运用单位承担全部事故责任。对质保期内发生的事故，根据相关车辆技术、供货合同、协议规定的内容判定车辆厂及车辆运用单位应负的责任。

（8）运营线上的设备、设施（包括未正式交接）运行时，所造成的事故由设备设施的管理单位承担全部责任（事故涉及供货厂家责任时，根据相关技术、供货合同由设备管理单位与其交涉）。

（9）在运营线上进行施工中发生影响运营的工程施工事故，由工程的主体单位承担全部责任。

（10）事故发生后，事故原因清楚，但由于车辆、设备、设施使用管理分工不明确时，负责确定分工的部门承担管理责任。

（11）新增、改造的车辆、设备、设施在运营中发生事故，缺乏必要的安全操作规定和相关培训时，负责专业技术的职能部门承担管理责任。

（12）提供车辆、设备的单位或部门，必须向使用单位和使用主管部门提供设备功能规格书和安全操作使用说明书（含设备正确操作办法和故障应急处理办法及安全注意事项）。凡因车辆、设备相关技术操作资料提供不到位而造成现场操作事故时，由直接提供车辆、设备的单位或部门承担全部责任。有关车辆、设备主管督办部门负有一定责任。

（13）由不可抗拒的外因造成的事故，按地铁公司其他事故做记录，不计事故指标。若因处理不当造成次生事故，将依据上述条款追究有关单位和个人的责任。

（14）当一起事故具有多种定性条件时，按事故性质等级高的定性。

4. 行车事故处理的规定

（1）处理事故要以事实为依据，以国家法律、法规和公司规章制度为准绳，坚持"四不放过"的原则。"四不放过"的原则，即事故原因没有查清不放过、事故责任者没有严肃处理不放过、职工没有受到教育不放过、防范措施没有落实不放过。认真调查分析，查明原因，分清责任，吸取教训，制定对策。

（2）对事故定性要准确，对事故责任者，应根据事故性质和情节分别予以批评教育、经济处罚、行政处分直至追究法律责任。事故性质、情节严重的，要按规定追究相关领导的责任，构成违法犯罪的，移交公安机关依法追究其法律责任。

（3）对事故分析处理拖延、推脱责任、姑息纵容、隐瞒不报或不如实反映事故情况者，应予以严肃批评教育或纪律处分。

（4）有关事故处理的规定。

①重大事故、较大事故、一般事故，负责事故调查的人民政府应当自收到事故调查报告之日起 15 日内做出批复；特别重大事故，30 日内做出批复，特殊情况下，批复时间可以适当延长，但延长的时间最长不超过 30 日。

②有关机关应当根据人民政府的批复，依照法律、行政法规规定的权限和程序，对事故发生单位和有关人员给予行政处罚，对负有事故责任的国家工作人员进行处分。

③事故发生单位应当按照负责事故调查的人民政府的批复，对本单位负有事故责任的人员进行处理。

④负有事故责任的人员涉嫌犯罪的，依法追究刑事责任。

⑤事故发生单位应当认真吸取事故教训，落实防范和整改措施，防止事故再次发生。防范和整改措施的落实情况应当接受工会和职工的监督。安全生产监督管理部门和负有安全生产监督管理职责的有关部门应当对事故发生单位落实防范和整改措施的情况进行监督检查。

⑥事故处理的情况由负责事故调查的人民政府或者其授权的有关部门、机构向社会公布，依法应当保密的除外。

5. 行车事故处理的程序

不同的城市轨道交通系统可根据各自的运营实践和线路等设备情况，制定不同的事故处理程序。行车事故处理程序如图 3-17 所示。

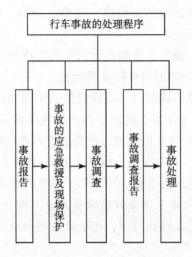

图 3-17 行车事故处理程序

1) 事故报告

（1）事故（事件）汇报的原则。

①迅速、准确、真实。

②逐级报告。

③内部、上级领导及协作单位并举。

④行车控制中心是城市轨道交通运营单位的信息收发中心和通信联络中心，负责对信息的收集、整理、分析和处理。

（2）重要应急信息报告的时间要求。

发生各类事故时，有关人员应按下列规定报告：

①在区间发生时，由乘务员或相关人员立即向行车调度员或通过车站行车值班员向行车调度员报告。

②在车站或车场发生时，由行车值班员或运转值班员立即向行车调度员报告。

③供电系统发生影响运营的故障，由变电站值班员立即向电力调度员报告，电力调度员接到报告后向行车调度员通报，并向总调度室报告。

④在分公司、场、段发生未直接影响接发车的事故，现场人员须立即报告分公司、场、段生产调度员。

⑤行车调度员、电力调度员、分公司（场、段）生产调度员，接到事故报告后，须立即向运营公司总调度室报告。

⑥特别重大事故、重大事故、较大事故、一般事故以及重大治安情况、火灾事故等重要的应急信息，城市轨道交通运营单位应当于 1 h 内向事故发生地人民政府安全生产监督管理部门和负有安全生产监督管理职责的有关部门报告。

⑧安全生产监督管理部门和负有安全生产监督管理职责的有关部门接到事故报告后，应当依照下列规定上报事故情况，并通知公安机关、劳动保障行政部门、工会和人民检察院。

a. 特别重大事故、重大事故逐级上报至国务院安全生产监督管理部门和负有安全生产监督管理职责的有关部门。

b. 较大事故逐级上报至省、自治区、直辖市人民政府安全生产监督管理部门和负有安全生产监督管理职责的有关部门。

c. 一般事故上报至设区的市级人民政府安全生产监督管理部门和负有安全生产监督管理职责的有关部门。

安全生产监督管理部门和负有安全生产监督管理职责的有关部门依照条款规定上报事故情况，应当同时报告本级人民政府。国务院安全生产监督管理部门和负有安全生产监督管理职责的有关部门以及省级人民政府接到发生特别重大事故、重大事故的报告后，应当立即报告国务院。必要时，安全生产监督管理部门和负有安全生产监督管理职责的有关部门可以越级上报事故情况。

安全生产监督管理部门和负有安全生产监督管理职责的有关部门逐级上报事故情况，每级上报的时间不得超过 2 h。

（3）事故报告的内容。

①事故发生单位的概况。

②事故发生的时间、地点以及事故现场情况。

③事故的简要经过。

④事故已经造成或者可能造成的伤亡人数（包括下落不明的人数）和初步估计的直接经济损失。

⑤已经采取的措施。

⑥其他应当报告的情况。

自事故发生之日起 7 日内，事故造成的伤亡人数发生变化的，应当及时补报。

2）事故的应急救援及现场保护

事故发生单位负责人接到事故报告后，应当立即启动事故相应应急预案，或者采取有效措施，组织抢救，防止事态扩大，减少人员伤亡和财产损失。事故发生地有关地方人民政府、安全生产监督管理部门和负有安全生产监督管理职责的有关部门接到事故报告后，其负责人应当立即赶赴事故现场，组织事故救援。

事故发生后，有关单位和人员应当妥善保护事故现场以及相关证据，任何单位和个人不得破坏事故现场、毁灭相关证据。因抢救人员、防止事故扩大以及疏通交通等原因，需要移动事故现场物件的，应当做出标志，绘制现场简图并做出书面记录，妥善保存现场重要痕迹和物证。城市轨道交通运营单位安全管理机构应立即组织调查小组，重点做好以下工作：

（1）保护、勘查现场，详细检查车辆、线路及其他设备，做好调查记录。绘制现场示意图、摄影录像，如技术设备破损故障时，应保存其实物。

（2）若事发地点的线路破坏严重，无法检查线路质量，则应对地点前后不少于 50 m 的线路进行测量，以作为衡量事故（事件）地点线路质量的参考依据。

（3）对事故（事件）关系人员分别调查，由本人写出书面材料。

（4）检查有关技术文件的编制、填写情况，必要时将抄件附在调查记录内。

（5）提高警惕，注意是否有人为破坏的迹象。

（6）必要时召开调查会。

（7）根据调查结果，初步判定原因及责任，及时向上级部门汇报。

3）事故调查

处理事故（事件）要以事实为依据，以规章为准绳，按照"四不放过"原则处理事故，认真调查分析，查明原因，分清责任，吸取教训，制定对策，防止同类事故（事件）再次发生。

（1）事故调查的组织。

特别重大事故由国务院或者国务院授权有关部门组织事故调查组进行调查。

重大事故、较大事故、一般事故分别由事故发生地省级人民政府、设区的市级人民政府、县级人民政府负责调查。省级人民政府、设区的市级人民政府、县级人民政府可以直接组织事故调查组进行调查，也可以授权或者委托有关部门组织事故调查组进行调查。

未造成人员伤亡的一般事故，县级人民政府也可以委托事故发生单位组织事故调查组进行调查。若由上级部门组织调查处理的，由城市轨道交通运营单位安全管理机构负责组织相关配合工作。

险性事故由城市轨道交通运营单位安全管理部门负责组织调查处理；若上级部门组织调查处理的，由安全管理部门负责组织相关配合工作。若险性事故只涉及一个部门时，安全管理部门可以授权事故部门调查处理，安全管理部门负责监督。

一般事件、事件苗头由事故（事件）发生部门负责调查处理，并将处理情况报城市轨道交通运营单位安全管理部门备案。

（2）事故调查组的组成。

事故调查组的组成应当遵循精简、效能的原则。根据事故的具体情况，事故调查组由有关人民政府、安全生产监督管理部门、负有安全生产监督管理职责的有关部门、监察机关、公安机关及工会派人组成，并应当邀请人民检察院派人参加。

事故调查组可以聘请有关专家参与调查。事故调查组成员应当具有事故调查所需要的知识和专长，并与所调查的事故没有直接利害关系。

事故调查组组长由负责事故调查的人民政府指定。事故调查组组长主持事故调查组的工作。

（3）事故调查组的职责。

①查明事故发生的经过、原因、人员伤亡情况及直接经济损失。

②认定事故的性质和事故责任。

③提出对事故责任者的处理建议。

④总结事故教训，提出防范和整改措施。

⑤提交事故调查报告。

4）事故调查报告

事故调查组应当自事故发生之日起60日内提交事故调查报告；特殊情况下，经负责事故调查的人民政府批准，提交事故调查报告的期限可以适当延长，但延长的期限最长不超过60日。事故调查报告应当包括下列内容：

（1）事故发生单位的概况。

（2）事故发生经过和事故救援情况。

（3）事故造成的人员伤亡和直接经济损失。

（4）事故发生的原因和事故性质。

（5）事故责任的认定以及对事故责任者的处理建议。

(6) 事故防范和整改措施。

事故调查报告应当附具体有关证据材料。事故调查组成员应当在事故调查报告上签名。事故调查报告报送负责事故调查的人民政府后，事故调查工作即告结束。事故调查的有关资料应当归档保存。

5) 事故处理

对事故责任者，应根据事故性质和情节，予以批评教育、经济处罚、行政处分直至追究法律责任。事故性质、情节严重的，要按有关规定逐级追究领导责任。

对重大事故、较大事故、一般事故，负责事故调查的人民政府应当自收到事故调查报告之日起15日内做出批复；特别重大事故，30日内做出批复，特殊情况下，批复时间可以适当延长，但延长的时间最长不超过30日。

有关机关应当按照人民政府的批复，依照法律、行政法规规定的权限和程序，对事故发生单位和有关人员进行行政处罚，对负有事故责任的国家工作人员进行处分。

事故发生单位应当按照负责事故调查的人民政府的批复，对本单位负有事故责任的人员进行处理。负有事故责任的人员涉嫌犯罪的，依法追究刑事责任。

事故发生单位应当认真吸取事故教训，落实防范和整改措施，防止事故再次发生。防范和整改措施的落实情况应当接受工会和职工的监督。安全生产监督管理部门和负有安全生产监督管理职责的有关部门应当对事故发生单位落实防范和整改措施的情况进行监督检查。

事故处理的情况由负责事故调查的人民政府或者其授权有关部门、机构向社会公布，依法应当保密的除外。

 任务实施

以某地铁发生的接触网接地跳闸运营事件为例，对运营事件的调查处理情况进行剖析。

1. 事件概况

某日，某局电务工程有限公司，在某运营公司车辆段16道洗车库进行FAS调试前，进行接触网断电作业时，在未将2141-16-2隔离开关断开情况下，违章接地操作，造成接触网和钢轨短路，牵引降压混合变电所214、212开关跳闸。

2. 原因分析

（1）×月×日提报的日补充施工计划申报表中无配合部门以及配合内容。

（2）在断开一个隔离开关后、挂接地线前，未使用验电器对接触网进行验电，经调查该局电务工程公司未购买验电器。严重违反国家《电业安全工作规程》（GB 261641—2010）"在停电线路工作地段装接地线前，要先验电，验明线路确无电压。验电要用合格的相应电压等级的专用验电器"的规定。

（3）采用的接地线线径小于60 mm^2，不符合"接地线应不小于通电线路截面积的50%"的规定（接触网导线截面积为120 mm^2），同时接地线也存在断股、散股现象，均不符合施工作业要求。

（4）操作隔离开关和挂接地线人员未进行隔离开关操作培训，属无证上岗，严重违反国家《电业安全工作规程电力线路部分》"电气工作人员必须具备的条件"的规定。

（5）施工人员不清楚洗车库处的供电方式及隔离开关控制模式，盲目凭以往经常在洗车库作业的经验,只断开洗车库西头2141-16-1隔离开关。

3. 定性定责

根据该运营公司《运营事故处理》规定"错挂、漏挂、错撤、忘撤接地线以及因错发操作命令或人员误操作,造成断路器跳闸或接触网误停电的事件为运营一般事件",所以此次事件构成运营一般事件。

4. 整改措施

(1) 加强施工计划管理。对施工计划中的安全防护事宜必须明确,对作业配合部门及配合内容必须明确,部门需明确具体单位,运营公司的配合人员必须明确到部门。

(2) 各部门要加强分管区域的安全检查。严格落实属地管理和设备配属管理,对本部门的安全区域或配属的设备设施进行维修、施工等作业时,相关部门必须派合格人员予以配合。在施工、作业过程中,要加强检查,发现安全隐患要及时制止。

(3) 认真学习相关制度、办法。各部门组织全体员工认真学习各岗位的相关安全制度和规章制度,对不符合现场实际的文本,组织骨干人员对本部门编写的文本进行修订;对其他部门编写的文本提出修改意见,报编写部门。

知识链接

故障、事故、突发事件及与运营安全的关系

故障是因设备质量原因或操作不当导致设备无法正常使用,须人工干预或维修的事件。根据表现和影响程度可分为轻微故障、一般故障和严重故障。轻微故障可以迅速排除,一般不会影响运营可靠性;一般故障将造成短时间的列车运行秩序混乱,部分列车运行延误;严重故障则会导致较长时间的运营中断,严重影响系统运营可靠性。按照设备类型和原因,故障又可分为列车车辆故障、线路故障、供电系统故障、通信系统故障、信号系统故障、环控设备故障、车站客运设施故障等。

事故是因故障或工作人员操作不当而造成人员伤亡、设备损坏,影响可靠性或危及运营安全的事件。

地铁运营突发事件是指由故障、事故或其他原因(人为、环境、社会事件等)引起的、突然发生的、严重影响或可能影响运营安全与秩序的事件。故障、事故和突发事件的关系如图3-18所示。

故障可认为是多发事件,大部分故障不会对运营安全造成很大的影响,但会影响运营的可靠性,降低运营质量。事故和突发事件发生概率较小,严重的事故和突发事件可以认为是小概率事件,但是事故和突发事件对运营安全造成极大危害,甚至造成人员伤亡和财产损失。

因此,在处理和预防不同的事件种类时,应有相应的侧重点。对于一般性的故障,应侧重于设备的维护与保养、运营管理的优化等;而对于可能造成重大人员伤亡和财产损失的严重事故或突发事件,则应侧重预防和应急处理。

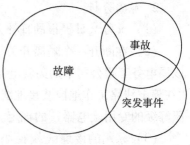

图3-18 故障、事故、突发事件的关系

原因分析

(1) 驾驶员人为因素：①直接原因是驾驶员因列车晚点，超速行车；②间接原因是驾驶员经验不足；过去有不良表现记录。
(2) 轨道因素：①轨道上方可能存有异物；②轨道弯道段无护轨装置。
(3) 机车因素：列车控制系统陈旧，无超速防护系统。

 防范措施

(1) 一定要加强对电客车司机的意识教育。
(2) 为司机创造良好的工作环境，增加对司机的重视程度，加大对司机的考核力度。
(3) 采用先进的控制系统、设备等，从工程技术角度防止工作中产生失误。

 任务4　城市轨道交通突发事件应急预案的编制与演练

案例名称	北京地铁5号线踩踏事件		
时间	2008年3月4日	地点	北京地铁

事故概况：
2008年3月4日，早晨8点半左右，北京东单地铁站5号线换乘1号线通道内，载着数百名乘客的水平电动扶梯突然发出异常响声，乘客纷纷逆向逃离。这一突发情况导致部分乘客摔倒，恐慌的乘客发生踩踏，造成至少13人受伤（图3-19）。

图3-19　北京地铁5号线踩踏

应急预案是指导应急救援的规范性文件，明确了突发事故发生之前、发生过程中以及刚刚结束之后，谁负责做什么、何时做以及相应的策略和资源准备。编制重大事故应急救援预案是应急救援准备工作的核心内容，成熟、优化的应急预案，可以做到发生事故时的应急救援，避免此类事故的发生。

 **知识要点**

（1）城市轨道交通应急预案的编制目的。
（2）城市轨道交通应急预案的制定原则。
（3）城市轨道交通应急预案的编制依据和基本内容。
（4）城市轨道交通应急预案编制的分类和结构。
（5）城市轨道交通应急预案编制的步骤。

 **理论准备**

一、应急预案的概述

应急预案是针对可能发生的突发事件，政府或实体在事前制订的应对性行动方案，规定了政府和实体在事件前期、中期、后期的工作内容。也就是说，应急预案要体现在以下几个方面：

（1）适应什么情况？
（2）由谁来负责？
（3）用到什么资源？
（4）采取什么样的应对行动和程序？

根据我国政府的规定，按照不同责任主体，预案体系分为国家突发公共事件总体应急预案、突发公共事件专项应急预案、突发公共事件部门应急预案、突发公共事件地方应急预案和主事业单位根据有关法律法规制定的应急预案。这里所讨论的城市轨道交通应急预案即为上述最后一种类型。

城市轨道交通运营企业应根据我国有关法律法规，针对不同等级、不同类型的突发事件制定相对应的应急预案，确保城市轨道交通运营企业在发生突发事件时能应急组织指挥顺畅、处理应对及时妥善、最大限度减少突发事件造成的损失和影响。

二、城市轨道交通应急预案的编制目的

城市轨道交通运营企业通过应急预案的制定，可实现以下目标：

（1）贯彻城市轨道交通运营企业针对突发事件如何应对处理的指导方针和工作思路，即最大限度保护国家、集体和人民生命财产安全，减少事件损失，减少社会影响，尽快恢复各种秩序。

（2）建立健全城市轨道交通运营企业突发事件应急机制体制，确定突发事件应急管理组织机构的职责和功能，明确运营生产各部门、各专业在应急处理过程中的职责分工、人力部署及协调联动的具体方式。

（3）整合城市轨道交通突发事件应急资源，做到资源配备合理、调配协调、责任到人、常备不懈的应急资源保障体系。随着突发事件紧急情况升级扩大，应急资源在更高层的协调及外部资源支持下能够强化自己的能力。

（4）划分突发事件的不同等级，确定不同等级突发事件的启动程序和应对措施，分清

轻重缓急，动用资源来进行突发事件管理；为突发事件反应保留一定的处理弹性，在突发事件扩大升级后，应急方案也随着升级。

（5）应急预案确定了具体的应急处理措施，对不同等级的突发事件处理进行目标细分和明确。根据这些目标，明确方案的执行规划，包括参与部门和专业人员的目标和职责、执行计划的具体方法和程序、应急资源如何保障等。

三、城市轨道交通应急预案的制定原则

为对城市轨道交通运营企业发生突发事件时的信息报告程序、指挥系统、抢险组织、现场处理、运营组织、乘客疏散、设备保障、后勤保障、事件调查等工作及地铁运营系统各专业的突发事件应急预案进行规范，城市轨道交通运营企业预案的制定应遵循以下原则：

（1）以"安全第一"为指导思想，确保事件处理有序、可控、快速、及时，尽量缩小事件影响范围，减少事件带来的损失，尽快恢复地铁运营。

（2）总公司安全主管部门为预案编制一级责任部门，负责牵头编制各生产单位、部门的各预案编写计划，汇总审核分公司各相关预案；各生产单位、部门为预案编制的二级责任部门，负责相关专业的预案具体编写工作，并报安全主管部门审核。

（3）各单位、各部门、各专业应根据总公司的要求编制相关事件应急处理预案，并不断完善，提高各单位、各部门、各专业的应急抢险能力。

（4）各部门、各专业应急预案应具有针对性、有效性、可操作性。

四、城市轨道交通应急预案的依据和基本内容

城市轨道交通运营企业一般依据《中华人民共和国安全生产法》《城市轨道交通运营管理办法》《国家处置城市地铁事件灾难应急预案》《国家突发公共事件总体应急预案》等相关法律法规，结合本单位的具体情况制定应急预案。其具体内容包括以下几个方面：

（1）运营单位抢险指挥领导人员的组成和职责。抢险指挥领导小组应负责抢险救援的组织、指挥、决策，并指挥各部门实施各自的应急预案，尽快恢复运营秩序。

（2）抢险信息的报告程序，应遵循迅速、准确、客观和逐级报告的原则。

（3）现场处理过程中各部门的组织原则及相关职责。

（4）不同事故情况下的抢险救援策略和人员疏散方案。

（5）提供救援人员、通信、物资、医疗救护和生活保障。

应急预案编制完成后，应尽快让工作人员熟悉和演练，通过演练验证事故应急预案的合理性，发现与实际不符合的情况，应及时修订和完善。

五、城市轨道交通应急预案的分类和结构

城市轨道交通运营企业按照应急预案"纵向到底、横向到边"的编制要求，针对各种突发事件类型进行应急预案的系统规划。虽然突发事件种类千差万别，但是导致的后果和产生的影响却是大同小异，城市轨道交通运营企业往往结合自身特点形成最基本的应急模式应对不同突发事件的共性影响。

1. 城市轨道交通应急预案的分类

城市轨道交通运营企业应急预案体系体现了共性与个性、通用性与专业性的特点。按照

突发事件的类型来分，可以分为自然灾害、安全事故、公共卫生、社会安全等类型的预案；按照预案体系结构来分，可以分为总体应急预案（综合预案）、专项应急预案和现场应急预案，如图3-20所示。

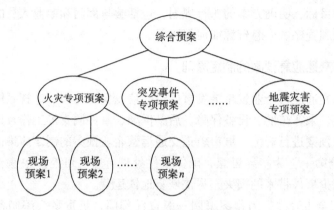

图3-20　应急预案基本结构

(1) 总体应急预案。这是从总体上阐述处理事故的应急方针、政策，应急组织结构及相关应急职责，应急行动、措施和保障等基本要求和程序，是应对各类事故的综合性文件。

(2) 专项应急预案。这是针对具体的事故类别（如煤矿瓦斯爆炸、危险化学品泄漏等事故）、危险源和应急保障而制订的计划或方案，是综合应急预案的组成部分，应按照综合应急预案的程序和要求组织制定，并作为综合应急预案的附件。专项应急预案应制定明确的救援程序和具体的应急救援措施。

(3) 现场处理方案。这是针对具体的装置、场所或设施、岗位所制定的应急处理措施。现场处理方案应具体、简单且针对性强。现场处理方案应根据风险评估及危险性控制措施逐一编制，做到事故相关人员应知应会，熟练掌握并通过应急演练做到迅速反应、正确处理。

城市轨道交通专项预案和现场预案主要有恶劣天气应急预案、发生群伤或群体性恐慌事件应急处理程序、地铁消防应急预案、机电设备应急处理措施及程序、供电抢修应急预案、大面积停电应急处理程序、接触网有异物处理程序、自动扶梯导致乘客受伤应急处理程序、安保应急预案、发现可疑物品应急处理程序等。

2. 城市轨道交通应急预案的结构

总体预案、专项预案和现场预案由于各自所处的层次和适用的范围不同，其内容在详略程度和侧重点上会有所不同，但都可以采用相似的基本结构，如采用基于应急任务或功能的"1+4"预案编制基本结构，即

应急预案 = 基本预案 + （应急功能附件 + 特殊风险预案 + 标准操作程序 + 支持附件）

(1) 基本预案。它是该项应急预案的总体描述，主要阐述应急预案所要解决的紧急情况，应急的组织体系、方针、应急资源、应急的总体思路，并明确各应急组织在应急准备和应急行动中的职责以及应急预案的演练和管理等规定。

(2) 应急功能附件。它是对在各类重大事故应急救援中通常都要采取的一系列基本应急行动和任务而编写的计划，如指挥、控制、警报、通信、人群疏散、人群安置、医疗等，并应明确每一应急功能针对的形势、目标、负责机构、支持机构、任务要求、应急准备和操作程序等。

(3) 特殊风险预案。它是在对城市轨道交通系统进行安全评价的基础上，针对每一种可能发生的重大风险事故，明确其相应的主要负责部门、有关支持部门及其相应的职责，并为该类专项预案的制定提出特殊的要求和指导意见。

(4) 标准操作程序。它用来规定在应急预案中没有给出的每一任务的实施细节，各个应急部门必须制定相应的标准操作程序，为组织或个人提供履行应急预案中规定的职责和任务时所需的详细指导。标准化操作程序应保证与应急预案协调一致。

(5) 支持附件。它主要包括应急救援有关支持保障系统的描述及所附相关图表，如城市轨道交通系统主要危险有害因素登记表、重大事故影响范围预测分析、应急机构及人员通信联络方式、消防设施分布图、疏散线路图、媒体联络方式、相关医疗单位分布图及交通管制范围图等。

六、城市轨道交通应急预案的编制步骤

城市轨道交通运营企业应急预案的编制一般包括6个步骤。

1. 成立工作组

结合本单位部门职能分工，成立以运营企业主要负责人为领导的应急预案编制工作组。明确编制的任务、职责分工，制订工作计划。

(1) 由于应急预案的内容涉及诸多领域，包括工艺过程方面的危害辨识、设备维护管理及风险评价、作业场所环境、危险化学品、应急劳动防护品的选用、医疗救护、消防与治安等多个方面，单靠几个人的努力是无法完成的。因此，编制应急预案，首先要成立应急预案编制小组，并由相当层次的领导担任负责人，以便调用各方力量，保证编制小组的建立、资料的搜集、资源的评估等方方面面难以保证或困难较大的工作能够得到充分保证。

(2) 由编制小组部门牵头，代表应急编制小组编制员编制计划及所需的各项保证措施，报小组负责人，经管理层讨论通过，最终获得最高管理者的明文授权。

(3) 小组负责人根据领导授权发布任务书，任务书主要内容包括：编制应急预案的目的；编制应急预案的原则；编制应急预案的对象；应急预案的功能目标；编制应急预案的人员；编制应急预案的进度；编制应急预案的经费；编制应急预案的要求。

(4) 编制应急预案要明确任务的优先顺序，要根据基本步骤和运营企业危险特性及人员素质、相关资料、物力、财力等资源情况，将各项工作进行优化排序。同时，根据工作优先顺序编制各项工作的时间进度表，时间分配可参考几个阶段进行：人员培训、资料收集、初始评审预案编制、预案评审与改进、预案发布。

2. 资料收集

收集应急预案编制所需的各种资料。

(1) 资料收集是编制应急预案的重要基础性工作，将为下一步预案的编制进度与质量提供重要的保障。因此，应采用多种手段，通过多种渠道，尽可能地多采集相关资料。

(2) 收集应急预案编制所需的各种资料。主要包括：相关法律法规；相关技术标准；相应预案；国内外同行业事故案例分析；国内外同行业应急救援成败案例；国内外同行业应急预案救援经验与结果；本单位安全操作规程、工艺流程等相关资料；本单位总体规划图纸、装置设计图纸等相关资料。

3. 危险源与风险分析

（1）危险源是事故发生的根源，通过危险因素分析对危险源进行辨识，是确定应急预案应急救援对象的基础。

（2）当潜在的危险成为实际时，生命、财产和环境易受伤害或破坏。因此，在运营企业危险辨识的基础上还要进行风险分析，即每一紧急情况发生的可能性和潜在后果。

（3）危险源与风险分析，就是在危险因素辨识分析及事故隐患排查、治理的基础上，确定本单位的危险源、可能发生事故的类型和后果，进行事故风险分析，并指出事故可能产生的次生、衍生事故，形成分析报告，将分析结果作为应急预案的编制依据。

（4）具体分析，应按照国家相关标准、规范，采用安全检查表、火灾爆炸指数评价、预先危险分析、故障类型及危险分析等，建立危险辨识与风险评价程序，使危险分析工作规范化。

4. 应急资源及能力评估

（1）应急救援所需要的组织机构、救援队伍、救援人员、物资装备、专家、信息、人力、物力等资源统称为应急资源。应急资源既包括运营企业内部的，也包括运营企业外部的应急资源，在评估时都要考虑到。

（2）应急能力评估及应急资源评估。对本单位的应急装备、应急队伍等应急能力进行评估，并结合本单位实际，不断强化应急能力建设。运营企业应根据实际情况，通过实施初始评估，对企业现有的应急能力、可能发生的危险和紧急情况，掌握有关的信息，并对企业目前处理紧急事件时的基本能力进行评估。初始评估一般应包括以下内容：

①识别企业现有的风险，确定哪些是重大风险，对现有的或计划中的作业环境和作业组织中存在的重大危险和风险进行识别、预测和评价。

②确定现有的应急措施和计划，采取的应急措施是否能够消除危险和控制风险，确定企业在事故突发时的应急能力。

③找出现有的使用的法律和法规，确定适用于企业和地方应急方面的相关法规。

④查阅相关资料，进一步找出问题与不足。

⑤结合本单位实际，提出加强应急能力建设的意见与建议。

⑥初始评估的结果应形成书面报告，作为应急预案编制的决策基础。

5. 应急预案编制

针对可能发生的事故，按照有关规定和要求编制应急预案，编制过程中应注重全体人员的参与和培训，使所有与事故有关的人员均掌握危险源的风险大小、应急处理方案和技能。应急预案应充分利用社会资源，与地方政府预案、上级主管单位以及相关部门的预案相衔接。编写过程如下：

（1）确定应急对象。

（2）确定行动的优先顺序。

（3）按照任务书列出任务清单、工作人员清单和时间表。

（4）编写分工。按任务清单与工作人员清单，进行合理分工。

（5）集体讨论。定期或不定期组织讨论，发现问题，及时改进。

（6）初稿完成，征求意见，初步评审。

（7）创造条件，进行应急演练，对预案进行验证。

(8) 评审定稿。

6. 应急预案的评审和发布

评审由本单位主要负责人组织有关部门和人员进行，外部评审由上级主管部门或地方政府负责安全管理的部门组织审查。评审后，按规定报有关部门备案，并经运营企业的主要负责人签署发布。

六、城市轨道交通突发事件应急预案范例

下面就某市地铁车站应急清客处理程序为例加以介绍。

1. 总则

1) 编制目的

在各类突发事件的情况下，为能保证乘客快速安全撤离列车，特制定此程序。

2) 列车应急清客定义

当地铁运营列车发生故障或紧急公共事件，为确保正常客运服务或乘客安全，车站工作人员引导乘客迅速撤离列车的过程，称为列车应急清客。

3) 适用范围

本程序规定了各相关岗位的处理程序和职责，适用于特殊情况下的列车清客。

2. 处理程序

1) 根据列车位置应急清客的分类

(1) 列车在区间的应急清客。

(2) 列车在站台的应急清客。

(3) 列车部分停在站台内且不能向前移动对标的应急清客。

2) 列车在区间的应急清客处理程序

(1) 疏散方向原则。

在列车一端头发生爆炸、火灾等紧急事件时，组织乘客往另一端疏散；若发生在列车中部时，组织乘客向两端疏散。

发生其他列车故障或紧急公共事件时，乘客从就近车门疏散。

(2) 控制中心职责。

①下达列车在区间清客的命令。

②通知邻近车站派人到达现场引导乘客向车站疏散。

③向本线及邻线各车站及在线运营的列车司机发布信息。

④采取措施，防止其他运营列车进入事发区段，保证区间乘客要到达的车站站台区段空闲。

⑤采取隧道送风等环控措施，必要时切断牵引供电。

⑥根据需要调整列车运行方案。

⑦通知有关人员组织抢险救援，视情况通知车辆段调度派出救援列车协助救援抢险。

(3) 站务与乘务人员职责。

①司机接到控制中心列车区间清客的命令后，打开车门，播放列车清客广播，组织乘客有序撤离。

②行车值班员接到控制中心列车区间清客的命令后，立即报告值班站长，并打开隧道照

明灯。

③值班站长得知列车区间清客的信息后，按照控制中心指令，组织站务员穿好荧光服，携带手提广播、照明灯（应急灯）、对讲机等进入区间，前往列车停留位置，引导乘客安全撤离到站台。

④安排站务员在车站端墙处接应从区间里疏散来的乘客。

⑤疏散完毕后站务人员按原路返回，值班站长负责确保乘客及工作人员全部安全到达站台，确认线路出清后报告行车调度员。

⑥值班站长确认线路出清后，报告控制中心线路已出清。

⑦列车清客完毕后，司机检查列车情况，并将情况报控制中心，按照控制中心的命令执行。

3）列车在站台的应急清客处理程序

（1）控制中心职责。

①下达列车在站台清客的命令。

②向本线及邻线各车站及在线运营的列车司机发布信息。

③视情况调整列车运行方案。

④视情况通知维修人员对有关设备进行检查和抢修。

⑤清客完毕，组织故障列车退出运营。

（2）站务及乘务人员职责。

①司机接到控制中心列车在站台清客的命令后打开车门（屏蔽门），播放列车清客广播。

②车站接到控制中心列车在站台清客的命令后，行车值班员播放列车清客广播。

③值班站长组织站务员引导乘客安全撤离列车，并做好乘客解释工作。

④清客完毕后，车站向控制中心报告。

⑤司机确认车厢没有乘客滞留，关门并报控制中心，按照控制中心指令执行。

4）列车部分停在站台内且不能向前移动对标的清客处理程序

（1）控制中心职责（参照上面）。

（2）站务及乘务人员职责。

若站内部分，列车车门与屏蔽门位置一致，组织乘客从靠近站台的部位撤离列车；若车门与屏蔽门位置不一致，组织乘客从区间端列车部分撤离；其余职责参照相关内容。

七、城市轨道交通应急预案演练

应急救援预案演练是指针对情景事件，按照应急预案而组织实施的预警、应急响应、指挥与协调、现场处理与救援、评估总结等活动。应急救援预案的演练是检验、评价和保持应急能力的一个重要手段。通过应急演练，可在事故真正发生前暴露预案和程序的缺陷，发现应急资源的不足，改善各应急部门、机构、人员之间的协调，增强公众应对突发重大事故救援的信息和应急意识，提高应急人员的熟练程度和技术水平，进一步明确各自的岗位与职责，提高各级预案之间的协调性，提高整体应急反应能力，图3-21、图3-22所示为北京地铁城市突发事件应急演练。

图 3-21　北京地铁突发事件应急演练一　　　　图 3-22　北京地铁突发事件应急演练二

1. 应急演练的类型

按照应急演练的内容，可分为综合演练和专项演练；按照演练的形式，可分为现场演练和桌面演练；按照演练的目的，可分为检验性演练、研究性演练。

1）综合演练

根据情景事件要素，按照应急预案检验包括预警、应急响应、指挥与协调、现场处理与救援、保障与恢复等应急行动和应对措施的全部应急功能的演练活动。

2）专项演练

根据情景事件要素，按照应急预案检验某项或数项应对措施或应急行动部分应急功能的演练活动。

3）现场演练

选择（或模拟）作业流程或场所，现场设置情景事件要素，并按照应急预案组织实施预警、应急响应、指挥与协调、现场处理与救援等应急行动和应对措施的演练活动。

4）桌面演练

设置情景事件要素，在室内会议桌面（图纸、沙盘、计算机系统）上，按照应急预案模拟实施预警、应急响应、指挥与协调、现场处理与救援等应急行动和应对措施的演练活动。

5）检验性演练

不预先告知情景事件，由应急演练的组织者随机控制，参演人员根据演练设置的突发事件信息，按照应急预案组织实施预警、应急响应、指挥与协调、现场处理与救援等应急行动和应对措施的演练活动。

6）研究性演练

为验证突发事件发生的可能性、涉及范围、风险水平以及检验应急预案的可操作性、实用性等，而进行的预警、应急响应、指挥与协调、现场处理与救援等应急行动和应对措施的演练活动。

2. 应急演练的基本内容

一次完整的应急演练活动要包括计划、准备、实施、评估总结及改进 5 个阶段。

计划阶段的主要任务：明确演练需求，提出演练的基本构想和初步安排。

准备阶段的主要任务：完成演练策划，编制演练总体方案及其附件，进行必要的培训和预演，做好各项保障工作安排。

实施阶段的主要任务：按照演练总体方案完成各项演练活动，为演练评估总结收集信息。

评估总结阶段的主要内容：评估总结演练参与单位在应急准备方面的问题和不足，明确改进的重点，提出改进计划。

改进阶段的主要任务：按照改进计划，由相关单位实施落实，并对改进效果进行监督检查。

1）计划

演练组织单位在开展演练准备工作之前应先制订演练计划。演练计划是有关演练的基本构想和对演练准备活动的初步安排，一般包括演练的目的、方式、时间、地点、日程安排、演练策划领导小组和工作小组构成、经费预算和保障措施等。

在制订演练计划过程中需要确定演练目的、分析演练需求、确定演练内容和范围、安排演练准备日程、编制演练经费预算等。

（1）梳理需求。

演练组织单位根据自身应急演练年度规划和实际情况需求，提出初步演练目标、类型、范围，确定可能的演练参与单位，并与这些单位的相关人员充分沟通，进一步确定演练需求、目标、类型和范围。

（2）明确任务。

演练组织单位根据演练需求、目标、类型、范围和其他相关需求，明确细化演练各阶段的主要任务，安排日程计划，包括各种演练文件编写与审定的期限、物资器材准备的期限、演练实施的日期等。

（3）编制计划。

演练组织单位负责起草演练计划文本，计划内容应包括演练目的需求、目标、类型、时间、地点、演练准备实施进程安排、领导小组和工作小组构成、预算等。

（4）计划审批。

演练计划编制完成后，应按相关管理要求，呈报上级主管部门批准。演练计划获准后，按计划开展具体演练准备工作。

2）准备

演练准备阶段的主要任务是根据演练计划成立演练组织机构，设计演练总体方案，并根据需求针对演练方案进行培训和预演，为演练实施奠定基础。

演练准备的核心工作是设计演练总体方案。演练总体方案是对演练活动的详细安排。

演练总体方案的设计一般包括确定演练目标、设计演练情景与演练流程、设计技术保障方案、设计评估标准与方法、编写演练方案文件等内容。

（1）成立演练组织机构。

演练应在相关预案确定的应急领导机构或指挥机构领导下组织开展。演练组织单位要成立由相关单位领导组成的演练领导小组，通常下设策划部、保障部和评估组；对于不同组织和规模的演练活动，其组织机构和职能可以适当调整。演练组织机构的成立是一个逐步完善的过程，在演练准备过程中，演练组织机构的部门设置和人员配备及分工可以根据实际需要随时调整，在演练方案审批通过之后，最终的演练组织机构才得以确立。

(2) 确定演练目标。

演练目标是为实现演练目的而需完成的主要演练任务及其效果。演练目标是指一般需在什么条件下完成什么任务、依据什么标准或取得什么效果。

(3) 演练情景事件设计。

演练情景事件是为演练而假设的一系列突发事件,为演练活动提供了初始条件并通过一系列的情景事件,引导演练活动继续直至演练完成。

(4) 演练流程设计。

演练流程设计是按照事件发展的科学规律,将所有情景事件及相应应急处理行动按照事件顺序有机衔接的过程。其设计过程包括：确定事件之间的演化衔接关系；确定各事件发生与持续的时间；确定各参与单位和角色在各场景中的期望行动以及期望行动之间的衔接关系；确定所需注入的信息形式。

(5) 技术保障方案设计。

为保障演练活动顺利实施,演练组织机构应安排专人根据演练目标、演练情景事件和演练流程的要求,预先进行技术保障方案设计。当技术保障因客观原因难实现时,可及时向演练组织机构相关负责人反映,提出对演练情景事件和演练流程的相应修改建议。当演练情景事件和演练流程发生变化时,技术保障方案必须根据需要进行适当调整。

(6) 评估标准和方法选择。

演练评估组召集有关方面和人员,根据演练总体目标和各参与机构的目标及演练的具体情景事件、演练流程和演练技术保障方案,商讨确定演练评估标准和方法。

(7) 编写演练方案文件。

文案组负责起草演练方案相关文件。演练方案文件主要包括演练总体方案及其相关文件。根据演练类别和规模的不同,演练总体方案的附件一般有演练人员手册、演练控制指南、技术保障方案和脚本、演练评估指南、演练脚本和解说词等。

(8) 方案审批。

演练方案文件编制完成后,应按相关管理要求,报有关部门审批。对综合性较强或风险较大的应急演练,在方案报批之前,要求评估组组织相关专家对应急演练方案进行评审,确保方案科学可行。

(9) 培训。

为了使演练相关策划人员及参演人员熟悉演练方案和相关应急预案,明确其在演练过程中的角色和职责,在演练准备过程中,可根据需要对其进行适当培训。

(10) 预演。

对大型综合性演练,为保证演练活动顺利实施,可在前期培训的基础上,在演练正式实施前进行一次或多次预演。预演遵循先易后难、先分解后合练、循序渐进的原则。预演可以采取与正式演练不同的形式,演练正式演练的某些或全部环节。大型或高风险演练活动,要结合预先制定的专门应急预案,对关键部位和环节可能出现的突发事件进行针对性演练。

3) 实施

演练实施是对演练方案付诸行动的过程,是整个演练程序中的核心环节。

(1) 演练前检查。

演练实施当天,演练组织机构的相关人员应在演练开始前提前到达现场,对演练所用的设备设施等的情况进行检查，确保其正常工作。

（2）演练前情况说明和动员。

演练组织部门完成事故应急演练准备，以及对演练方案、演练场地、演练设施、演练保障措施的最后调整后，应在演练前夕分别召开控制人员、评估人员、演练人员的情况介绍会，确保所有演练参与人员了解演练现场规则以及演练情景和演练计划中与各自工作相关的内容。演练模拟人员和观摩人员一般参加控制人员情况介绍会。

（3）演练启动。

由于演练目的和作用不同，演练启动形式也有所差异。

示范性演练一般由演练总指挥或演练组织机构相关成员宣布演练开始并启动演练活动。检验性和研究性演练，一般在达到演练事件节点，演练场景出现后，自动启动。

（4）演练执行。

若演练组织形式不同，其演练执行程序也有差异。演练组织形式包括实战演练、桌面演练、演练解说、演练记录、演练宣传报道。

（5）演练结束与意外终止。

演练完毕，由总策划发出结束信号，演练总指挥或总策划宣布演练结束。演练结束后所有人员停止演练活动，按预定方案集合进行现场总结讲评或者组织疏散。保障部负责组织人员对演练场所进行清理和恢复。

（6）现场点评会。

演练组织单位在演练活动结束后，应组织针对本次演练现场点评会。其中，包括专家点评、领导点评、演练参与人员的现场信息反馈等。

4）评估总结

（1）评估。

演练评估是指观察和记录演练活动，比较演练人员表现与演练目标要求并提出演练发现问题的过程。演练评估目的是确定演练是否已经达到演练目标的要求，检验应急组织指挥人员及应急响应人员完成任务的能力。要全面、正确地评估演练效果，必须在演练地域的关键地点和各参与应急组织的关键岗位上派驻公正的评估人员。评估人员的作用主要是观察演练的进程，记录演练人员采取每一项关键行动及其实施时间，访谈演练人员，要求参演应急组织提供文件资料，评估参演应急组织和演练人员表现并反馈演练发现。

（2）总结报告。

①召开演练评估总结会议。在演练结束后一个月内，由演练组织单位召集评估组合所有演练参与单位，讨论本次演练的评估报告，并从各自的角度总结本次演练的经验教训，讨论确认评估报告内容，并讨论提出总结报告内容，拟订改进计划，落实改进责任和时限。

②编写演练总结报告。在演练评估总结会议结束后，由文案组根据演练记录、演练评估报告、应急预案、现场总结等材料，对演练进行系统和全面的总结，并形成演练总结报告。

演练总结报告的内容包括：演练目的，时间和地点，参演单位和人员，演练方案概要，发现的问题与原因，经验和教训，以及改进有关工作的建议、改进计划、落实改进责任和时限等。

（3）文件归档与备案。

演练组织单位在演练结束后应将演练计划、演练方案、各种演练记录（包括各种音像资料)、演练评估报告、演练总结报告等资料归档保存。

对于由上级有关部门布置或参与组织的演练,或者法律、法规、规章要求备案的演练,演练组织单位应当将相关资料报有关部门备案。

5) 改进

(1) 改进行动。

对演练中暴露出来的问题,演练组织单位和参与单位应按照改进计划中规定的责任和时限要求,及时采取措施予以改进,包括修改完善应急预案、有针对性地加强应急人员的教育和培训,对应急物资装备有计划地更新等。

(2) 跟踪检查与反馈。

演练总结与讲评过程结束后,演练组织单位和参与单位应指派专人,按规定时间对改进情况进行监督检查,确保本单位对自身暴露出的问题做出改进。

应急演练程序如图3-23所示。

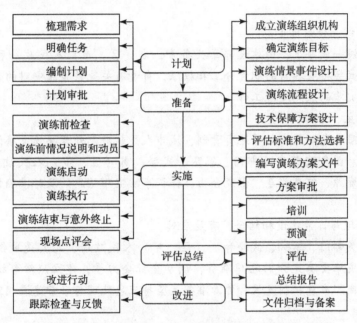

图3-23 应急演练程序

知识链接

国家处置城市地铁事故灾难应急预案

1. 编制目的

做好城市地铁事故灾难的防范与处置工作,保证及时、有序、高效、妥善地处置城市地铁事故灾难,最大限度地减少人员伤亡和财产损失,维护社会稳定,支持和保障经济发展。

2. 编制依据

依据《中华人民共和国安全生产法》《中华人民共和国消防法》《突发公共卫生事件应急条例》《国务院关于特大安全事故行政责任追究的规定》和《国家突发公共事件总体应急预案》制定本预案。

3. 适用范围

本预案适用于我国地铁（包括轻轨）发生的特别重大事故灾难，致使人民群众生命财产和地铁的正常运营受到严重威胁，具备下列条件之一的：

(1) 造成30人以上死亡（含失踪），或危及30人以上生命安全，或者100人以上中毒（重伤），或者直接经济损失达1亿元以上。

(2) 需要紧急转移安置10万人以上。

(3) 超出省级人民政府应急处理能力。

(4) 跨省级行政区、跨领域（行业和部门）。

(5) 国务院认为需要国务院或建设部响应。

4. 工作原则

(1) 以人为本、科学决策，发挥政府公共服务职能，把保障人民群众的生命安全、最大限度地减少事故灾难造成的损失放在首位。运用先进技术，充分发挥专家作用，实行科学民主决策。

(2) 统一指挥、分级负责。

在国务院的统一领导下，由建设部牵头负责，省（区、市）人民政府和国务院其他有关部门、军队、武警按照各自的职责分工和权限，负责有关地铁事故灾难的应急管理和特别重大、重大事故灾难的应急处理工作。

(3) 属地为主、分工协作。

地铁事故灾难应急处理实行属地负责制，城市人民政府是处理事故灾难的主体，要承担处理的首要责任。国务院各有关部门、军队、武警、省（区、市）人民政府要主动配合、密切协作、整合资源、信息共享、形成合力，保证事故灾难信息的及时准确传递、快速有效处理。

(4) 应急处理与日常建设相结合、有效应对。

国务院各有关部门、军队、武警和省（区、市）人民政府，尤其是地铁所在地城市人民政府，对事故灾难要有充分的思想准备，调动全社会力量，建立应对事故灾难的有效机制，做到常备不懈。应急机制建设和资源准备要坚持应急处理与日常建设相结合，降低运行成本。

5. 组织机构与职责

1）国家应急机构

国务院或国务院授权建设部设立城市地铁事故灾难应急领导小组（以下简称"领导小组"）。领导小组下设办公室、联络组和专家组。

领导小组办公室设在建设部质量安全司，具体负责全国地铁事故灾难应急工作。领导小组联络组由各成员单位指派的人员组成。领导小组专家组由地铁、公安、消防、安全生产、卫生防疫、防化等方面的专家组成。

2）省级、市级地铁事故灾难应急机构

省级、市级地铁事故灾难应急机构应比照国家地铁事故灾难应急机构的组成、职责，结合本地实际情况确定。

3）城市地铁企业事故灾难应急机构

城市地铁企业应建立由企业主要负责人、分管安全生产的负责人、有关部门参加的地铁事故灾难应急机构。

6. 预警预防机制

1) 监测机构

城市人民政府建设行政主管部门负责城市地铁的运行监测、预警工作，建立城市地铁监测体系和运行机制；对检测信息进行汇总分析；对城市地铁运行状况进行收集、汇总分析并做出报告，每半年向国家和省级地铁应急机构做出书面报告。

2) 监测网络

由省级、市级建设行政主管部门、城市地铁企业组成监测网络，省级、市级建设行政主管部门设立城市地铁监察员对城市地铁进行检查监督。

3) 监测内容

城市地铁的规章制度、强制性标准、设施设备及安全运营管理。

7. 应急响应

1) 分级响应

Ⅰ级响应行动（响应标准见3 适用范围）由领导小组组织实施，当领导小组进入Ⅰ级响应行动时，事发地各级政府应当按照相应的预案全力以赴组织救援，并及时向领导小组报告救援工作进展情况。Ⅱ级以下应急响应行动的组织实施，由省级人民政府决定。城市人民政府可根据事故灾难的严重程度启动相应的应急预案，超出本级应急处理能力时，及时报请上一级应急机构启动上一级应急预案实施救援。

（1）领导小组的响应。

建设部在接到特别重大事故灾难报告2 h内，决定是否启动Ⅰ级响应。

Ⅰ级响应时，领导小组启动并实施本预案。及时将事故灾难的基本情况、事态发展和救援进展情况报告国务院并抄报国家安全监管总局；开通与国务院有关部门、军队、武警等有关方面的通信联系；开通与事故灾难发生地的省级应急机构、事发地城市政府应急机构、现场应急机构、相关专业应急机构的通信联系，随时掌握事态进展情况；派出有关人员和专家赶赴现场，参加、指导应急工作；需要其他部门应急力量支援时，向国务院提出请求。

Ⅱ级以下响应时，及时开通与事故灾难发生地的省级应急机构、事发地城市政府应急机构的通信联系，随时掌握事态进展情况；根据有关部门和专家的建议，为地方应急指挥救援工作提供协调和技术支持；必要时，派出有关人员和专家赶赴现场，参加、指导应急工作。

（2）国务院有关部门、军队、武警的响应。

Ⅰ级响应时，国务院有关部门、军队、武警按照预案规定的职责参与应急工作，启动并实施本部门相关的应急预案。

2) 不同事故灾难的应急响应措施

（1）火灾应急响应措施。

①城市地铁企业要制定完善的消防预案，针对不同车站、列车运行的不同状态以及消防重点部位制定具体的火灾应急响应预案。

②贯彻"救人第一、救人与灭火同步进行"的原则，积极施救。

③处理火灾事件应坚持快速反应的原则，做到反应快、报告快、处理快，把握起火初期的关键时间，把损失控制在最低程度。

④火灾发生后，工作人员应立即向119、110报告，同时组织做好乘客的疏散、救护工

作，积极开展灭火自救工作。

⑤地铁企业事故灾难应急机构及市级地铁事故灾难应急机构，接到火灾报告后，应立即组织启动相应应急预案。

（2）地震应急响应措施。

①地震灾害紧急处理的原则。

a. 实行高度集中，统一指挥，各单位、各部门要听从事发地省、直辖市人民政府指挥，各司其职，各负其责。

b. 抓住主要矛盾，先救人、后救物，先抢救通信、供电等要害部位，后抢救一般设施。

②市级地铁事故灾难应急机构及地铁企业负责制定地震应急预案，做好应急物资的储备及管理工作。

③发布破坏性地震预报后，即进入临震应急状态。省级人民政府建设主管部门采取相应措施。

a. 根据震情发展和工程设施情况，发布避震通知，必要时停止运营和施工，组织避震疏散。

b. 对有关工程和设备采取紧急抗震加固等保护措施。

c. 检查抢险救灾的准备工作。

d. 及时、准确通报地震信息，保证正常工作秩序。

④地震发生时，省级人民政府建设主管部门及时将灾情报有关部门，同时做好乘客疏散和地铁设施、设备保护工作。

⑤地铁企业事故灾难应急机构及市级地铁事故灾难应急机构，接到地震报告后，应立即组织启动相应应急预案。

（3）地铁爆炸应急响应措施。

①迅速反应，及时报告，密切配合，全力以赴疏散乘客、排除险情，尽快恢复运营。

②地铁企业应针对地铁列车、地铁车站、地铁主变电站、地铁控制中心，以及地铁车辆段等重点防范部位制定防爆措施。

③地铁内发现的爆炸物品、可疑物品应由专业人员进行排除，任何非专业人员不得随意触动。

④地铁爆炸案件一旦发生，市级建设主管部门应立即报告当地公安部门、消防部门、卫生部门，组织开展调查处理和应急工作。

⑤地铁企业事故灾难应急机构及市级地铁事故灾难应急机构，接到爆炸报告后，应立即组织启动相应应急预案。

（4）地铁大面积停电应急响应措施。

①地铁企业应贯彻"预防为主、防救结合"的原则，重点做好日常安全供电保障工作，准备备用电源，防止停电事件的发生。

②停电事件发生后，地铁企业要做好信息发布工作，做好乘客紧急疏散、安抚工作，协助做好地铁的治安防护工作。

③供电部门在事故灾难发生后，应根据事故灾难性质、特点，立即实施事故灾难抢修、抢险有关预案，尽快恢复供电。

④地铁企业事故灾难应急机构及市级地铁事故灾难应急机构，接到停电报告后，应立即

组织启动相应应急预案。

3）应急情况报告

应急情况报告的基本原则是快捷、准确、直报、续报。

(1) 快捷。

最先接到事故灾难信息的单位应在第一时间报告，最迟不能超过1 h。

(2) 准确。

报告内容要真实，不得瞒报、虚报、漏报。

(3) 直报。

发生特别重大事故灾难，要直报领导小组办公室，同时报省、市地铁事故灾难应急机构；紧急情况下，可越级上报国务院，并及时通报有关部门。

(4) 续报。

在事故灾难发生一段时间内，要连续上报事故灾难应急处置的进展情况及有关内容。

(5) 报告内容。

特别重大事故灾难快报及续报应当包括以下内容：

①事件单位的名称、负责人、联系电话及地址。

②事件发生的时间、地点。

③事件造成的危害程度、影响范围、伤亡人数、直接经济损失。

④事件的简要经过。

⑤其他需上报的有关事项。

4）报告程序

(1) 地铁事故灾难发生后，现场人员必须立即报警，并报告地铁企业应急机构。有关部门接到报告后，应迅速确认事故灾难性质和等级，立即启动相应的预案，并向上级地铁应急机构报告。

(2) 特别重大事故灾难发生单位、属地政府及其相关行政主管部门，接报后必须做到以下几点：

①迅速采取有效措施，组织抢救，防止事故灾难扩大。

②严格保护事故灾难现场。

③迅速派人赶赴事故灾难现场，负责维护现场秩序和证据收集工作。

④服从地方政府统一部署和指挥，了解掌握事故灾难情况，协调组织事件抢险救灾和调查处理等事宜，并及时报告事态趋势及状况。

(3) 因抢救人员、防止事故灾难扩大、恢复生产以及疏通交通等原因，需要移动现场物件的，应当做好标志，采取拍照、摄像、绘图等方法详细记录事故灾难现场的原貌，妥善保存现场重要痕迹、物证。

(4) 发生特别重大事故灾难的单位及城市地铁事故灾难应急机构应在事故灾难发生后4 h 内写出事故灾难快报，分别报送国家、省地铁事故灾难应急机构。

5）情况接报

(1) 领导小组办公室获悉发生城市地铁事故灾难后，迅速通知领导小组，并根据事故灾难的性质和严重程度提出启动预案的建议。

(2) 领导小组接到报告后，应将有关情况上报国务院，同时通报国务院有关部门。

6）紧急处理

紧急处理应按照属地为主的原则，依靠本行政区域的力量。事故灾难发生后，地铁企业和当地人民政府应立即启动应急预案，并按照应急预案迅速采取措施，使事故灾难损失降到最低。

根据事态发展情况，出现急剧恶化的特殊险情时，现场应急指挥机构在充分考虑专家和有关方面意见的基础上，及时制定应急处理方案，依法采取紧急处理措施。

7）医疗卫生救助

各级卫生行政部门要根据《国家突发公共事件医疗卫生救援应急预案》，组织做好应急准备，在应急响应时，组织、协调开展应急医疗卫生救援工作，保护人民群众的健康和生命安全。

8）应急人员的安全防护

现场处理人员应根据需要佩戴相应的专业防护装备，采取安全防护措施，严格执行应急人员进入和离开事故灾难现场的相关规定。现场应急机构根据需要具体协调、调集相应的安全防护装备。城市人民政府应事先为城市地铁企业配备相应的专业防护装备。

9）群众的安全防护

现场应急机构负责组织群众的安全防护工作，主要工作内容如下：

（1）根据事故灾难的特点，确定保护群众安全需要采取的防护措施。

（2）决定紧急状态下群众疏散、转移和安置的方式、范围、路线和程序，指定有关部门具体负责实施疏散、转移和安置。

（3）启用应急避难场所。

（4）维护事发现场的治安秩序。

10）社会力量的动员与参与

现场应急机构组织调动本行政区域社会力量参与应急工作。超出事发地省级人民政府的处理能力时，省级人民政府向国务院申请本行政区域外的社会力量支援。

11）现场检测与评估

根据需要，现场应急机构成立事故灾难现场检测与评估小组，负责检测、分析和评估工作，查找事故灾难的原因和评估事态的发展趋势，预测事故灾难的后果，为现场应急决策提供参考。检测与评估报告要及时上报领导小组办公室。

12）信息发布

城市地铁事故灾难应急信息的公开发布由各级城市地铁事故灾难应急机构决定。对城市地铁事故灾难和应急响应的信息实行统一、快速、有序、规范管理。

信息发布应明确事件的地点、事件的性质、人员伤亡和财产损失情况、救援进展情况、事件区域交通管制情况以及临时交通管理措施等。

13）应急结束

Ⅰ级响应行动由领导小组决定终止。Ⅱ级以下响应行动的终止由省级人民政府决定。

8. 后期处理

1）善后处理

事发地的城市人民政府负责组织地铁事故灾难的善后处理工作，包括治安管理、人员安置、补偿、征用物资补偿、救援物资供应和及时补充、恢复生产等事项。尽快消除事故灾难影响，妥善安置和慰问受害及受影响人员，保证社会稳定，尽快恢复地铁正常运营秩序。

2）保险理赔

地铁事故灾难发生后，保险机构及时开展应急人员保险受理和受灾人员保险理赔工作。

3）调查报告

属于Ⅰ级响应行动的地铁事故灾难由领导小组牵头组成调查组进行调查，必要时，国务院可以直接组成调查组。属于Ⅱ级以下响应行动的地铁事故灾难调查工作由省级人民政府规定，必要时，领导小组可以牵头组成调查组。

应急状态解除后，现场地铁事故灾难应急机构应整理和审查所有的应急记录和文件等资料；总结和评价导致应急状态的事故灾难原因和在应急期间采取的主要行动；必要时，修订城市地铁应急预案，并及时做出书面报告。

（1）应急状态终止后的两个月内，现场地铁事故灾难应急机构应向领导小组提交书面总结报告。

（2）总结报告应包括以下内容：发生事故灾难的地铁基本情况，事故灾难原因、发展过程及造成的后果（包括人员伤亡、经济损失）分析、评价，采取的主要应急响应措施及其有效性，主要经验教训和事故灾难责任人及其处理结果等。

9. 保障措施

1）通信与信息保障

领导小组应指定专门场所并建设相应的设施满足进行决策、指挥和对外应急联络的需要。逐步建立并完善全国地铁安全信息库、救援力量和资源信息库，规范信息获取、分析、发布、报送格式和程序，保证国务院及国务院有关部门、省级、市级应急机构之间的信息资源共享。保证应急响应期间领导小组向国务院，省级、市级和地铁企业事故灾难应急机构、应急支援单位通信联络的需要；明确联系人、联系方式。

能够接受、显示和传达地铁事故灾难信息，为应急、决策和专家咨询提供依据；能够接受、传递省级、市级地铁应急机构应急响应的有关信息；能够为地铁事故灾难应急指挥、与有关部门的信息传输提供条件；对省级、市级和地铁企业事故灾难应急机构进行预案及对地铁企业基本情况进行备案。

2）应急支援与装备保障

（1）救援装备保障。

有地铁运营的城市人民政府负责地铁应急装备的保障。领导小组负责指导、监督地铁应急装备保障工作。

（2）应急队伍保障。

领导小组和国务院有关部门、军队、武警根据本预案规定的职责分工，做好应急支援力量准备。地方人民政府建立并完善以消防部队为骨干的应急队伍。

（3）交通运输保障。

发生事故灾难后，事发地人民政府有关部门负责对事发现场和相关区域进行交通管制，根据需要开设应急特别通道，确保救灾物资、器材和人员运送及时到位，满足应急处理需要。

（4）医疗卫生保障。

各级卫生行政部门，要按照《国家突发公共事件医疗卫生救援应急预案》落实医疗卫生应急的各项保障措施。

(5) 治安秩序保障。

应急响应时，事发地公安机关负责事故灾难现场的治安秩序保障工作。

(6) 物资保障。

省级人民政府和城市人民政府及其有关部门，应建立应急设备、救治药物和医疗器械等储备制度。领导小组根据实际情况，负责监督应急物资的储备情况。国家发展改革委员会、商务部协调有关省级人民政府跨地区的物资调用。

(7) 资金保障。

城市人民政府应当做好事故灾难应急资金准备。领导小组应急处理资金按照《财政应急保障预案》的规定解决。

(8) 社会动员保障。

事发地人民政府根据需要动员和组织社会力量参与地铁事故灾难的应急。领导小组协调事发地以外的社会力量参与救援。

(9) 紧急避难场所保障。

城市人民政府负责规划与建设能够基本满足事故灾难发生时人员避难需要的场所。

(10) 应急保障的衔接。

省级、市级的应急保障按国家有关法律、法规、标准的规定及各自批准的应急预案进行。应急保障应为各自所需的应急响应能力提供保证，并保证各级响应的相互衔接与协调。

3）技术储备与保障

领导小组专家组对应急提供技术支持和保障。省级人民政府应比照领导小组专家组的设置，建立相应的机构，对应急提供技术支持和保障。

国务院有关部门和省级、市级人民政府要组织地铁安全保障技术的研究，开发应急技术和装备。

4）宣传、培训和演习

(1) 公众信息交流。

公众信息交流工作由城市人民政府和地铁企业负责，主要内容是城市地铁安全运营及应急的基本常识和救助知识等。城市人民政府组织制订宣传内容、方式等，并组织地铁企业实施。

(2) 培训。

对所有参与城市地铁事故灾难应急准备与响应的人员进行培训。

(3) 演习。

省级人民政府地铁事故灾难应急机构应每年组织一次应急演习。城市（含直辖市）人民政府应每半年组织一次应急演习。

5）监督检查

领导小组对地铁事故灾难应急预案实施的全过程进行监督。

 原因分析

(1) 该踩踏事件的发生，车站工作人员负有一定责任，在运营开始前忽略了车站设备的检查。

（2）发生突发事件，车站工作人员未及时采取有效措施，导致事态的发展趋于严重化。

 **防范措施**

（1）车站工作人员在运营开始前应仔细检查车站内所有设施，保证相关设备能正常运行。

（2）车站内应制定突发事件应急预案，在紧急情况下可及时采取有效措施处理相关事件。

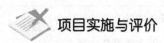 **项目实施与评价**

项目实施与评价表

项目三　城市轨道交通突发事件应急处理
授课教师：_____　班级：_____　学生姓名：_____　时间：_____
一、典型案例
1995年10月28日，阿塞拜疆首都巴库发生了一场地铁列车大火。据官方公布的数字，这场大火造成558人死亡、269人受伤。这次事故是阿塞拜疆迄今乃至苏联时期以来损失最为惨重的一次地铁火灾。当天夜里，这列满载旅客的地铁列车，刚刚驶离乌尔杜斯站站台200 m进入地铁隧道，突然火光一闪，乘客们还没明白过来，车厢里的电灯就全灭了。事故发生后，民警和救护人员立即赶赴现场救援。阿总统阿利耶夫已下令成立调查小组调查事故原因。
二、原因分析
＿＿＿
＿＿＿
三、防范措施
＿＿＿
＿＿＿
四、成绩评价
1. 学生评价

评价等级	A（优）	B（良）	C（中）	D（及格）	E（不及格）
学生自评					
组内互评					
他组互评					

2. 教师评价

评价等级	A（优）	B（良）	C（中）	D（及格）	E（不及格）
专业能力					
方法能力					
社会能力					
评价结果					

3. 综合评定

评价等级	A（优）	B（良）	C（中）	D（及格）	E（不及格）
评价结果					

4. 评价量化标准

评价等级	行为表现描述
A	能高效、圆满地完成任务中的全部操作内容
B	能顺利完成任务中的全部操作内容
C	能完成实训任务的全部内容，但需要一些帮助和指导
D	只能完成实训任务的部分内容
E	只能完成实训任务的极少内容

思考与练习

1. 城市轨道交通突发事件的定义是什么？
2. 城市轨道交通突发事件的特征有哪些？
3. 城市轨道交通突发事件的应急处理原则有哪些？
4. 城市轨道交通应急管理模式共有几个阶段？
5. 城市轨道交通应急管理遵循原则是什么？
6. 城市轨道交通事故分类方法是什么？
7. 城市轨道交通事故等级是如何确定的？
8. 行车事故产生的原因有哪些？
9. 行车事故处理规定是什么？
10. 行车事故责任划分依据是什么？
11. 城市轨道交通应急预案编制步骤是什么？

项目四
车站突发事件应急处理

城市轨道交通作为一个大容量的公共交通工具,直接关系到广大乘客的生命安全,安全运营是运营组织工作的基本原则和首要目标。为此必须严格按照有关规定行车,不得违规操作,防止事故的发生。一旦不可避免地发生了事故,应及时、准确地做好事故通报工作及现场应急处理工作,尽量减少事故带来的损失。

1. 知识目标

(1) 消防报警系统的组成。
(2) 消防报警系统的功能。
(3) 发生火灾的应急处理。
(4) 事故的分类。
(5) 车站事故影响的因素。
(6) 车站事故预防。
(7) 车站事故处理工作。
(8) 屏蔽门的组成及其功能。
(9) 屏蔽门系统的运行模式。
(10) 屏蔽门故障的处理。
(11) 车站大客流的定义。
(12) 车站大客流的分类。
(13) 车站大客流的特点。
(14) 大客流的组织与调整方法。

2. 能力目标

(1) 掌握消防报警系统的组成及其功能。
(2) 能够在发生火灾时及时进行处理。
(3) 了解车站事故都有哪几种类型。
(4) 能够在车站发生事故时进行紧急处理。
(5) 了解屏蔽门的组成及其功能。
(6) 屏蔽门发生故障时要能够及时处理。

(7) 当车站发生大客流现象时要学会应对处理。

3. 素质目标

(1) 培养学生良好的职业道德。
(2) 培养学生解决实际问题和动手实践的工作能力。
(3) 培养学生获取新知识、了解专业知识的学习能力。
(4) 培养学生具有良好的团队合作精神。

任务 1　车站发生火灾的应急处理

案例名称	韩国大邱地铁火灾事故		
时间	2005 年 2 月 18 日上午 9：55	地点	韩国大邱地铁市中心的中央路车站
事故概况： 　　2005 年 2 月 18 日上午 9：55 左右，韩国东部著名的纺织服装城市大邱市，第 1079 号地铁列车上乘坐的大部分是老人和孩子。他们或翻看手中的书报，或闭目养神，车厢里显得非常安静。 　　然而，列车刚在市中心的中央路车站停住，第三节车厢里一名 56 岁的男子就从黑色的手提包里取出一个装满易燃物的绿色塑料罐，并拿出打火机试图点燃。车内的几名乘客立即上前阻止，但这名男子却摆脱阻拦，把塑料罐内的易燃物洒到座椅上，并点燃塑料罐抛到座椅上。顿时，整节车厢燃起了大火，并冒出浓烟。3 号车厢起火后，火势转眼之间就燃烧到整列六节车厢。 　　更不幸的是，对面的列车也驶进了车站，火势又迅速蔓延到那列列车的六节车厢。两列列车起火燃烧了起来，车站的电力系统立刻自动断电，站内一片漆黑，600 多名乘客立即陷入极度恐慌。四周火势凶猛，浓烟弥漫，万分震惊的乘客争相逃离这一人间地狱。然而，由于电源突然中断，许多地铁车厢门根本打不开，加上地铁车窗的玻璃十分坚固，所以不少乘客被活活困在没有自动灭火装置的车厢里，最终被烧死或因浓烟窒息而死。 　　几分钟之内，浓浓的黑烟从地铁的各个通风口滚滚而出，直冲蓝天，不知就里的行人和司机被满街的浓烟惊得目瞪口呆，加上交警立即封锁了主要交通干道为火速赶来的消防车和救护车开辟出专用车道，以至于整个大邱市的交通陷入了一片混乱之中。			

(1) 消防报警系统的组成。
(2) 消防报警系统的功能。
(3) 发生火灾的应急处理。

理论准备

防灾报警系统（Fire Alarm System）简称 FAS。与其相关的消防设备有自动气体灭火系统、机电设备监控系统、给排水系统、固定灭火系统和防排烟系统等。

FAS 系统的探测电分布在站厅、站台、设备用房和管理用房等处所，对保护区域进行火灾监控。

一、消防报警系统的组成

火灾自动报警系统由报警主机、外围设备、管网及网络等设备组成。外围设备由手动报警器、模块、电话、探测器等组成，如图4-1所示。

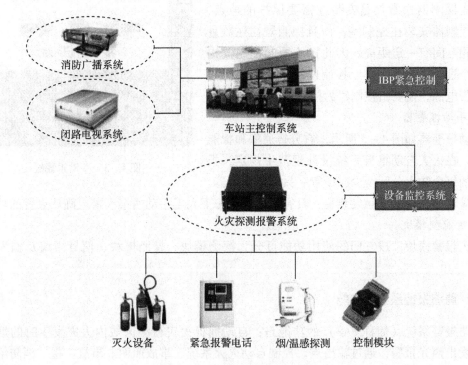

图4-1 消防报警系统组成图

1. 报警主机

报警主机是消防报警系统的核心设备，是分析、判断、记录和显示火灾的部件，报警主机也叫报警控制器，它是通过探测器不断向监视现场发出巡测信号，监视现场的烟雾浓度、温度等，并由探测器不断反馈，控制器将返回的代表烟雾浓度或温度的电信号与控制器内存的现场正常整定值进行比较，判断并确定是否火灾。当确认发生火灾时，在控制器上首先发出声光报警，并显示烟雾浓度，显示火灾区域的地址编码和打印报警时间、地址等。同时向火灾现场发出警铃或电笛报警。与此同时，在火灾发生区域的相邻区域也发出报警信号，显示火灾区域。各应急疏散指示灯亮，指示疏散路线等。与此同时，在火灾发生区域发出联动控制信号，使电梯（残疾人电梯）迫降于首层等。

2. 探测器

轨道交通消防报警系统所使用的探测器可分为：感烟探测器、感温探测器、复合型探测器。感烟探测器如图4-2所示。

探测器种类的选择应根据探测区域内的环境条件、

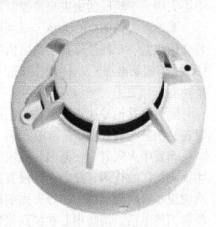

图4-2 感烟探测器

火灾特点、房间高度、安装场所的气流状况及设备主机的配置等条件,选用其所适宜类型的探测器或几种探测器的组合。

火灾探测系统的信号传输有其自身的特殊性,由于火灾探测器通常都是安装在需要保护的地点,而报警控制器安装在控制室,而且探测器往往数量较多,相互间有一定距离,因此探测器和控制器构成了一个远距离信号采集、控制网络。此外探测器本身不带电源,需要由控制器为探测器供电。

3. 手动报警器

手动报警器如图4-3所示,它分普通型和智能型两种。在火灾自动报警系统设计规范中规定,报警区内的每个防火分区至少应设置一只手动报警器。

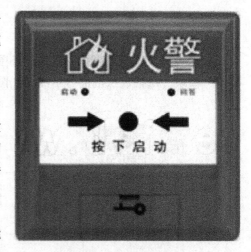

图4-3 手动报警器

手动报警器按钮是手动触发装置,具有在应急状态下人工手动通报火警或确认火警的功能。

4. 智能型模块

火灾报警模块,按它们的使用功能可分为探测模块、控制模块、信号模块及输入输出模块。

二、消防报警系统的功能

消防报警系统(简称FAS)的功能是:自动捕捉火灾检测区域内火灾发生时的烟雾或热气,发出声光报警,通过输出点,控制自动灭火系统、事故照明、事故广播、消防给水和排烟等系统,实施救灾,以实现监测、报警和灭火的自动化。

消防报警系统采用集中和分站管理,并采用由中央级火灾自动报警系统和车站级火灾自动报警系统组成的两级控制,并用通信光缆连成环形网络。中央级接收车站级上送的实时监控信息,也可下达控制指令。

FAS系统由中央级设备、车站级设备及连接中央级及车站级的网络组成。

中央级设备设立在控制中心,由火灾报警控制(主机),监视、接受全线各车站、控制中心大楼、车辆段的火灾报警控制器(分机)的各类分类信息。

车站级含控制中心大楼、车辆段,在车站控制室、控制中心大楼消防值班室、车辆段信号楼值班室、车辆段综合楼消防值班室设有火灾报警控制器、彩色图形显示终端、打印机、UPS(不间断电源)、双切电源箱、固定消防电话及各种外围设备,实现火灾监视和消防联动功能。

同时,其他专业还设置直线电话、调度电话分机、防灾紧急广播、闭路电视显示终端等设备,消防与其合用。

当发生火灾时,在监测区域内的火灾报警器上发出报警信号。同时,在消防中心显示发生火灾的区域代码,并在火灾报警控制器的作用下,自动启动灭火系统或灭火设备,对发生火灾设备自动喷洒烟络尽等灭火剂进行消防灭火,在消防中心的报警器上附设有直接通往消防部门的电话。消防中心在接到报警信号时,立即发出疏散通知,开启紧急广播系统和消防泵及自动防火等设备。

三、车站发生火灾的应急处理

火灾发生后,应当快速做出反应,贯彻"救人第一,救人与灭火同步进行"的原则,积极疏散乘客,进行施救。把握好起火初期,采取正确的应急措施,有效扑灭火灾,最大限度地减少人员伤亡和设备损失。

1. 火灾事故报告

确认发生火灾后,应当立即报告控制中心,并立即报告119火警、110报警中心,视情况需要还应报告120急救中心及公安部门。报告的主要内容如下:

(1) 火灾的确切地点。
(2) 火灾原因的初步判断。
(3) 火灾蔓延趋势及方向。
(4) 现场扑救力量。
(5) 人员伤亡及救助情况。
(6) 设备损失及对铁路行车的影响。

2. 灭火自救

在确保自身安全情况下现场员工应抓住火灾初期的关键时间,积极尝试扑救。

只有同时具备可燃物、助燃物和火源这三个要素,火才能燃烧起来,所以,只要有效地去掉这三个要素中的任何一个,即可扑灭火灾。一般情况下可采用以下方法:

(1) 移走可燃物。

将燃烧点附件的可燃物迅速移开,以防止火势蔓延,没有可燃物,燃烧自然就会中止。

(2) 冷却降低燃烧物的温度。

燃烧物的温度降到燃点以下,燃烧就会停止。主要办法是向燃烧物上喷水或灭火剂。

(3) 隔绝空气。

燃烧得不到充足的氧气也会熄灭。可以用棉毯、湿棉被、沙、泡沫等覆盖在燃烧物上,也可以关闭现场门窗及其他通道口。

(4) 切断电源。

发生火灾后,应迅速切断电源,防止火灾事故扩大。

(5) 引导消防人员进入灭火现场。

如果火势很大,依靠员工无法控制时,应撤离车站。等待消防人员到达后,引导其进入现场灭火,参与应急处理救援的外围工作。

3. 逃生帮助

(1) 指导所有人员有效逃生,避免烟熏窒息。

火灾发生后,烟雾是人员伤亡的第一杀手。因此,车站应当指导人员逃生时,尽量捂住口鼻,低头弯腰贴地快速跑出烟雾区,减少烟气吸入,避免中毒。

(2) 启动隧道通风排烟系统。

启动隧道通风排烟系统,输送新鲜空气,将烟雾向远离乘客疏散方向的一端排出。

4. 火灾处理

根据火灾发生的位置,可分为车站火灾和列车火灾两类,它们的处理方式稍有不同。

1) 车站火灾

(1) 车站报告及扑救火灾。

车站派人携带无线通信设备前往现场，证实火灾发生后，立即报告119火警、110报警中心和控制中心调度员，并根据情况报告120急救中心、公安部门。警告乘客及其他人员远离火灾现场，在保证自身安全的前提下积极灭火。

消防人员到达后，汇报火灾的准确位置、电源切断情况、火灾现场是否有人被困。引领消防人员进入现场灭火，配合救援处理。

(2) 车站疏散。

当火势较大，向控制中心调度员请求后执行车站疏散程序。在紧急情况下进行车站疏散时，乘客容易恐慌而导致混乱，所以车站有关人员平时必须熟悉疏散路线及疏散集合地。这样，一旦需要就能安排乘客按照疏散路线迅速有序地离开车站，车站人员也能迅速到达预设的疏散集合地点。需要疏散时通过广播通知乘客疏散原因、疏散线路、车票处理，打开所有闸门加快疏散速度，派人现场引导乘客按预定线路紧急从各个出口出站，对于有困难的乘客应积极提供帮助。

接到疏散指示后，车站人员立刻停止服务，关闭售票机和充值机，安全处理票款。乘客疏散完毕后，车站员工迅速撤离车站，前往紧急集合地点。关闭车站除紧急出入口外的其他出入口，并张贴"车站关闭"的告示以及换乘公共汽车等其他交通工具的指南。

(3) 火灾后的处理。

控制中心调度员应停止所有须经过该站的列车运行，严禁将列车放入着火车站。确定站内火灾完全扑灭、烟雾消散后，组织车站员工进入车站清理现场，维修部门对线路、通信信号、供电等设备进行检查、修复。待事故隐患彻底消除，列车即可开行，车站重新开放，恢复运营。

2) 列车火灾

(1) 驾驶员报告及前期处理。

列车着火后，驾驶员应向车厢内的乘客详细查询以下情况：起火或冒烟的车辆及位置；火势大小及烟雾浓度；起火原因；人员伤亡情况及设备损毁程度。然后将这些内容立即向控制中心调度员报告，同时说清楚列车车次、所处位置。同时安抚乘客情绪，并指导乘客使用车厢中的灭火器灭火自救。

(2) 列车在区间发生火灾时的处理。

发生火灾的列车处于区间时，应尽量将列车驶入前方站，再进行处理。这样有几个好处。一是便于利用站台疏散乘客。在区间发生火灾，尤其地下隧道狭窄，火势比较集中，烟雾不易散发，逃生困难；而且乘客只能沿轨道前往车站，走行距离长，乘客本身比较恐慌，再加人员密集，容易造成混乱。二是便于利用车站消防设施灭火。车站空间相对开阔，消防设施齐备，车站人员较多，有利于组织扑救火灾。

如果列车无法驶入前方站，驾驶员立即报告行车调度员后，将列车停在区间，安排乘客紧急疏散。根据火灾位置、烟雾扩散方向，打开相应的疏散门，广播通知乘客按安全的方向疏散，下车后迅速步行前往车站。

车站接到列车疏散命令后，打开屏蔽门，派人携带无线通信设备及防护用品，前往区间协助列车清客，将乘客领回车站。准备好消防器材，选择合适的位置协助灭火，并启动通风系统排除烟雾。

（3）行车调度员的处理。

控制中心调度员确定列车发生火灾后，及时报告 119 火警、110 报警中心，并根据情况报告 120 急救中心、公安部门。停止续行列车的运行，并停止相邻线路的行车。应使本线续行的列车及相邻线路的列车进入就近车站停车，避免在区间停车，以免引起乘客恐慌。彻底灭火后，组织开行救援列车，将着火列车拉到附近的停车场、车辆段或侧线。由维修部门检查、修复损坏的线路及其他设备后，清理轨道，及时开通线路。

原因分析

首先是设备方面的隐患，车站和车厢内安全装置不足；其次是法律还不健全；最后是安全教育流于形式。除了上述原因外，韩国专家们还认为，地铁公司平时的麻痹大意、安全意识不强、安全保卫人员不足以及通信联络不完备等，也是造成此次地铁火灾大批人员伤亡的重要因素。特别是当时车站的中央控制室管理不力，没有及时阻止另一列列车进入已经失火的车站，更造成了伤亡人员增加。

防范措施

地铁是大众交通工具，必须采取切实措施，加强管理和保安，以确保地铁和乘客安全，地铁部门应将消防安全管理制度、岗位职责与处理火灾事故和抢险救援预案，真正落实到每个岗位，员工对火灾事故应急处理措施掌握要扎实、全面，提高整体协作处理火灾事故的能力；定期检测消防设施，保证完好有效；严格遵守安全操作规程及用火、用电制度，杜绝违章作业。加强训练处理火灾事故的专业队伍和特种装备。

任务 2　车站客伤事故处理

情景导入

案例名称	广深铁路动车伤人事故		
时间	2011 年 10 月 23 日 18：13	地点	广深线 D7117 次列车行至樟木头至布吉区间

事故概况：
2011 年 10 月 23 日 18：13，广深线 D7117 次列车行至樟木头至布吉区间时，4 名人员翻越铁路栅栏闯入线路。列车司机发现后紧急制动，但由于速度较快制动不及，当场撞死两人，另外两人受伤。

知识要点

（1）事故的分类。
（2）车站影响事故的因素。
（3）车站事故的预防。

（4）车站事故的处理工作。

理论准备

城市轨道交通的大客流特点决定了其安全性要求远远高于其他交通方式，故更应重视安全生产。安全防范工作没有做好，轻则扰乱运营生产秩序，重则设备受损，甚至危及乘客的生命财产安全，给社会带来重大损失。从企业角度来讲，安全是实现效益的保证，抓好了安全，运营生产才不致因事故而中断，才能保证生产过程的连续性，才能不断提高生产的效率和效益；从社会角度讲，城市轨道交通的运营安全涉及城市各行各业的活动，涉及千家万户的日常生活，因而直接关系到城市社会经济的发展，有时甚至涉及政治的稳定。可以说，安全是城市轨道交通运营管理的头等大事，运营必须安全，只有安全才能保障运营。

一、事故的定义和分类

1. 事故的定义

《现代汉语词典》对"事故"解释为：多指生产、工作上发生的意外损失或灾祸。

《辞海》对"事故"的定义为："意外的变故或灾祸"，其要点有二：①非期望出现的事件；②有造成生命、财产损失的事实。

事故可以更加全面地定义为："是一项主观上不愿意出现，导致人员伤亡、健康损失、环境及商业机会损失的不期望事件"。

安全生产事故是指在生产经营领域中发生的意外的突发事件，通常会造成人员伤亡或财产损失，使正常的生产生活活动中断，又可称为安全事故。

《生产安全事故报告和调查处理条例》（国务院第493号令）将"生产安全事故"定义为："生产经营活动中发生人身伤亡或直接经济损失的事件"。

城市轨道交通事故是指在运营或在生产过程中，因违反规章制度，违反劳动纪律，违反作业操作规程，或由于技术设备原因或其他原因引起的人员伤亡、设备损坏、经济损失，影响正常生产作业或危及运营安全的事件。

2. 事故的分类

有关事故的分类，由于研究的目的不同、角度不同，分类的方法也就有所不同。

1）按事故责任分类

（1）责任事故，是指由于人们违背自然规律或客观规律，违反法律、法规、规章和标准等行为造成的事故。

（2）非责任事故，是指遭遇不可抗拒的自然因素或目前科学无法预测的原因造成的事故。

2）按事故后果分类

（1）伤亡事故。造成人身伤害的事故。

（2）非伤亡事故。只造成生产中断设备损坏或财产损失的事故。

3）按事故监督管理行业分类

其包括：企业职工伤亡事故（工矿商贸企业伤亡事故）；火灾事故；道路交通事故；水上交通事故；铁路交通事故；民航飞行事故；农业机械事故；渔业船舶事故等。

4）按地铁企业内部事故分类

（1）行车事故。行车事故是指在行车过程中造成人员伤亡、设备损坏，影响达到一定时间或危及行车安全的事故。

（2）设备事故。设备事故是指因违章操作或维修保养原因或技术原因或设备性能原因而造成设备损坏或影响正常运营或危及生产安全的事故。

（3）工伤事故。工伤事故是指从业人员在生产或运营过程中发生人身伤亡的事故。

（4）火灾事故。火灾事故是指在生产或运营过程中因发生燃烧、爆炸等造成人员伤亡，或造成经济损失或影响正常运营等后果的事件。

（5）客伤事故。客伤事故是指在城市轨道交通运营中或城市轨道交通运营区域内发生的城市轨道交通运营单位外的人员（一般是指乘客）伤亡事故。

（6）自然灾害。自然灾害是指地震、海啸、洪水、暴风雪等。

5）按行车事故等级分类

（1）重大事故。

（2）大事故。

（3）险性事故。

（4）一般事故。

6）按生产事故分类

（1）特别重大事故。特别重大事故是指造成30人以上死亡，或者100人以上重伤（包括急性工业中毒，下同），或者1亿元以上直接经济损失的事故。

（2）重大事故。重大事故是指造成10人以上30人以下死亡，或者50人以上100人以下重伤，或者5 000万元以上1亿元以下直接经济损失的事故。

（3）较大事故。较大事故是指造成3人以上10人以下死亡，或者10人以上50人以下重伤，或者1 000万元以上5 000万元以下直接经济损失的事故。

（4）一般事故。一般事故是指造成3人以下死亡，或者10人以下重伤，或者1 000万元以下直接经济损失的事故。

二、影响事故的因素

城市轨道交通客运安全有两层含义：
①乘客运送过程中，乘客的人身、财产安全；②企业内部管理方面的人、财、物、设备、环境等要素的安全。前者是安全运送乘客的前提，后者则为乘客出行提供一个安全、创造的乘车环境，二者缺一不可。

在城市轨道交通安全的研究中，运营安全涉及多种系统因素。近年来，国内外城市轨道交通事故统计的分析表明，影响城市轨道交通运营安全的因素主要可以归结为人、机、环境3个方面。

"人"是指作为工作主体的人（操作人员或决策人员），在城市轨道交通运营系统中可分为外来人员和工作人员两类，在外来人员中又可分为乘客和非乘客。"机"是指人所控制的一切对象的总称，在这里主要是指和运营有关的一切设备和设施。"环境"是指人、机共处的特定的工作条件（温度、湿度、噪声、震动、有害气体等）。

首先来看"人"。以上海为例，城市轨道交通的客流平均每年都在快速增长。受到运输能力的限制导致了部分线路不堪重负，目前在高峰时段已处于典型的"超负荷运行"状态。尤其是到春运和"十一"黄金周等特殊日子，城市轨道交通的客运量更是连年创下新高。从对上海城市轨道交通发生事故的分类统计表明，人员因素是导致事故的主要原因。其中包括拥挤、不慎和故意跳入轨道以及工作人员处理措施不得当等。

（1）拥挤及不慎落入道床。

仍以上海为例，在高峰时段上海轨道交通1号线的北延伸段，只要列车一到站，大量的乘客就会一下涌入车内，而动作稍慢一些的乘客就挤不进去卡在车门处了，导致列车车门一时无法按时关上，需要站务员的推动才能勉强挤进去。拥挤不但会造成车站现场混乱，更有可能带来人员伤亡。因拥挤造成乘客伤亡的事例国内外都有报道。例如，2001年12月4日晚，北京轨道交通1号线一名女子在站台上候车，当车驶入站台时，被拥挤人流挤下站台，当场被列车轧死。又如，1999年5月在白俄罗斯，也因地铁车站人员过多、混乱而拥挤，导致54名乘客被踩死事件。

（2）故意跳入轨道。

随着经济的不断发展，一些负面影响也随之而来，越来越多的人不堪社会压力而选择了自杀。根据心理学研究，人的自杀行为会受到他人的影响，而其选择自杀的方式也会受到跟风影响。由于媒体的报道，致使最近选择在地铁自杀的人不断增加，造成地铁列车延误的事件屡次发生，短的10 min，长的30 min。而地铁列车只要一旦受到影响，不能正点行驶，势必影响全局，就需全线进行调整。不仅影响当事列车上的乘客，而且使整条线路甚至其他轨道交通线路上的乘客都可能被延误。网络化运营后，此类情况的发生影响面将更大。

（3）工作人员处理措施不得当。

韩国大邱市地铁2003年那场大火中，地铁司机和综合调度室有关人员对灾难的发生就有着不可推卸的责任。前方车站已经发生火灾后，另一辆1080号列车依然驶入烟雾弥漫的站台，在车站已经断电、列车不能行驶的情况下，司机没有采取任何果断措施打开车门疏散乘客，却车门紧闭，而且仍按正常流程请示调度该如何处理。在事故发生5 min后，调度居然还下达"允许1080号车出发"的指令。工作人员处理措施不得当导致了1080次车乘客死伤严重。

其次是"机"。机器是人—机—环境系统中3个主要因素之一，仅仅由于机器与人及其环境的相互作用，它才成为一个安全因素。在机器的规划阶段，即在确定机器的功能及应用模式和对机器的形式及有效性作必要论证时，人—机关系就已经开始了。作为安全因素的机器，在其规划、制造和应用的过程中，都应该细心而认真地进行检测和养护。由于现在中国城市轨道交通的设备都来自各个国家，规格的不统一造成了检测和维修的困难。由于城市轨道交通的设备故障而导致运营失常占了事故的很大比例。

城市轨道交通的运营设备主要可以分为三大类：行车设备、车辆设备、车站设施设备。运营设备的安全系数不高会造成运营系统的故障，严重时会造成整个运营系统瘫痪，如因设备的不可靠会导致列车出轨，造成不可挽回的损失。例如，英国伦敦地铁，在2003年1月25日，一列挂有8节车厢的中央线地铁列车在行经伦敦市中心一地铁站时出轨并撞在隧道墙上，最后3节车厢撞在站台上，32名乘客受轻伤。同年9月，一列慢速行驶的地铁列车在国王十字地铁站出轨，并导致地铁停运数小时。再如，2009年6月，由于信号设备故障，华盛顿发生一起地铁列车意外相撞，致使7人死亡。可见，城市轨道交通的运营设备在城市轨道交通的安全性和可靠性上扮演了至关重要的角色。

最后是"环境"。人和机器都处于一定的环境中，人的操作可能引起机器方面的事故和损失，从而对环境产生有害的影响。

三、事故的预防

1. 预防原理

安全生产管理工作应该做到以预防为主，通过有效的管理和技术手段，减少和防止人的不安全行为和物体的不安全状态，这就是预防原理。在可能发生人身伤害、设备或设施损坏、环境破坏的场合，事先采取措施，防止事故发生。

2. 运用预防原理

1）偶然损失

事故后果以及后果的严重程度，都是随机的、难以预测的。即使是反复发生的同类事故，也并不一定就会产生完全相同的后果，这就是事故损失的偶然性。偶然性损失的原理告诫我们：无论事故损失大小，都必须事前做好预防工作。

2）事故调查处理原则

（1）实事求是、尊重科学的原则。

实事求是是唯物辩证法的基本要求。事故调查工作必须坚持实事求是，坚决克服主观主义，保证做到客观公正，必须从实际出发，在深入调查的基础上，客观、真实地查清事故真相。

尊重科学是事故调查工作的准则。生产安全事故调查工作具有很强的科学性和技术性，特别是事故原因的调查，往往需要做很多技术上的分析和研究，利用很多技术手段，如进行技术鉴定或试验等，因此要在科学的基础上，多做技术分析和研究，充分发挥专家和技术人员的作用，查明事故原因。

（2）"四不放过"的原则。

事故原因没有查清不放过；事故责任者没有受到处理不放过；群众没有受到教育不放过；防范措施没有落实不放过。"四不放过"原则，可以起到"举一反三"的预防效果。

（3）公正、公开的原则。

公正就是实事求是，以事实为依据，以法律为准绳，既不准包庇事故责任人，也不得借机对事故责任人打击报复，更不得冤枉无辜；公开就是对事故调查处理的结果要在一定范围内公开。

这一原则的作用是引起全社会对安全工作的重视；能使较大范围的干部群众吸取事故的教训；可以减少事故的负面影响。

（4）分级管辖的原则。

事故的调查处理是依照事故的严重程度，根据事故的级别来进行的。

3. 事故责任分析

事故责任分析，就是分析造成事故原因的责任，确定事故责任者。事故责任者是指对事故发生负有责任的人。其中，包括直接责任者、主要责任者和领导责任者。其行为与事故发生有直接因果关系的，为直接责任者。造成不安全状态的人和有不安全行为的人都可能是直接责任者。对事故发生负有领导责任的，为领导责任者。一般从间接原因确定领导责任。在直接责任者和领导责任者中,对事故发生起主要作用的为主要责任者。

(1) 直接责任者,指其行为与事故的发生有直接关系的人员。

(2) 主要责任者,指对事故的发生起主要作用的人员。

①违章指挥或违章作业、冒险作业造成事故的。

②违反安全生产责任制和操作规程造成事故的。

③违反劳动纪律,擅自开动机械设备,擅自更改、撤除、毁坏、挪用安全装置和设备,造成事故的。

(3) 领导责任者,指对事故的发生负有领导责任的人员。

①由于安全生产责任制、安全生产规章和操作规程不健全造成事故的。

②未按规定对员工进行安全教育和技术培训,或未经考试合格上岗造成事故的。

③机械设备超过检修期或超负荷运行,或设备有缺陷不采取措施造成事故的。

④作业环境不安全,未采取措施造成事故的。

⑤新建、改建、扩建工程项目的安全设施,未与主体工程同时设计、同时施工、同时投入生产和使用造成事故的。

4. 确定领导者的事故责任

下述原因造成的事故,应首先追究领导者的责任:

(1) 工人没按规定进行安全教育和技术培训,或未经工种考试合格就上岗操作。

(2) 缺乏安全技术操作规程或规程不健全。

(3) 安全措施、安全信号、安全标志、安全用具、个体防护用品缺乏或有缺陷。

(4) 设备严重失修或超负荷运转。

(5) 对事故熟视无睹,不采取措施或挪用安全技术措施经费,致使重复发生同类事故。

(6) 对现场工作缺乏检查或指导错误。

5. 追究事故肇事者的责任

下述原因造成的事故,应追究肇事者或有关人员责任:

(1) 违章指挥、违章作业、违反劳动纪律。

(2) 违反安全生产责任制,玩忽职守。

(3) 擅自开动机器设备,擅自更改、拆除、毁坏、挪用安全装置和设备。

绝大多数事故发生在操作者身上,但事故是由多种因素构成的,有导致事故的直接原因,也有多层次的间接原因,尤其是安全管理上的原因,要着重考虑领导原因。在主要责任者中,可能是操作者,也可能是领导责任者。

四、事故的处理

轨道交通客伤主要有列车车门夹人、跌落站台、站台缝隙踏空、地面滑倒、电梯滑倒、三杆撞击等。据某轨道交通运营公司统计,在各类客伤中,列车车门夹人所致的客伤占到了所有客伤的一半以上。

1. 客伤受理

(1) 值班站长应做好先期处理,适时安抚并做好事发现场的调查取证工作。

(2) 值班站长告知乘客可先去医院就诊,在治疗结束后到车站进行协商解决。

(3) 如乘客伤势较重或提出陪同去医院治疗时,值班站长应安排工作人员陪同。

（4）如乘客提出要求车站垫付医疗费时，值班站长应报请区域站长同意，先行垫付，但必须留下医药费凭证。

（5）如乘客无人陪同，车站应设法联系其家属，待家属到达后予以移交。

2. 客伤处理

（1）客伤处理时，值班站长如与乘客协商无异议且费用在一定金额内的，可与乘客办理有关手续（签订事故处理协议书及领款书）予以解决。

（2）客伤处理时，值班站长如与乘客协商有异议的，且乘客提出无凭据费用的，值班站长应向上级管理部门汇报请求协助处理。

（3）对超出车站处理范围或不能与乘客协商解决（分歧较大）的客伤事件，应向线路管理部门运营安全部汇报后将相关材料移交线路管理部门运营安全部处理。

（4）值班站长在客伤事件处理完毕时，须办理以下手续：与乘客签订事故处理协议书、领款书，并留下乘客原始缴费凭证、病历（可以是复印件）、出院小结（可以是复印件）和乘客身份证复印件后，填写好客伤处理单，连同车站及乘客事情经过一并上交上级分管部门。

（5）在双方协议不成的情况下，经由人民法院介入处理为客伤处理的最终手段。

3. 注意事项

（1）车站在发生各类客伤事件时，值班站长应报线路管理部门生产调度，如乘客伤势较重的，车站应及时拨打120急救中心电话。

（2）值班站长除及时处理好发生在本站的客伤事件外，还应认真负责地接待城市轨道交通运营管理范围内或其他车站发生的客伤事宜，除乘客自己提出，车站不得推脱处理。

（3）如乘客委托他人处理客伤事宜的，值班站长应在签订事故处理协议书前要求被委托人提供委托人（伤者）及被委托人亲笔签名的《委托书》和委托人及被委托人的身份证复印件。

（4）车站应做好客伤事件的取证工作，人证至少要两名以上可追溯的非运营方证人。

 原因分析

据广深铁路部门回应，这列动车顺利到达深圳车站，并没有任何损伤，所有的乘客也都安全到达终点。有内部人士分析，事发时司机通过肉眼发现了站在路轨上的4人，采取了紧急制动措施，但由于车速过快，再加事发突然，还是未能阻止悲剧发生。该人士称，行驶速度为200 km/h左右的动车如果撞上人，有可能损坏位于车头的风动系统（影响列车刹车、车门开合及厕所），但一般情况下对列车的行车安全影响不大。如果前方障碍物是牛或者大石头则会比较危险，有脱轨的可能。

 防范措施

因火车行驶速度较快、制动距离较长，希望民众千万不要翻越铁路防护栅栏和铁网，更不要在线路上行走，以免发生意外。铁路部门也提醒，按照铁路安全保护条例，行人不能在铁轨上行走，进入人员可由公安处罚。

任务3　车站屏蔽门故障的处理

情景导入

案例名称	上海地铁屏蔽门夹人事故		
时间	2007年7月15日16：16	地点	上海地铁通1号线体育馆站
事故概况： 2007年7月15日下午3时半，上海地铁通1号线体育馆站的站台上，一名20多岁的男乘客在蜂鸣器鸣响与屏蔽门灯光频闪的情况下挤车，被卡在列车与屏蔽门中间，并在列车启动后受挤压坠落隧道身亡。这类事故在国内城市地铁运营中尚属首例。			

知识要点

（1）屏蔽门的组成及其功能。
（2）屏蔽门系统的运行模式。
（3）屏蔽门故障的处理。

理论准备

屏蔽门系统作为站台公共区与轨道列车之间的可控通道，其功能是：列车进站时配合列车车门动作打开或关闭活动门，为乘客提供上下列车的通道。屏蔽门系统的使用，隔断了站台侧公共区空间与轨道侧空间，避免了人员跌落轨道的安全隐患及列车司机驾车进站时的心理恐慌问题；隔离了列车运营时所产生的噪声、活塞风，保证了站内乘客良好的候车环境，并避免了活塞风所造成的站内空调冷量的损失，节省了运营成本，同时可减少相关设备容量及数量，减少土建工程量等投资建设成本，产生良好的社会、经济效益。

一、屏蔽门系统的组成及功能

屏蔽门系统是安装于地铁车站站台边缘，用以提高运营安全系数、改善乘客候车环境的一套机电一体化的机电设备系统。

屏蔽门系统作为站台公共区域与轨道列车之间的可控通道，列车进站时配合列车车门动作打开或关闭活动门，为乘客提供上下列车的通道。

屏蔽门在整个站台长度上将车站的站台区域与轨道区间分隔开来，它是环控系统气流组织的一个不可缺的物理屏障，也是事故工况气流导向的重要组成部分。

屏蔽门主要有两种类型。

第一类屏蔽门是全立面玻璃隔墙和活动门，沿车站站台边缘和站台两端头设置，把站台乘客候车区与列车进站停靠区域分隔开，属于全封闭型。这种形式的屏蔽门一般应用于地下车站。这种屏蔽门系统的主要功能是增加车站站台的安全性、节约能耗及加强环境保护。全封闭屏蔽门如图4-4所示。

图 4-4 全封闭屏蔽门

第二类屏蔽门系统是一道栏杆式玻璃隔墙和活动门，属于半封闭型。其安装位置与第一类方式基本相同，这种类型的屏蔽门系统比第一类屏蔽门相对简单，高度比第一类屏蔽门低矮，空气可以通过屏蔽门上部流通。主要起隔离作用，保障站台候车乘客的安全，即为"安全门"，如图 4-5 所示。

图 4-5 半封闭屏蔽门

屏蔽门系统在站台设有应急门、端头门。应急门一般当作固定门使用，在列车进站无法停靠在允许的误差范围位置时，必有一道车门对准应急门，此时若需要应急门紧急疏散时，可由乘客在轨道侧列车上打开相对应的列车门后推动应急门的解锁装置或由站台工作人员在站台侧用专用钥匙打开应急门进行紧急疏散。应急门使用后必须确保关闭与锁紧。端头门是车站工作人员通道，可在轨道侧转动端头门的推杆锁的解锁装置或由站台工作人员在站台侧用专用钥匙打开。

屏蔽门系统由机械和电气两部分构成：机械部分包括门体结构和门机系统；电气部分包

括电源系统和控制系统。

1. 门体结构

（1）门体结构组成。门体结构由钢架、顶盒、门体组合、下部支撑结构组成。

（2）门体的功能。

屏蔽门系统如图4-6所示。

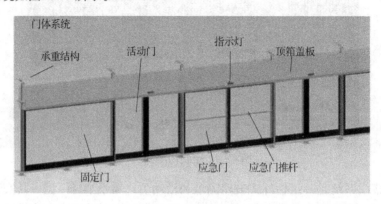

图4-6　屏蔽门系统

①端头门。其主要用于车站工作人员在站台和轨道之间的进出，同时兼顾紧急情况下疏散乘客的要求，端头门有门锁装置，并在列车活塞风作用下不会开启。

②固定门。隔断站台和轨道，即在轨道侧均可用把手、在站台侧均可用"通用"钥匙进行开/闭操作。

③活动门。其为中分双开式门，关闭时隔断站台和轨道，开启时供乘客上下列车，在非正常运行模式和紧急运行模式下，也可作为乘客的疏散通道。活动门设手动开锁机构，并与置于顶盒内的闭锁机构联动，在活动门关闭后，闭锁机构可防止外力作用将门打开。在活动门开启并处于正常运营模式时，活动门的门锁可自动解锁；但在非正常运营模式和紧急运营模式时，站台工作人员或乘客可手动打开活动门，实现解锁，即每扇活动门在轨道侧均可用把手、在站台侧均可用"通用"钥匙对门进行开/闭操作。

④应急门。在正常情况下不开启。在紧急情况下，列车停车位置与活动门不对应时，可通过应急门疏散乘客。应急门即将某一固定门改成可开启的应急门。应急门设有锁紧装置，且开启方便。

2. 门机系统

（1）门机系统组成。门机系统主要由驱动装置、传动装置、锁紧装置、活动门控制单元（DCU）等组成。

（2）门机系统的功能。门机系统主要满足正常运行模式、非正常运行模式和紧急运行模式下开、关、锁定活动门。

3. 轨道交通屏蔽门的功能

（1）屏蔽门与每节车厢单侧的车门对应的是活动门，可以向两边打开，当列车停靠时，活动门与车门一一对应。每一道门由左、右两扇活动门组成，在正常使用状态时，活动门关闭过程中如遇到障碍物，会通过3次减速的检测功能，检测是否有障碍物的存在。如果第三次探测到障碍物仍然存在后，DCU会发停止命令，马上停止活动门的运动状态。

（2）和每节车厢相对应分布有应急门，应急门由两扇铰链门构成，以预防突发事件。

（3）活动门与应急门之间装有平滑的、用玻璃制成的固定门。

（4）每个车站有两扇（两端各一扇）端门。

（5）在同一站台上整侧门中的第一道和最后一道门为非对称门，这是因为它们打开时会堵住紧靠屏蔽门两端的司机门。除这两道门外，其他门可以全尺寸关闭，便于乘客上下列车。

（6）所有的门上方盖板上均有门头指示灯，当开门或关门时指示灯会有不同状态的显示。

（7）屏蔽门可以接受远程操作而被驱动执行开门、关门命令，通过这个功能就可以响应来自控制列车运动的信号系统的命令。因此，屏蔽门在信号系统的控制期间只有列车停下来时才被打开，而在关闭且锁紧后列车才允许离开。

（8）在信号系统失效或弃用信号系统时，可以通过就地控制盘（PSL）来取得门的控制权。每个PSL都位于屏蔽门的站台侧端门外，并在列车正确停靠时与驾驶室并列，也就是说，每侧站台只有一个PSL（或称站台操作盘）。

（9）"开门"或"关门"命令从信号系统（或PSL）发送到屏蔽门控制器（PEDC），经过PEDC处理后再传给DCU，控制活动门的开和关。同时，DCU也可以把控制信息和状态信息回传给信号系统、PEDC和PSL。

二、屏蔽门系统运营处理内容

（1）运营前巡视检查。系统启动后，每日进行运营使用前的巡视，确保设备初始状态正常。

（2）故障应急处理。它指设备发生故障时，由站台岗工作人员依照行车规则做应急技术处理，并按程序报维修人员处理。

（3）日常维修作业。它指设备日常运行期间发生故障时，专业维修人员接报之后进行的抢修工作。

（4）巡视作业。它是通过观察设备（有代表性的）运行状态，与标准常态比较，及早发现异常运行状态，及时将故障解决于发生的初期，尽量避免故障后维修。

（5）计划维修作业。维修作业是一种主动的预防性维修，作业内容较巡视深入，是根据屏蔽门的构成、运行和使用特点等因素，周期性地纠正系统各设备（部件）运行后可能累积的误差、磨损，或零部件使用达寿命后的更换，使设备达到良好的运行状态。

（6）设备运行管理。定期下载、存储屏蔽门系统运行数据，用于必要的运行历史追溯、故障分析。

（7）备品备件采购。根据设备运行使用的损耗需求，结合备品备件仓储数量、零部件的使用寿命，计划定期补充采购。

三、屏蔽门系统的运行模式

屏蔽门系统的控制模式一般有系统级、站台级、人工操作（或称手动操作）3种正常控制模式。系统级控制执行信号系统命令模式；站台级控制执行站台操作盘发出的命令模式；手动操作即站台工作人员在站台侧用专用钥匙解锁或由乘客在轨道侧使用解锁装置打开活动门。

1. 正常运行模式（系统级控制）

系统级控制为正常运行模式，用于在系统正常情况下，列车正确停站后，屏蔽门接受ATC指令控制活动门的开/关。

2. 非正常运行模式（站台级控制）

当系统级控制不能正常运行时，如列车停位不正确、信号系统故障、信号系统与屏蔽门系统通信中断、屏蔽门系统局部故障等非正常情况下，司机可通过站台端头控制盒（PSL）进行屏蔽门的开门、关门操作，实现屏蔽门的站台级操作。

3. 紧急运行模式（手动操作）

当正常运行模式（系统级控制）、非正常运行模式（站台级控制）均不能操作屏蔽门时，在站台侧，由站台工作人员用钥匙打开活动门；在轨道侧，由司机通过车内广播通知乘客使用PSD上的手动解锁把手自行开启屏蔽门。

此外，屏蔽门系统还设置有火灾控制模式，即在相应的火灾模式下，车站值班人员在车站控制室操作消防联动盘操作屏蔽门紧急控制开关，配合打开活动门，疏散乘客和配合环控系统排烟。上述模式的控制优先级从高到低依次是人工操作（或称手动操作）、火灾控制模式、站台级控制模式、系统级控制模式。

屏蔽门同时还具有障碍物检测功能，即活动门关闭时检测到障碍物，会后退做短暂停止以释放夹到的障碍物，然后再关闭，以免夹伤乘客。如果第二次关门时依然检测到障碍物存在，屏蔽门会重复上次操作（会后退做短暂停止以释放夹到的障碍物，然后再关闭），一般重复3次，若3次关门障碍物依然存在，则屏蔽门全开并报警。此时须由站台工作人员做应急处理，解决问题。

屏蔽门系统与车站机电设备监控系统之间或主控系统之间设有通信接口，用于传送屏蔽门系统运行状态、故障诊断信息，便于车站控制室人员、维修人员监视屏蔽门状态。

四、屏蔽门故障的处理

1. 提高轨道交通的安全性

轨道交通列车在隧道内运行时产生强烈的活塞效应，这样当列车进站时将会给站台候车的乘客带来被活塞风吹吸的危险。

安装屏蔽门系统后，站台与隧道空间由屏蔽门隔离开来，只有当列车停靠站台，并且列车门与屏蔽门完全相对时，屏蔽门才与列车门同时打开，以便乘客上下车，从而避免了乘客跌落站台轨道的危险。

安装屏蔽门系统后避免了乘客探头张望和随车奔跑的现象，也避免了候车人员及物品意外跌落站台轨道的危险。

另外，屏蔽门上还安装了探测各种障碍物的传感器，一旦有障碍物存在，传感器发出的信息将使屏蔽门再次做出开闭动作，这样有效地减少了车门夹人、夹物的事故。

例如，广州地铁2号线安装的屏蔽门，是全国第一套轨道交通屏蔽门系统，也是目前世界上最先进的第三代屏蔽门系统，它采用了高科技和人性化技术，技术水平已超过目前香港、巴黎和伦敦等地铁使用的屏蔽门系统。广州地铁2号线自开通运营以来，没有发生一起乘客跳轨或落轨的安全事故。而上海地铁因没有安置屏蔽门系统，致使乘客意外进入轨道而发生的事故已达40多起,死亡人数超过20人。

目前,在美国、法国、英国、日本和澳大利亚等国主要是基于安全性而采用屏蔽门系统。

2. 提高轨道交通地下工程运营的经济性(节能)

地处热带、亚热带地区的城市,天气炎热,为了改善车站环境,每个车站均采用空调作为轨道交通地下工程环控的主要手段。装设站台屏蔽门后可避免大量冷气从站台进入隧道,另外减少列车制动时所散出的热量进入候车区域,并减少站台出入口由于列车活塞作用吸入的大量新风所形成的负荷。这样首先是减少了大量冷气消耗,达到节能的目的;其次是减少了空调设备容量,相应地减少了空调机房土建面积与投资。

北方寒冷地区也同样存在空调供暖问题。

3. 既环保又提高了舒适性

与前述经济性实现的同时,因为采用全封闭型屏蔽门系统,隔断了区间隧道空气与车站空气的流通,保证了候车区域空气的质量,乘客的候车环境更加良好,提高了舒适性。

列车行驶时会产生噪声,安装全封闭式屏蔽门系统之后,在站台和轨道之间形成了一个隔声屏障,大大降低了候车区域中的噪声,能够降低20~25 dB(A)。安装半封闭式屏蔽门,也能减少噪声10~15 dB(A)。同时还可以把活塞风从隧道中带来的垃圾和灰尘拒之于屏蔽门外,使候车区域保持良好的卫生环境。

4. 降低了人工成本

在有些乘客不多的车站,安装屏蔽门后,可以减少甚至不需要站台工作人员,这将减少日常的运营管理费用。

在日本由于人力资源成本较高,东京地铁南北线安装屏蔽门就是出于此种考虑,大大节省了人工成本。

5. 候车面积增加

由于安装屏蔽门系统只需要25~30 cm的宽度,而在没有屏蔽门系统的车站,乘客候车的安全线距站台边缘的距离有50~60 cm,因此安装屏蔽门后会增加车站的有效候车面积。

6. 缺点

(1)屏蔽门系统的最大缺点就是投资大,安装后还会增加维修费用。

例如,中国香港地铁公司在它的30个车站的74个站台上安装了屏蔽门系统,总投资达到20亿港元;悉尼地铁的Wynyard车站和TownHall车站共有14个站台,安装屏蔽门初期投资需要1 310万澳元,年维修费用约134万澳元;广州地铁仅购买屏蔽门每个车站就花了800多万元,这也是当时国内许多城市在轨道交通建设中为了节约成本而不得不放弃采用屏蔽门系统的主要原因。上海地铁1号线于1994年建成,在规划设计中已经采用了屏蔽门系统作为其环控模式,但由于当时垄断屏蔽门技术的两家国外公司报价每个车站高达3 000万元等原因,屏蔽门建设被迫搁置。

(2)因分割了站台空间,使乘客的视野空间压缩了约1/3,有些站台像"长弄堂"一样,对乘客有压抑感。

(3)由于全封闭式安全门不通视,对迎送乘客之间那种挥手致意和那依依不舍的人性化色彩被割去。

（4）屏蔽门没有解决列车到站时"未下先上"的问题，站台乘客仍然在安全门的门口争先恐后，拥挤不堪，也给不良分子以可乘之机。

（5）屏蔽全封闭式安全门对站台的通风、采光都有影响，它不适用于架空行驶的轻轨站台。

五、屏蔽门使用注意事项

（1）工作人员（因各种门故障原因）如需打开活动门使之处于开门状态，必须隔离该门单元并加强监控，以免影响安全行车。

（2）除非因列车停车位置超出误差范围而使用应急门，任何正常行车状态下，严禁打开应急门；一经应急使用后，必须确认关闭并锁紧，严禁使用异物阻挡应急门关闭。

（3）任何工作人员使用端门后，必须确认关闭并锁紧，严禁打开后无人守护，严禁使用异物阻挡端门关闭。

（4）严禁放置任何物品在活动门槛上，严禁靠放任何物品在门体上。

（5）严禁乘客倚靠在活动门体上。

（6）清洁门体、地板、隧道时，不得使底座绝缘套受潮。

（7）严禁在距屏蔽门门体边沿2.1 m范围内绝缘地板上钻孔安装任何设备设施。

（8）打开应急门及活动门时必须使用屏蔽门菱形头三角钥匙，拔钥匙时必须逆时针复回原位退出；严禁使用圆头三角钥匙开启应急门及活动门，以防止关门时锁芯错位致使关门不紧。

（9）严禁任何人员在正常运营列车进出站产生活塞风时，打开端门或应急门。

（10）为防止在站台边缘装卸重物时使门槛变形，勿使屏蔽门门槛承受超过150 kg的设计载荷。

原因分析

（1）当列车到站停靠时，安全门和车门几乎同时开启，同时关闭。由于地铁列车停靠时间短（一般在20 s，大站在30～40 s），这对于行动迟缓的乘客来说，有可能被卡在安全门与列车之间，后果严重。

（2）在大客流情况下，乘客不按照"先下后上"的原则，造成车门处的拥挤，在车门关闭时，极可能会有乘客吃"闭门羹"，造成人被关闭在屏蔽门与车门之间的缝隙里，而影响乘客的生命安全。

防范措施

（1）加大对屏蔽门系统的检查，不忽略小细节，让事故消灭在萌芽状态，使屏蔽门系统能够安全、可靠地服务于地铁、服务于乘客。

（2）站台工作人员在列车即将到站时提醒乘客不要靠近车门，上下车时请"先下后上"。

任务 4　车站突发大客流的处理

案例名称	天津地铁 1 号线营口道站大客流事故		
时间	2007 年 12 月 24 日 16：30	地点	天津地铁 1 号线营口道站

事故概况：
营口道站地处天津地铁 1 号线线路中央，属于非设备集中站，为侧式站台车站；该站是重要的客流集散点，周围有大型商场、购物中心、步行街、餐饮业、影院、教堂、公交换乘站等，属于大型车站。该站经常会不定期地遇到大客流。在 2007 年 12 月 24 日 16：30 开始，营口道站出现大客流，各方面客流都聚集到营口道站下车，出站客流激增，客流量达到平日同时段的 2 倍多。营口道站将此情况报告控制中心，并按控制中心指令启动相应大客流预案。

知识要点

（1）车站大客流的定义。
（2）车站大客流的分类。
（3）车站大客流的特点。
（4）大客流的组织与调整方法。

理论准备

大客流爆满事件是指城市轨道交通运营中由于某些因素致使地铁车站在某一单位时间内候车、停留的乘客超过了该站设计许可的客流容量，并有继续增加的趋势；对此如不采取紧急措施将极有可能发生人员伤亡事故或意外事件。

轨道交通线路的走向一般都是客流集中、连接着重要的客流集散点的交通走廊，如铁路车站、汽车客运站、航空港、航运港等交通枢纽、大型商业经济活动中心、体育场、博览会、大剧院等重要文体活动中心以及规模较大的住宅区等。这一类车站会不定期地遇到大客流。在重要节假日期间如"十一"期间，大客流一般也会发生在某些车站。大客流情况主要表现为车站拥挤、乘客流动速度慢、客流交叉干扰严重等。为了保证乘客的安全和正常的运营秩序，这些车站在客流组织方面应备有完善的运营组织方案和措施。在一定程度上这些方案、措施补救了硬件设施的缺陷。

一、车站大客流的定义

大客流是指车站在某一时段集中到达的、客流量超过车站正常客运设施或客运组织措施所能承担的流量时的客流。大客流一般在大型文体活动散场时或重要枢纽节假日期间发生。

当车站发生可预见性大客流或突发性大客流时，车站应合理安排人员，对客流做好疏导和组织工作，并会同地铁公安部门对客流进行控制。客流控制应坚持"由内至外、由下至上"的原则,在车站出入口、进站闸机、站厅与站台的楼梯、电扶梯处进行重点控制。

大客流一般在大型文体活动散场时或重要节假日期间发生。主要表现为非常拥挤或极度拥挤、乘客流动速度明显减缓、客流交叉干扰严重等。因此,大客流对乘客的出行造成不利影响,对运营安全造成了较大威胁。

二、大客流的分类

1. 根据大客流产生的影响和后果不同分类

根据大客流产生的影响和后果不同可分为一级大客流和二级大客流。

（1）一级大客流。

一级大客流的判定标准：各车站根据本站的正常乘客数量进行比较,站台聚集人数达到或大于站台有效区域的80%,并且持续时间大于实际行车间隔时间,这种情况给乘客及轨道运营安全造成影响,存在明显的安全隐患。

（2）二级大客流。

二级大客流的判定标准：各车站根据本站的正常乘客数量进行比较,站台聚集人数达到站台有效区域的70%,并有持续上升的趋势。这种情况下,乘客的正常出行和轨道交通所提供的服务水平受到一定程度的影响,车站比较拥挤,乘客感觉比较压抑,但尚未对乘客及轨道交通运营安全造成影响。

2. 从客流的时效性和产生原因分类
（1）可预见性大客流。
（2）突发性大客流。
（3）节假日大客流。
（4）暑期大客流。
（5）大型活动大客流。
（6）恶劣天气大客流。

其中,节假日、暑期和大型活动大客流为可预见性大客流。

三、大客流的特点

（1）节假日大客流的特点。节假日大客流主要由购物休闲、旅游观光和返乡探亲等乘客构成,在国家法定的元旦、春节、清明节、劳动节、中秋节和国庆节假期内,造成地铁各站客流较平时有大幅上升,购买单程票和初次乘坐地铁的乘客居多。

（2）暑期大客流的特点。暑期大客流主要由购物休闲、旅游观光和放暑假的学生等乘客构成,每年7—8月份地铁各站客流较平时有明显增加。大客流高峰时段一般集中在每日的8：00—16：00。

（3）大型活动大客流的特点。大型活动大客流的特点是在特定时间段（如大型活动结束后）客流会显著增加。一般大型活动都在周末举行。因大客流所发生的时间和规模大多可预见,且持续时间较短,影响范围有限,通常只对该活动地点附近的车站影响较大。大型活动大客流主要由购物休闲的乘客构成。

（4）恶劣天气大客流的特点。恶劣天气大客流是指在出现酷暑、大雨、暴雪、台风等恶劣天气时,地面交通受到较大影响,市民改乘地铁或进入地铁车站避雨,造成地铁车站客流明显增加，对车站客流组织带来一定困难。

四、大客流的组织与调整方法

大客流的组织应在保证疏散客流安全的前提下，尽快地疏散客流。大客流往往是难以预测的，因此为了保证大客流发生时能安全疏散客流，各车站应根据本站具体情况，建立切实可行的大客流控制预案，合理安排各岗位和地点的具体工作，迅速缓解车站压力，避免意外发生。

1. 大客流组织的措施

大客流的组织应在保证客流安全的前提下，尽快地疏散客流，大客流组织的主要措施包括以下几种：

（1）增加列车运能。根据大客流的方向，在大客流发生时，利用就近的折返线、存车线组织列车运行方案，增加列车运能，从而保证大客流的疏散。列车运能的增加是大客流组织实现的关键。

（2）增加售、检票能力。售、检票能力是大客流疏散的主要障碍之一，车站在设置售、检票位置时应考虑提供疏散大客流的通道。在大客流疏散时，可采取事先准备足够的车票，在地面、通道、站厅增加设置售票点，增设临时检票位置来疏散大客流。

（3）采取临时疏导措施。在大客流组织中，临时合理的疏导对客流方向进行限制是一项很重要的组织措施。主要包括出入口、站厅的疏导，站厅、站台扶梯以及站台的疏导，出入口、站厅的疏导主要是根据临时售、检票位置的设置，限制客流的方向，来保持通道的畅通和出入口、站厅客流的秩序。站厅、站台扶梯以及站台疏导主要是为了尽量保证客流均匀上下扶梯和尽快上下列车，保证站台候车的安全。疏导措施主要有设置临时导向、设置警戒绳、采用人工引导以及通过广播宣传引导等措施。

（4）关闭出入口或进行进出分流。大客流往往是难以预测的，因此为了保证大客流发生时疏散客流的安全，在难以采用有效的措施及时疏散客流时，可采用关闭出入口或对某部分出入口限制乘客进入车站的措施来阻止一部分客流或延长大客流疏散的时间。

2. 大客流应急处理思路

1）人员安排

（1）提前排班。

车站根据预测的客流量，有计划、系统地做好大客流期间的排班；将本站客流的高峰期通知每位员工，以便做好准备。

（2）人员调整。

车站应分析本站高、中、低峰期的变化，合理调整人员，在有限的人员情况下，尽量在高峰期安排充足的人员，在低峰期安排较少的人员上岗，部分车站可考虑一端票亭迟开窗、早关窗，各站的票亭开放时间如有改变则需及时上报客运、票务管理部门备案。

（3）值班站长全面指挥。

受大客流冲击的车站，当班值班站长要及时了解进出站客流情况（每15 min或更短时间间隔的客流情况），及时采取措施，合理调岗位和安排人员，各岗位间要保持密切联系。

站厅工作由值班站长负责，做好各应急票点增减时机，统计应急票的数量，安排人员更换钱箱，TVM（Automatic Ticket Vending Machine，自动售票机，也称为ATVM）的补币、补票；安排站务员工顶岗、换岗工作等。在大客流冲击的情况下，值班站长要及时采取措施，不要等到场面混乱时才进行人潮控制，要将有限的车站员工调配好，客运服务人员到站厅、站台协助，保证最紧迫地点（如出入口、乘客拥挤处）有足够人员。

（4）确保客流顺畅。

为了顺利组织大客流，车站需在确保正常运作基础上，对重点岗位（如票亭等）增设一定量的人员，积极主动多看、多巡视、多引导，避免出现出入口堵塞或票亭、进出闸机前排长队现象，以保障客流的顺畅。休息的员工在家备班，保持通信工具畅通，在遇大客流且车站人手不足时，休息的员工要回车站上班。

（5）其他部门人员的协助。

①当车站出现大客流时，车站及时与警务站联系，由公安分局调配足够的警力到车站，主要协助出入口、站台，客流组织，以防安全事件发生。

②进行人潮控制指引乘客进站时，要有礼貌进行解释安抚。在客流组织中，发现有乘客寻衅滋事，要果断制止，通知公安到场，防止事态扩大化。

③行车值班员应随时留意客流情况，根据客流情况及时报告客调，听从客调指挥。当站台候车乘客过多，仍有乘客不断入站时，值班站长应及时向OCC（轨道交通运营控制中心）申请加开列车。

2）现场组织要求

（1）票务处功能相对分开。

各站可根据客流实际情况，在票务处挂牌，清楚列明票务处的功能，并通过人工广播给乘客清晰的指引。大客流时，票务处用于出售/处理单程票及为储值票加值；另增设一定数量的兑零点和问询点，可以减少乘客排队时间，有利于客流组织。

（2）增开售票/兑零窗口。

售票员先处理付费区乘客，并礼貌请等候的乘客稍候。票亭排队人数过长时立即请示值班站长增加人工售票和兑零。根据车站15 min进闸客流量，车站值班站长可考虑票亭开多窗口服务、增设售票点/兑零点。

（3）应急售票情况。

当售票点、兑零点及TVM已无法满足乘客购票时，可采用在BOM上出售单程票，并做好乘客的引导工作，避免车站站厅出现不均衡的购票人群。

3）客流引导

（1）做好车站员工间信息的传达。

为避免错误引导乘客，车站各岗位员工加强信息的传达与沟通。车站建立寻呼机制，发现问题后，统一报给行车值班员，由行车值班员对全站员工进行通报。

①员工在工作中发现乘客服务设备、设施状态异常或失效时，该员工应及时设置相关的导向告示或警示标志，以免误导乘客，并通知行车值班员，行车值班员及时将信息传达到其他岗位员工。

②员工在回答乘客问询时，不能臆测答案，避免给乘客错误引导。

（2）注意出入口客流情况。

车站工作人员应及时留意出入口外及进出站的客流变化，发现有突发客流前兆时，应及时报告值班站长，发现排长队情况时及时采取有效措施进行疏导。

（3）做好宣传广播及客流的引导。

客运服务人员积极进行票亭、自动售票机、闸机前的分流引导工作；站厅、站台加强巡视，尽快疏导客流，确保乘客安全。

（4）及时疏导客流。

在客流较大的情况下，通常因为设备故障或乘客不熟悉设备而造成进出站阻塞，车站工作人员应加强巡视各组出入闸机，指导进出站客流。

4）票务组织

（1）要求。

①做好客流预测的前提下，进行充分预想和充分准备，包括备用金、车票及票务备品等的检查和准备。

②对 AFC 设备的故障及维修进行跟踪式维修，确保设备能力满足运能需要。

③做好特殊情况发生时的票务应急准备，包括纸票等。

（2）增配备用金。

客流高峰期，财务部负责增配备用金，具体分到车站，确保各站有足够的硬币和找零纸币储备。

（3）票务应急处理。

在安排好 AFC 日常检修基础上，部分客流集中站运营时间内要有 AFC 人员驻站，确保 AFC 设备的正常工作。特殊情况下，可采取 AFC 的两种运营模式。

①进站免检模式。适用于进站乘客拥挤的情况，可以允许乘客不通过入站闸机检票而快速进入轨道交通车站乘车。此时 AFC 系统设置为"进站免检模式"。AFC 系统可以设置以下两种进站免检模式：对某个车站的车票实行免检时，所有未编进站信息的储值票或者纪念票等，系统均自动认为是指定车站进站的车票，出站闸机将自动扣除相应的车费，而单程票则检查购票车站，如果是指定车站，则不检查进出站次序（即忽略反退回标识），并回收（但票值必须相符，否则也要补交相应的车费）；对所有车站的车票实行免检时，对所有车票都不检查进出站次序，储值票将被扣除最短程车票、乘次票被扣除 1 个程次、单程票将被收回并且不检查票值。

②紧急放行模式。适用于紧急疏散出站乘客，在紧急放行模式的状态下车站内所有闸机将不对车票进行处理，同时闸机的扇门全部打开、转杆全部解锁，方便乘客紧急疏散，此时，乘客不需要使用车票，可自由离开车站。

3. 大客流报告程序

（1）报告内容。

发生时间、地点、时间概况，影响运营程度，目前车站状况，报告人职务、姓名。

（2）汇报流程图（图 4-7）。

各岗位事故信息汇报途径分为①、②、③类，各岗位人员汇报信息时须按次序进行汇报，并在获得信息后对汇报的①类信息须在 2 min 内完成；②类信息须在 5 min 内完成；③类信息须在 10 min 内完成。

4. 突发大客流调整方法

突发事件是指在没有任何征兆的情况下，在城市轨道交通车站内、列车上或其他设备设

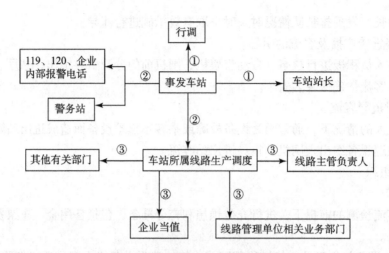

图 4-7 车站突发大客流汇报流程

施内突然发生的、危及人身安全的事件,如自然灾害地震、人为因素爆炸、设备故障火灾等。

突发事件发生时在车站内或列车上的客流均称为突发事件客流。各车站应根据本站具体情况建立切实可行的突发事件客流组织预案,合理安排各岗位和地点的具体工作,迅速疏散客流,避免意外发生、扩大和蔓延。

当发生突发事件时,车站可根据实际情况采用不同的客流组织办法对乘客进行疏导。主要有疏散、清客、隔离 3 种办法。

1)疏散

疏散是指在紧急情况下,利用一切通道和出口迅速将乘客从危险区域全部转移到安全区域,包括车站疏散和隧道疏散。

(1)车站疏散组织办法。

车站疏散需要各个岗位密切高效配合,争取在最短的时间内尽快疏散客流。对于城市轨道运营单位而言,这种疏散办法应该定期进行现场模拟演练。让每个岗位工作人员充分锻炼,才能有效保证真正的突发事件来临时能做到井然有序地进行疏散。模拟演练的具体内容及顺序大致如下:

①值班站长的工作内容。

a. 宣布车站执行疏散程序,在上级领导未到达前担任现场临时指挥。

b. 指挥抢险或乘客疏散。

c. 疏散完毕后,检查是否还有乘客滞留,关闭出入口。

d. 如灾害危及车站员工安全,应组织员工到紧急出入口或后备紧急出入口集中。

e. 如乘客被困在站台,应要求行车调度安排一列空车前往车站疏散乘客,安排人员安抚和维持站台秩序,组织全部乘客上车后,指示站台保安向驾驶员显示"好了"信号后,登乘驾驶室离开。

f. 需要外部支援时,安排一名站务员到紧急出入口引导支援人员进入车站。

②行车值班员的工作内容。

a. 报告行车调度疏散原因、是否影响列车运行、是否需要支援。

b. 视情况致电 119、120 请求支援。

c. 通知地铁公安到场维持秩序。

d. 需要时,开启相应环控模式。

e. 按动 AFC 紧急按钮,使闸机为常开状态,并将 TVM 和 AVM 设为暂停服务。

f. 通过乘客咨询显示系统发布疏散信息;通过广播通知银行、商铺工作人员和乘客疏散(注意尽量不要引起乘客恐慌)。

g. 向站长通报有关情况。

h. 当留在车控室有危险时应到安全地点集中。

③其他工作人员的工作内容。

a. 客运值班员协助伤者离开危险区域或指引乘客疏散。

b. 厅巡负责打开员工通道和协助客运值班员工作,视情况关停相关扶梯。

c. 站厅保安到站台疏散乘客。

d. 站台保安将站台乘客往站厅疏散;如安排列车接载站台乘客疏散时,乘客及车站其他在站台疏散人员上车完毕后向驾驶员显示"好了"信号,并进入驾驶室。

e. 售票员到楼梯、扶梯口维持秩序,需要时,其中一人应到紧急出入口接应外部支援人员。

(2)隧道疏散组织办法。

①车站值班站长担任临时应急负责人。

②接到行车调度员或列车驾驶员需要隧道疏散的通知后,通知各岗位员工执行车站疏散程序,指定客运值班员负责组织指挥疏散车站乘客。

③开启隧道灯,需要时开动隧道风机进行排烟(或由环控调度员开启)。

④带领站务员或站台保安,穿好装备,到隧道疏散现场负责引导乘客往车站疏散。

⑤在确认乘客疏散完毕和线路出清后,报告行车调度员,关闭车站。

⑥消防人员到车站后告知有关情况,带领员工参加应急处理救援工作。

2)清客

清客是指当车站或列车出现异常时,需要将乘客从某一区域全部转移到另一区域,包括车站清客和列车清客。

(1)车站清客组织办法。

①值班站长的工作内容。

a. 组织车站员工对车站乘客进行清客,引导乘客退票。

b. 待乘客全部出站后,检查站厅站台是否有滞留乘客,关闭出入口。

c. 安排车站人员到紧急出入口值勤。

d. 召集车站其他工作人员留守车站等待恢复运营。

e. 将情况向站长汇报,并做好详细记录。

②行车值班员的工作内容。

a. 通知各岗位员工车站停止服务,执行清客程序。

b. 通知地铁公安到现场维持秩序。

c. 做好乘客广播工作。

d. 按动 AFC 紧急按钮,使闸机为常开,将 TVM 和 AVM 设为暂停服务。

e. 通过乘客咨询显示系统发布车站停止服务信息。
f. 关站后，执行节电照明模式。
③客运值班员的工作内容。
a. 引导乘客办理退票或出站。
b. 根据需要为售票员配备零钞。
c. 统计退票数量，并将回收单程票封好后上交票务室。
④其他工作人员的工作内容。
a. 厅巡打开车站员工通道门，引导乘客退票或出站。
b. 售票员负责办理退票。
c. 保安负责维持秩序。
（2）列车清客组织办法。
①值班站长的工作内容。
a. 组织站台保安和厅巡在规定时间内完成对列车上乘客的清客工作。
b. 清客完毕后及时通知车控室，指示站台保安向驾驶员显示"好了"信号后发车。
c. 引导部分乘客退票，组织和引导部分乘客在同一站台或另一站台等候下一趟列车，做好候车乘客的解释和安抚工作。
d. 将情况向站长汇报，并做好详细记录。
②行车值班员的工作内容。
a. 接到列车清客命令后，立即通知值班站长、厅巡和站台保安执行清客程序。
b. 通知地铁公安到现场维持秩序。
c. 做好乘客广播工作。
d. 通过乘客咨询显示系统发布相关服务信息。
e. 及时将清客完毕时间汇报行车调度。
③其他工作人员的工作内容。
a. 厅巡和站台保安在规定时间内完成对列车上乘客的清客工作。
b. 厅巡和站台保安引导乘客退票或在同一站台或另一站台等候下一趟列车。
c. 售票员负责办理退票。
d. 站台保安负责维持秩序。
3）隔离
隔离是指采用某种方式或设备人为地隔开人群或封闭某个区域。根据造成隔离的原因，隔离的组织方法有以下几种。
（1）非接触纠纷隔离。
乘客发生口头纠纷时，离现场最近的工作人员要立即上前调解，必要时把纠纷双方分别带到人少的地方（或带到车站会议室），进行劝说和调解。如有其他乘客围观，应及时劝离现场，维持好车站正常秩序。
（2）接触式纠纷隔离。
乘客发生打架时，离现场最近的工作人员要立即赶到现场，与车站保安人员一起把打架双方隔开，并通知地铁公安到场。车站控制室通知值班站长赶到现场处理，将肇事双方移交地铁公安处理。车站要及时疏散围观的其他乘客，并寻找目击证人填写事件记录。

（3）客流流线隔离。

当车站某一端排队购票队伍与进出客流发生交叉干扰时，车站工作人员可以利用伸缩铁围栏、隔离带、铁马等设备器具人为地隔开人群，保持进出客流畅通，并利用手提广播引导一部分乘客到人少一端购票进站，避免乘客排长队的现象。

（4）疫情隔离。

车站发现有恶性传染疫情时，必须采取隔离组织办法，关闭各出入口，列车不停站通过，对与疑似人员有过密切接触的物品、人员进行消毒、隔离，未经防疫部门的许可不能离开车站。

 原因分析

在正常客流情况下，车站客流组织相对容易。而大客流往往难以预测，有时会出现比预测还要大得多的客流，这时要以保证疏散客流安全为前提，尽快疏散客流，并采取客流控制措施，以避免混乱失控。

 防范措施

（1）增加售、检票能力，事先准备足够多的车票，在出入口、通道、站厅等处增加临时售票点，增设临时检票点。

（2）人工引导客流。

（3）利用广播做好客流疏导、安抚宣传工作。

（4）开边门加快乘客出站速度，不让客流在站台和站厅处滞留，保证客流疏散安全。

 项目实施与评价

项目四　车站突发事件应急处理

授课教师：_____　班级：_____　学生姓名：_____　时间：_____

一、典型案例

2011年7月5日9时36分，北京地铁4号线A出口上行电梯发生事故造成1名12岁男孩死亡，另有3名重伤，病情严重，但生命体征平稳，另外27名乘客轻伤（图4-8）。本次地铁电梯事故，也把多年前的规划问题带出了水面。

图4-8　北京地铁4号线A口上行电梯事故现场

二、原因分析

三、防范措施

四、成绩评价

1. 学生评价

评价等级	A（优）	B（良）	C（中）	D（及格）	E（不及格）
学生自评					
组内互评					
他组互评					

2. 教师评价

评价等级	A（优）	B（良）	C（中）	D（及格）	E（不及格）
专业能力					
方法能力					
社会能力					
评价结果					

3. 综合评定

评价等级	A（优）	B（良）	C（中）	D（及格）	E（不及格）
评价结果					

4. 评价量化标准

评价等级	行为表现描述
A	能高效、圆满地完成任务中的全部操作内容
B	能顺利完成任务中的全部操作内容
C	能完成实训任务的全部内容，但需要一些帮助和指导
D	只能完成实训任务的部分内容
E	只能完成实训任务的极少内容

思考与练习

1. 消防报警系统由哪几部分组成？
2. 消防报警系统的功能包括哪些？
3. 当车站发生火灾时你如何处理？
4. 车站影响事故因素都包括哪些？
5. 如何预防车站事故？
6. 屏蔽门由哪几部分组成？
7. 屏蔽门的功能包括哪些？
8. 屏蔽门系统包括哪些运行模式？
9. 屏蔽门发生故障时如何处理？
10. 什么是车站的大客流？
11. 车站大客流如何进行分类？
12. 车站发生大客流有哪些特点？
13. 大客流组织的主要措施包括哪些？
14. 当车站发生突发事件时，车站可根据实际情况采用哪些不同的客流组织办法对乘客进行疏导？

项目五

行车突发事件应急处理

项目描述

城市轨道交通线路的运营工作是一个复杂的组织系统,既牵涉城市轨道交通运营企业中的列车、线路、信号、供电、调度指挥、客运服务、设备维护等各个部门,又与天气、乘客等外部环境密切相关。在这个系统中的任何环节发生故障或事故,都会给运营工作带来不利的影响。对于城市轨道交通运营企业员工来说,遇到各种突发事件时的应急处理能力是其核心的职业能力,需要认真学习、反复演练和牢固掌握。

本项目将从事件的分类、处理原则、指挥机构构成及职责、工作组织和设备保障等几个方面,对城市轨道交通突发事件处理进行全面的介绍。

培养目标

1. 知识目标

(1) 掌握行车突发事件的处理原则及报告程序。
(2) 了解行车突发事件的应急处理流程。
(3) 明确各岗位人员在行车突发事件处理中的岗位职责及作业流程。

2. 能力目标

(1) 能够正确处理行车突发事件。
(2) 能够对事故案例进行分析。
(3) 能够编写事故处理应急方案。

3. 素质目标

(1) 培养学生良好的职业道德、科学严谨的工作态度。
(2) 培养学生良好的沟通能力和优秀的团队协作精神。

任务1 信号设备故障应急处理

城市轨道交通运输以机车车辆等移动设备和线路、站场等固定设备为基本设施,以车站作为旅客运输的重要环节。在这个系统中,除了要有基本设备的管理和维护外,还要有一个行车组织系统,根据运输需要制订行车计划并组织行车。另外,还必须要有一套指挥联络系统,保证各个运营部门的协调工作。指挥系统的主要技术装备就是城市轨道交通信号系统。

子任务1　轨道电路故障的处理

案例名称	南京地铁轨道电路故障		
时间	2012年3—8月	地点	南京地铁

事故概况：
2012年3—8月期间，当行车人员在排列好经过中华门站GD0601区段的反方向进路后，该区段偶尔会出现粉红光带，此时的车站LOW机报警信息为：双通道输入不一致。当后续列车通过该区段后，粉红光带消失，设备恢复正常。

据记录，该故障分别于3月30日、4月1日、5日、14日，5月3日、19日、21日，6月7日，7月3日，8月5日早晨六点左右出现。故障发生频率不太稳定，发生时间不固定，可以初步判定此故障系在一定的条件下才会发生。

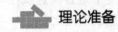

（1）了解城市轨道交通信号系统中轨道电路的作用。
（2）掌握轨道电路故障的应急处理方法。

一、轨道电路的基本作用

轨道电路是城市轨道交通ATC系统中的基础设备［CBTC（Communication Based Train Control，通信式列车控制）系统除外］，它的主要作用是用来监督线路的占用情况，以及将列车运行与信号显示等联系起来，其性能直接影响行车安全和运输效率。

轨道电路操作原理如图5-1和图5-2所示，当钢轨线路无列车占用时，轨道继电器被吸起；当有列车占用（或其他原因导致两条钢轨导通）时，轨道继电器落下，在相应的人机对话界面上相应的轨道电路显示红色，表示物理占用。

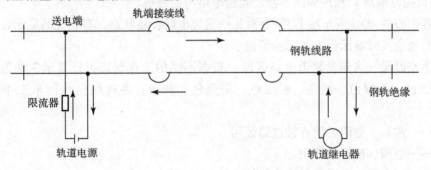

图5-1　无列车占用时的轨道电路示意图

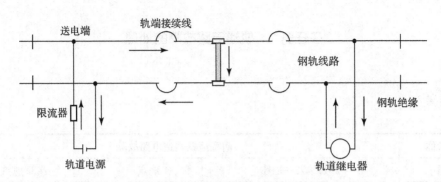

图 5-2 有列车占用时的轨道电路示意图

对于城市轨道交通来说，轨道电路不仅用来检测列车是否占用线路，更重要的是要传输 ATP 信息。所以除车辆基地内可采用传统的 50 Hz 相敏轨道电路外，正线多采用高可靠性、多信息量的数字编码式音频轨道电路。为便于牵引电流流通，提高线路性能并方便维修，音频轨道电路是无绝缘的。

轨道电路的第一个作用是监督列车的占用。利用轨道电路监督列车在区间或站内的占用，是最常用的方法，由轨道电路反映该段线路是否空闲，为开放信号、建立进路或构成闭塞提供依据。

轨道电路的第二个作用是传递行车信息。例如，音频数字编码轨道电路中传送的行车信息，为 ATC 系统提供控制列车运行所需要的前行列车位置、运行前方信号机状态和线路条件等有关信息，以决定列车运行的目标速度，控制列车在当前运行速度下是否减速或停车。对于 ATC 系统来说，带有编码信息的轨道电路是其车—地之间传输信息的通道之一。

任何一个轨道电路区段都由一套轨道电路设备构成，一般轨道电路区段为无道岔的轨道电路区段，而道岔轨道电路区段是一个带有道岔的轨道电路区段。任何一个轨道电路发生故障，都会直接影响列车的正常运行。

二、轨道电路故障的应急处理方法

西门子公司的 SICAS 型计算机联锁系统的结构分成 5 层，分别为操作显示层、联锁逻辑层、执行表示层、设备驱动层和现场设备层，它们分别对应的联锁设备为 LOW（Local Operation Workstation，微机联锁区操作员工作站）、SICAS、STEKOP（现场接口计算机）、DSTT（接口控制模块）和现场的道岔、轨道电路与信号机。

在调度中心的 MMI 或车站 LOW 上对每一轨道电路设备状态都有相关的显示，遇到轨道电路故障时也会及时显示设备故障报警提示。

轨道电路区段（含道岔轨道电路区段）根据不同的工作状态可以显示 7 种颜色，分别为黄色、绿色、淡绿色、红色、粉红色、深蓝色和灰色，各种颜色在行车工作中的含义如下：

黄色——常态、空闲、没有被进路征用。

绿色——空闲、被进路征用。

淡绿色——空闲、被进路征用为保护区段。

红色——物理占用。

粉红色——逻辑占用。

轨道中部深蓝色——表示该区段已被封锁,拒绝通过该区段排列进路。如果轨道中部深蓝色闪烁,表示该区段已进行封锁操作,但对下一条进路才有效。

灰色——无数据(轨道电路设备与SICAS计算机连接中断)。

在以上这些轨道电路区段的颜色中,黄色、绿色、淡绿色、深蓝色和红色是列车运行时从排列进路到列车占用再到进路出清的过程中正常显示的颜色,当轨道电路区段显示粉红色时表示"逻辑占用",即操作员发出的指令只到达联锁逻辑层,是计算机联锁逻辑计算故障所致,操作员一般可以通过"轨区逻空"或"岔区逻空"命令将故障排除。在没有列车占用时如果轨道电路区段显示红光带则表示"物理占用",这种情况和轨道电路区段出现粉红光带不同,一般是操作员的指令到达现场设备层后出现电路故障所致,也有可能是钢轨出现水淹、断轨等突发情况,需要立即派人到现场检修。本子任务将主要讨论轨道电路区段非正常显示红光带和粉红光带的处理方法。

导致轨道电路区段出现红光带的原因有很多种,但对于行车岗位的人员来说,可以简单地归为以下两大类:一是导体将两根钢轨接通(如列车轮对占用、水淹等);二是轨道电路电气回路中的设备故障(包括断轨)。因此当轨道电路区段出现非正常红光带时,行车指挥人员最关心的就是现场钢轨的状态是否有问题,有无异物搭在钢轨上,有无断轨,有无水淹,如果查明现场情况正常,即可初步判断造成红光带的原因为电路故障。

当轨道电路区段出现红(粉红)光带时,进路监控区段的信号机无法开放,以ATO或SM模式运行的接近列车将自动停车或产生紧急制动,故障区内列车收不到速度码。但一般来说,单个轨道电路区段出现红(粉红)光带不会对行车造成大的影响,出现粉红光带时,行车调度员可以通过指令车站执行轨区逻空命令清除,出现非正常红光带时,行车调度员可以在初步查明原因后命令司机以RM(Restricted Manual,限制人工驾驶)模式谨慎驾驶通过故障区段。

但如果整个联锁区的轨道电路区段出现红(粉红)光带,由于列车在整个联锁区都无法收到速度码,命令司机以RM模式驾驶又会使行车速度大为降低,有时还必须改用站间电话联系法(或电话闭塞法)组织行车,这样就会对行车工作产生较大影响。轨道电路区段出现红(粉红)光带的应急处理方法如表5-1所示。

表5-1 轨道电路区段出现红(粉红)光带的应急处理方法

故障现象	单个轨道区段粉红光带	单个轨道区段红光带	整个联锁区粉红光带	整个联锁区红光带
故障影响	若在进路监控区段,则影响信号机信号不能正常开放;若在非监控区段,则不会影响信号机开放信号		影响信号机信号不能正常开放	
	以ATO或SM模式运行的接近列车将自动停车或产生紧急制动		以ATO或SM模式运行的接近列车将自动停车或产生紧急制动,故障区内列车收不到速度码	
故障应急处理	指令车站执行轨区逻空命令后可恢复正常	提前通知司机RM模式通过故障区段	指令车站执行全区逻空命令后可恢复正常;若不能恢复,按轨旁ATP故障处理	指令司机和车站按站间电话联系法(或电话闭塞法)组织行车,不用锁道岔,车站在LOW上执行强行转岔命令办理进路

需要强调的是,当整个联锁区粉红光带故障时,由于列车的占用轨道电路区段正常显示红光带,因此列车的位置是可见的,在车站执行"全区逻空"命令后一般能恢复正常。若短时间不能恢复,行车调度员则需按轨旁 ATP 故障处理程序进行处理,即在行车指挥人员的监督下,司机以 RM 模式谨慎驾驶列车通过故障联锁区。

当整个联锁区红光带故障时,道岔可以由车站的行车值班员在 LOW 上通过运行"强行转岔"进行转换,但列车位置不可见,行车指挥人员无法对列车的运行进行监控,仅仅命令司机以 RM 模式行车,这存在不安全因素,因此必须按联锁系统故障时的应急处理采用站间电话联系法(或电话闭塞法)组织行车,对正线道岔则需钩锁器钩锁,车站在 LOW 上人工办理进路。

三、案例处理——某城市轨道交通线路联锁区红光带故障

1. 事件经过

某城市轨道交通线路 H 站联锁区在 8 时 30 分出现轨旁 ATP 故障,行车调度员指令司机在故障区以 RM 模式运行。8 时 42 分时,H 站联锁区出现全区红光带故障,4 min 后变为全区粉红光带;8 时 52 分,粉红光带消失,ATP 故障仍存在;8 时 54 分再次出现全区红光带故障;9 时 04 分红光带故障消失,ATP 故障仍存在;9 时 06 分再次出现全区红光带故障,至 9 时 46 分红光带故障消失;9 时 47 分 ATP 故障恢复正常。故障发生一个多小时才恢复正常,期间行车调度员组织了 5 列车中途折返进行小交路运行,但清客次数过多影响到乘客的出行,增加了清客的难度。该城市轨道交通线路红光带故障示意图如图 5-3 所示。

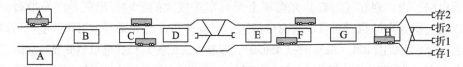

图 5-3 该城市轨道交通线路红光带故障示意图

2. 应急处理方法的使用

H 站联锁区发生全区红光带时,行车调度员第一时间记录发生故障的时间,同时报调度长、设备维修调度员,确认故障区内列车的位置、通知相应车站列车位置,如果列车在区间紧急制动而前方车站站台空闲,则命令列车司机确认前方进路安全后以 RM 模式运行到前方车站待令。

行车调度员要求 H 站、D 站、A 站 3 个联锁站强行站控:H 站监控好本联锁区内列车运行间隔及 H 站列车的折返,E 站—H 站采用站间电话闭塞法组织行车。车站不用到现场用钩锁器锁道岔,把 H 站折返线的道岔单操到需要的位置并锁闭。H 站负责列车进出折返线的进路,并向行车调度员报告列车到发点,F 站、G 站确认列车到发点并上报。

A 站、D 站取消道岔单独锁定,两个站做好列车小交路折返的准备。行车调度员控制好开往 H 站方向的列车,并在 A 站和 D 站小交路折返,在列车折返时行车调度员要先通知车站及司机做好乘客服务工作,如图 5-4 所示。

行车调度员通知全线列车司机 H 站联锁区出现红光带及在该联锁区列车运行模式为 RM 模式,采用站间电话闭塞法组织行车。同时行车调度员控制好列车间隔,必要时可抽线运营,减少上线列车数量,控制好列车间隔,维持有序运营。

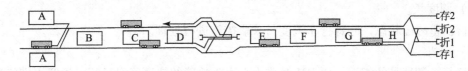

图 5-4 应急处理方法示意图

在安排列车在 A 站和 D 站折返时,行车调度员注意先通知司机和车站,这样避免对乘客造成太大的影响,而且,在 A 站折返后,下一趟列车就尽量不要在 A 站或 D 站折返,这对乘客避免造成二次清客。前一趟列车在 A 站或 D 站折返时,行车调度员注意要将后续列车扣在后方站台,避免列车进入区间被迫停车。

四、轨道电路故障应急处理演练

根据"轨道电路故障的应急处理程序",编写轨道电路故障应急处理的单项演练方案,并采用角色扮演法分组进行模拟演练。

演练步骤 1:情景设置

如图 5-5 所示,C 站—D 站区段的轨道电路突发故障,C 站是 LOW 区域联锁工作站所在车站,该区域有上行列车 3 列。

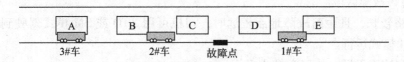

图 5-5 单项演练方案示意图

演练步骤 2:轨道电路故障的应急处理程序

当轨道电路故障时,各运营相关岗位的人员一般应按照以下程序进行应急处理。

1. 确认故障并下放 LOW 控制权

(1)司机。

当列车在区间自动停止运行后,向行车调度员报告列车车次号、未收到速度码、列车停车位置、列车状态正常、没有显示故障的情况。

(2)行车调度员。

接到列车司机的"故障"报告,同时从调度中心显示屏 MMI 上查看:

①确定该列车所停位置的前方区段还有另外红光带的"占用(或发生故障)"状态。

②检查在该"占用(或发生故障)"的轨道电路区段确实没有任何列车占用。

③确定该区段红光带是故障状态。

(3)行车调度员。

报告调度长,并经其同意采取以下步骤:

①通知车辆检修调度员严密监视故障事态的进展;下放控制权给该故障区的 LOW 工作站,并继续监督。

②指示列车司机必须用 RM 模式,慢速小心进入故障区段,以便遇到危险情况时能随时停车。

③指示所有列车司机和行车值班员用广播向乘客及时通报运营调整信息。

(4) 调度长。

分析设备故障状态，同意行车调度员采取措施进行处理。

(5) 司机。

执行行车调度员的指示，用 RM 模式小心进入故障的轨道区段运行，注意周围情况，谨慎驾驶。

(6) 行车值班员。

①接受下放给该故障区段 LOW 工作站的控制权。

②车站乘客通报运营调整信息。

2. 谨慎驾驶通过故障区段

(1) 司机。

①当列车已驶出故障区段，司机未发现任何异常情况后，报告行车调度员，列车过该轨道区段未发现任何异常情况。

②再经前方两个轨道区段后，列车收到速度码，自动（或手动）转换为 SM/ATO 模式，恢复正常运行。

(2) 行车调度员。

①接到列车已通过故障区段、未发现轨道有重大异常情况报告后，指示所有后续列车用 RM 模式通过该故障区段。

②若进路较长，且距离故障地点较远时，司机可用 ATO 或 SM 模式驾驶到靠近故障地点，再用 RM 模式运行。

③在收到速度码后，按正常模式运行。

3. 故障抢修

(1) 行车调度员。

①在确定故障性质后，立即通知维修调度员派维修人员进行抢修。

②指定有关行车值班员配合维修人员进行抢修。

(2) 维修人员。

接到车辆检修调度员通知后在有关车站办理维修登记手续，到相应设备室检查判断故障：

①如果是室内故障，则快速查找并排除。如需短时间影响运行，必须经行车值班员同意后才能抢修。

②若是室外故障，请设备维修调度员安排进入轨道抢修时间及办理进入区间工作的手续。

4. 设备修复并收回 LOW 控制权

(1) 维修人员。

排除轨道电路设备故障后，并经与行车值班员试验确认设备正常后，报告设备维修调度员，然后在有关车站办理维修登记手续或办理维修销点手续。

(2) 行车调度员。

收到设备维修调度员的通报，调度中心 MMI 上红光带已变为粉红光带，确认已排除轨道电路的故障。

①通知该站行车值班员，在 LOW 工作站进行"轨区逻空"（或"岔区逻空"）操作后，报告行车调度员。

②报告调度长设备故障已排除。

(3) 行车值班员。

在 LOW 工作站进行"轨区逻空"(或"岔区逻空")操作后,报告行车调度员。

(4) 调度长。

收到行车调度员已排除故障的汇报并予以确认。

(5) 行车调度员。

通知行车值班员,收回该 LOW 工作站控制权。

(6) 行车值班员。

按程序办理,交回该 LOW 工作站控制权。

5. 恢复正常运行

(1) 行车调度员。

收回 LOW 工作站控制权后进行规定的工作程序,这些程序包括:

①排列有关进路。

②指示第一列后继列车司机用 SM 模式通过该区段。

③要求第一列后继列车司机及时反馈列车在原故障区段的运行情况。

(2) 第一列后继列车司机。

执行行车调度员指示,第一列后继列车司机用 SM 模式驾驶通过该区段后并报告行车调度员:情况正常。

(3) 行车调度员。

收到第一列后继列车司机的报告后报告调度长系统已恢复正常。

(4) 行车调度员。

通知所有列车司机和行车值班员:

①故障已经排除,系统恢复正常操作。

②向乘客广播运营恢复正常信息。

(5) 司机。

所有列车司机向列车乘客通报运营恢复正常的信息。

(6) 行车值班员。

所有行车值班员向本站乘客通报运营恢复正常的信息。

 原因分析

频繁发生的 GD0601 粉红光带故障的原因是由该轨道区段的室外接收端转换单元的性能下降造成的。

 防范措施

1. 备品准备

全线各站及时补充转换单元的备件数量,并定期检查备件的完好。

2. 常规检修

信号设备的日巡视时应重点关注 LOW 上的相关故障记录,发现相关的故障报警要一查到底，及早整治。通过轨道电路小修（每半年）加强对室外轨旁内设备的养护作业，做好设备的防水、防尘工作，延长电气设备的使用年限。

子任务2　转辙机故障的应急处理

案例名称	杭州地铁1号线道岔转辙机信号不良		
时间	2014年3月4日6时30分	地点	杭州地铁1号线彭埠站
事故概况： 2014年3月4日，杭州地铁1号线又"调皮"了一回：首班车6点半开始至上午10点23分，从客运中心开往湘湖方向的列车陆续出现停停走走，缓慢通行的情况。地铁集团技术专家给出了答案：问题出在彭埠站往七堡站方向离彭埠站55 m处，一条支线的转辙机上。由于隧道结构中板有一处漏水，漏水刚好滴在转辙机旁，导致转辙机信号接触不良。			

知识要点

（1）了解城市轨道交通线路中转辙机的作用和要求。
（2）掌握转辙机故障的应急处理方法。

理论准备

一、转辙机的作用和基本要求

列车在车站内运行的路径叫作进路。进路由道岔位置决定。道岔的转换和锁闭，是直接关系行车安全的关键设备。道岔由多种类型的转辙机转换。转辙机是重要的信号基础设备，它对于保证行车安全、提高运输效率、改善行车人员的劳动强度，起着非常重要的作用。

转辙机是转辙装置的核心和主体，除转辙机本身外，还包括外锁闭装置和各类杆件、安装装置，它们共同完成道岔的转换和锁闭。

1. 转辙机的作用
（1）转换道岔的位置，根据需要转换至定位或反位（部分城市轨道交通运营企业）。
（2）道岔转至所需位置且密贴后，实现锁闭，防止外力转换道岔。
（3）正确地反映道岔的实际位置，道岔的尖轨密贴于基本轨后，给出相应的表示。
（4）道岔被挤或因故处于"四开"（两侧尖轨均不密贴）位置时，及时给出报警及表示。

2. 转辙机的基本要求
（1）作为转换装置，应具有足够大的拉力，以带动尖轨做直线往返运动；当尖轨受阻不能运动时，应随时通过操纵使尖轨回复原位。
（2）作为锁闭装置，当尖轨和基本轨不密贴时，不应进行锁闭；一旦锁闭，应保证不致因列车通过道岔时的振动而错误解锁。

(3) 作为监督装置,应能正确地反映道岔的状态。

(4) 道岔被挤后,在未修复前不应再使道岔转换。

二、转辙机故障的应急处理方法

1. 转辙机故障时应急处理的基本方法

城市轨道交通运营过程中发生的转辙机故障主要表现为道岔失去正常的定反位表示,此时从设备上无法保证道岔的尖轨和基本轨处于密贴状态,从而也无法保证列车的安全运行,因此需要采用人工对道岔加锁的手段来保证列车运行的安全。

需要注意的是,当道岔失去表示后,道岔与信号机、轨道电路间的联锁关系也遭到了破坏,此时受影响的信号机无法开放,以 ATO 或 SM 模式运行的接近列车也会自动停车或出现紧急制动,列车若要在人工对故障道岔加锁后恢复运行,必须采取切除 ATP 的人工驾驶运行模式。

行车指挥人员在确认转辙机故障后,应立即命令维修人员及时抢修,尽快恢复被损坏的道岔设备,最大限度减少设备故障对运营的影响。根据对运营工作影响的大小和应急处理方法的不同,一般把转辙机故障的应急处理方法分为站线转辙机故障应急处理和折返线转辙机故障应急处理两种。

1) 站线转辙机故障的处理方法

站线转辙机故障时,行车调度员一般都会要求车站将故障道岔开通定位并加锁以保证列车在正线的运行。根据道岔和站台的位置关系又可将处理方法分成两种情况,一种情况(图5-6(a)),列车进站前突发转辙机故障,此时行车调度员会命令司机停车待令,随后将 LOW 控制权下放给车站,车站的行车值班员派遣站务人员到现场把故障道岔的电动转辙机手摇转换到定位,并用钩锁器锁闭。进路准备完毕后,由行车调度员指挥受影响列车的司机以 RM 模式谨慎驾驶,通过故障区域到达车站上下客后恢复正常行驶。

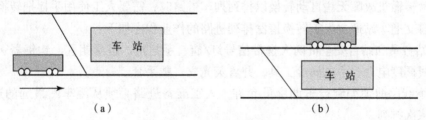

图 5-6 站线转辙机故障示意图

另一种情况如图 5-6 (b) 所示,列车从车站出发前,前方进路上的道岔转辙机突发故障,此时行车调度员会命令司机在站台停车待令,随后将 LOW 控制权下放给车站,车站的行车值班员派遣站务人员到现场把故障道岔的电动转辙机手摇转换到定位,并用钩锁器锁闭。进路准备完毕后,由行车调度员指挥受影响列车的司机以 RM 模式从车站发车,通过故障区域后恢复正常行驶。

2) 折返线转辙机故障的处理方法

当折返线转辙机故障时,行车调度员一般会根据"先变更进路后人工加锁"的原则,对于能选择变更进路办理列车折返的尽量不采用对道岔人工加锁的方法，以节约时间，如图 5-7（a）所示，如果 2 号道岔定位无表示而反位表示正常，则行车调度员会选择将 2 号道岔固定在反位，利用折 1 道办理列车折返。如图 5-7（b）所示，如果 5 号或 6 号道岔中的一个无表示，行车调度员会命令维修人员抢修的同时使用不受影响的另一条折返线办理列车折返。

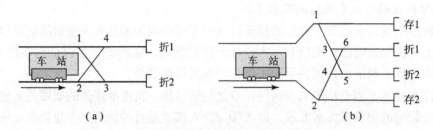

图 5-7　折返线转辙机故障示意图

如果出现图 5-7（a）中 2 号道岔定反位均无表示，或图 5-7（b）中 1、2、3、4 号道岔中的一个失去表示的情况，行车调度员只有命令车站采取道岔人工加锁的方式准备列车折返进路。一般的程序是行车调度员将 LOW 控制权下放给相关车站，车站的行车值班员派遣站务人员到达现场，把故障道岔的电动转辙机手摇转换到需要的位置并加锁，并对进路上的其他道岔用 LOW 单独操纵到需要的位置并单锁，然后再由站务人员通过手信号指挥列车以 RM 模式进行折返作业。列车折返完毕后，司机按照行车调度员的指示恢复正常运行。

需要强调的是，在第三轨供电的城市轨道交通线路进行人工加锁或手摇转换道岔作业时，考虑到作业人员的人身安全，必须对第三轨停电并挂地线，这样既增加了人工转换道岔的时间，又会影响其他区段列车的正常行驶，因此采取措施前调度员需要权衡利弊综合考虑，避免运营秩序受到过大的影响。

2. 人工转换道岔的作业程序

在道岔转辙机故障无法自动转换以排列列车进路时，需要人工使用手摇把转换道岔。一般城市轨道交通车站通过人工转换道岔排列进路的作业程序如下：

（1）站务员和站台安全员两人携带信号灯/旗、手摇把、道岔钥匙、钩锁器、扳手、对讲机、无线调度电台、手电筒等工具，并着荧光衣、戴手套。

（2）下线路前须得到行车调度员允许，人工准备进路必须从距车站最远的道岔开始，从远到近依次排列。

（3）现场确认道岔，需要转向时应一人操作，一人防护、确认。操作者用工具按正确程序打开转辙机盖孔板，手摇道岔，准备好进路，另一人确认道岔位置正确后加锁。

（4）确认进路上各道岔的开通位置时，相互用对讲机联络，同时用手信号显示正确情况。

（5）当上（下）行线路的进路准备妥当并出清线路后，报告站控室（对讲机工作盲区可由行车调度员中转），再准备下（上）行线路进路。

（6）值班站长接到进路准备妥当、线路出清的汇报后，立即做好相应线路的接车或发车准备工作并报告行车调度员。

车站站务员执行行车值班员的命令手摇道岔时，必须严格执行一看、二开、三摇、四确认、五加锁、六汇报的"六步曲"。

一看——看道岔开通位置是否正确，是否需要改变位置。

二开——打开盖孔板及钩锁器的锁，拆下钩锁器。

三摇——摇道岔转向所需的位置，在听到"咔嚓"的落槽声后停止。

四确认——手指尖轨"尖轨密贴开通×位"，并和另一人共同确认。

五加锁——另一人在确认道岔位置开通正确后，用钩锁器锁定道岔尖轨。

六汇报——向站控室汇报道岔开通位置正确。

如果是折返线的道岔，站务员在完成手摇道岔的作业程序后，还需站在安全位置向列车司机发出动车信号（昼间是拢起的黄色信号旗高举头上左右摇动，夜间是白色灯光高举头上），并目送列车通过道岔。当列车通过道岔后站务员还应留在安全位置，手持无线调度电话，继续在折返线等候行车值班员的命令，直至任务结束。任务结束后，站务员应在收集全部工具，确保没有遗留任何材料后，返回车站并向行车值班员报告。

三、案例处理——某城市轨道交通线路道岔故障

1. 事件经过

7：46，行车调度员发现A站下行2号岔反位无表示，行车调度员要求车站站控后进行确认，令下行0119号车停车待命。车站报2号岔单操定位无表示。行车调度员同时通知通号、工务分公司，并对下行列车在B站下行扣车。

7：47，A站报2号岔定反位均无表示，行车调度员令车站立即安排手摇2号道岔至定位加钩锁器，手信号进行折返。并向通号、工务分公司发布抢修令。客调发布A类短信，通知全线各站，同时将情况报公司监督站，如图5-8所示。

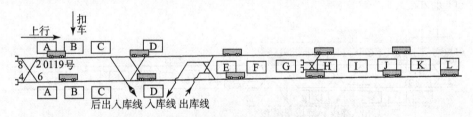

图5-8　某城市轨道交通线路道岔故障示意图

7：48，行车调度员对全线列车进行调整，对相关列车进行扣车调整，并安排下行3趟列车分别在E站、H站清客折返，以弥补上行线的运行间隔，如图5-9所示。

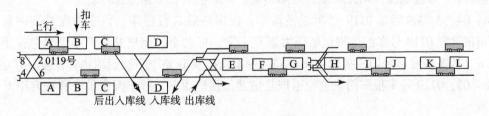

图5-9　列车调整示意图

7：51，A站手摇道岔完毕，车站手信号调车至折1线。

7：52，0119号车动车折返。行车调度员令车站2号岔定位加锁，单操6号/8号岔引导总锁闭进行后续列车折返作业。

7：56，A站折1线0119号车折返后按车站手信号动车至上行站台。

7：57，因早旦高峰客流滞压较多，行车调度员发布A站—E站限流命令，并通知公安轨道分局指挥室进行配合，报公司监督站。其间因"中央PIS导向系统"故障，行车调度员通知全线各站通过"车站PIS导向系统"发布相关信息告知乘客。

7：59，0119号车折返至A站上行后，司机报列车出现风缸压力不足，制动不缓解现象，行车调度员令司机抓紧处理。

8：01，因正线列车晚点较多，行车调度员报公司监督站启动相应公交保障预案（A站—E站），并通知公安轨道分局，A站—D站4站增加警力。

8：02，0119号车司机经处理无效，行车调度员令准备清客救援，通知后续A站折返线0112号司机做好救援准备，如图5-10所示。

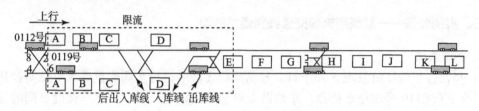

图5-10 清客救援示意图

8：02，行车调度员布置车站进路作业，安排即将到达D站的下行0113号列车清客，由渡线折返反向运行至C站上行后载客运行，以缓解上行A站—E站上行的客流压力，如图5-11所示。

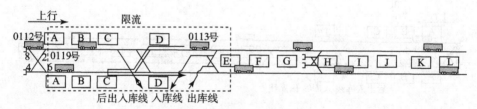

图5-11 0113号列车进路示意图

8：04，行车调度员通过ATS工作站发现A站2号岔恢复正常表示，经车站及通号抢修人员确定，2号岔定反位均无表示，故障修复，该站恢复正常信号操作。

8：04，A站故障车0119号车缓慢动车，但出站后自行停车，行车调度员询问具体情况，司机答复0119号车经处理风缸压力恢复正常，可动车，但出站后有车门紧急拉手被乘客拉下。行车调度员令司机抓紧处理，同时令原救援及D站下行折返取消，恢复正常运行。

8：05，0119号车报车门紧急拉手恢复正常，列车动车。行车调度员令其载客至C站待命回段。

8：07，经与司机确认风缸压力恢复正常，行车调度员布置0119号为大站车投入运行，停B站、D站、G站及以后各站，以减少列车停站开关门风缸用风。

8：08，由于A、C、D这3站客流积压，行车调度员布置A站后续载客列车，以交叉放站方式调整运行间隔,如图5-12所示。

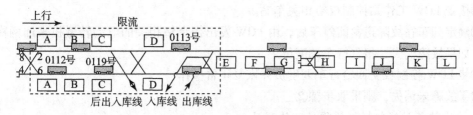

图5-12 运行调整示意图

8:00—8:40,为调整运行间隔,行车调度员分别安排多趟列车在E站和H站投入上行线载客运行。

9:06,行车调度员撤销A站—D站各站限流命令,全线运行恢复正常。

2. 经验总结与问题分析

(1) A站2号道岔反位无表示造成下行0119号车停车待命,车站手摇道岔、手信号折返用时近6 min,处理速度较快。

(2) 0119号车折返至A站上行后风缸压力不足,制动不缓解造成列车晚点进一步加剧,行车调度员报公司监督站启动公交预案,并通知公安轨道分局在A站—D站4站增加警力,处理合理。

(3) 调度员安排了部分列车在E站、H站小交路折返,有效缓解了A站的接发车压力,并平衡了上下行的运能,如果安排列车适时在D站进行小交路折返,可能对缓解后续上行列车的客流压力起到更好的效果。

(4) 由于A站发生故障造成上行客流积压,行车调度员对严重影响后续列车运行的列车适当采取放站措施,加快了运营秩序的恢复。

(5) 由于先后发生道岔故障、列车故障,调度员对二次故障的处理准备不够,对高峰时段此类故障的影响程度估计不足,故障发生后的扣车不够及时有效,导致部分列车区间迫停。

四、进行转辙机故障应急处理演练

根据"站线转辙机故障应急处理程序"和"折返线转辙机故障应急处理程序"。编写相应单项演练方案,并采用角色扮演法分组进行模拟演练。

(一) 情况一:站线转辙机故障应急处理程序

1. 确定故障并下放LOW控制权

(1) 行车调度员。

从OCC的MMI上察觉到道岔显示长/短闪光。询问相关车站行车值班员LOW的显示与MMI是否相同。

(2) 行车值班员。

应答行车调度员,在车站LOW的相应不正常道岔显示与调度中心MMI所显示的现象一致。

(3) 行车调度员。

下放LOW工作站控制权给相关车站。

（4）行车值班员。

①接受 LOW 工作站控制权给相关车站。

②确定列车在故障道岔前停车后，由 LOW 发出指令将相关的电动转辙机来回两次试验扳动。如果故障消失，报告行车调度员。

③将 LOW 控制权交回给行车调度员并恢复正常操作。

如果故障未消失，则采取步骤②。

2. 决定执行站线转辙机故障处理的程序

（1）行车值班员。

确定道岔无法扳动后，报告行车调度员该道岔试验操作后仍然不正常，已确定是故障状态。同时利用广播及时向车站乘客通报运营信息。

（2）行车调度员。

①接到行车值班员道岔故障的报告后，报告调度长××站道岔转辙机故障。

②立即通知设备维修调度员派遣维修人员排除故障。

③指示行车值班员按照《站线转辙机故障处理程序》执行。

④指示列车司机，为防护道岔加锁人员安全，站务人员已按压站台"紧停"按钮，如在区间停车，则令其原地待令。

⑤指示所有列车司机及车站行车值班员利用广播及时向列车及车站乘客通报运营信息。

（3）司机。

①应答行车调度员，已知道车站某道岔不正常，已在站台（或故障道岔）前方停车待令。

②利用广播及时向列车及车站乘客通报运营信息。

3. 人工转换道岔并加锁

（1）行车值班员。

按照行车调度员指示，执行《站线转辙机故障处理程序》：

①与行车调度员共同确认没有列车在有关的故障地区运行。

②由 LCP（Local Control Panel，局部控制台）控制盘发出站台"紧急停车"指令。

③派遣两名站务人员到轨道，把相关道岔的电动转辙机手摇转换到定位，并用钩锁器锁闭道岔再定位。

④对于即将出发的列车，指派另一名站务人员在车站站台前端跟列车司机配合，禁止列车离站。

⑤用 LOW 单独操纵有关进路的其他道岔，予以单锁。

⑥接到站务员道岔加锁完毕的汇报后，报告行车调度员有关的道岔已被人工锁闭在定位方向，其他相关道岔已经进行单独锁闭，构成列车继续安全运行条件。

（2）站务人员。

按照行车值班员命令，执行转辙机故障人工加锁处理程序：

①把相关的电动转辙机手摇转换到定位并用钩锁器将道岔锁闭，检查全部工具和材料，确保没有任何遗留后，返回车站并向行车值班员报告。

②对于即将出发的列车，另一名站务人员在车站站台前端与列车司机配合，防护轨道工作人员安全。

（3）行车值班员。

接到站务员的报告后向行车调度员汇报接车（或发车）进路准备完毕。

4. 指挥列车驶出故障区域

（1）行车调度员。

接到行车站值班员进路准备完毕报告，命令列车以 RM 模式动车，驶出故障道后向调度员报告。

（2）司机。

根据调度命令动车，按照 RM 模式运行，驾驶出故障道岔区域后，及时向行车调度员报告。

5. 全面检查维修

（1）检修人员。

①在车站进行维修登记。

②如有需要，在运营时间进入轨道检查，通过行车值班员向行车调度员"要点"登记。

③车站采取足够有效的措施，保障他们在轨道作业的安全。

④修复后在车站销点登记，并报告设备维修调度员。

（2）行车调度人员。

接到维修人员的检查分析后，安排在指定时段内（通常是在运营时间以后）进行维修。

6. 设备修复后收回 LOW 控制权

（1）行车值班员。

设备修复后，接管前执行规定的工作程序：

①指示站务人员对有关道岔拆除道岔钩锁器。

②在维修人员的配合下，将电动转辙机转入系统 LOW 操作模式。

③在 LOW 上进行试验操作，确认道岔转辙机工作正常。

④确定站务人员完成工作，返回车站后，把 LOW 控制权交回给行车调度员。

⑤向车站乘客广播，故障排除，恢复正常运营。

（2）行车调度员。

①确认有关电动转辙机已转入系统操作模式后，向行车值班员收回 LOW 控制权。

②报告通知所有列车司机和行车值班员系统已经恢复正常运行。

（二）情况二：折返线转辙机故障应急处理程序

1. 确认故障并下放 LOW 控制权

（1）行车调度员。

从 OCC 的 MMI 上察觉到道岔显示长/短闪光。询问相关车站行车值班员该道岔在 LOW 的显示是否与 MMI 相同。

（2）行车值班员。

应答行车调度员，车站 LOW 的不正常道岔显示与调度中心一致。

（3）行车调度员。

下放 LOW 工作站控制权给车站。

（4）行车值班员。

①接受 LOW 工作站控制权。

②确定列车在故障道岔前停车后,在 LOW 上进行两次试验扳动道岔。故障消失,报告行车调度员。

③将 LOW 操控权交回行车调度员。

如果故障未消失,则采取步骤②。

2. 决定执行折返线转辙机故障处理的程序

(1) 行车值班员。

①报告行车调度员该道岔试验操作后,仍然不正常,已确认造成道岔转辙机故障。

②利用广播及时向车站乘客通报运营信息。

(2) 行车调度员。

确定转辙机出现故障后,执行规定的工作程序:

①报告调度长××站道岔转辙机故障。

②通知维修调度员进行故障分析和排除故障。

③指示车站值班员按照《折返线转辙机故障处理程序》执行。

④指示所有列车司机及车站行车值班员利用广播及时向列车及车站乘客通报运营信息。

⑤指示列车司机,为防护道岔加锁人员的安全,现已按压站台"紧停"按钮,如列车在区间停车,立即报告调度员。

(3) 司机。

①应答行车调度员,已知道车站某道岔故障并在站台停车待令。

②利用广播及时向列车及车站乘客通报运营信息。

3. 人工准备列车进路并指挥列车折返

(1) 行车值班员。

按照《折返线转辙机故障处理程序》规定的工作程序进行:

①由 LCP 发出站台"紧急停车"指令。

②派遣两名站务人员到轨道,根据值班员指令转换道岔并加锁,锁闭完成,及时汇报。

③指派另一名站务人员在车站站台前端跟列车司机配合,禁止列车离站。用 LOW 工作站单独操作有关进路的其他道岔,予以单锁,构成列车继续运行的条件。

④向行车调度员汇报有关的道岔已被人工锁闭在规定方向。其他相关道岔已经进行单独锁闭,构成列车继续安全运行条件。

⑤按照列车进路要求,依次命令站务员人工转换和锁闭道岔,安排列车进行折返运行。

⑥每次折返完成,立即报告调度员。

(2) 站务员。

按照规定程序人工准备列车进路:

①一名站务人员在车站站台前端与列车司机配合,防护两名站务人员进入折返线进行人工准备进路工作。

②两名进入折返线的站务人员把相关的电动转辙机手摇转换到规定位置,并用钩锁器将道岔锁闭,向值班员报告。

③准备好道岔进路后,在安全位置向列车司机发出动车信号(昼间是拢起的黄色信号旗高举头上左右摇动,夜间是白色灯光高举头上),目送列车通过道岔;留在安全位置手持无线调度电话,继续在折返线等候扳道命令,直至任务结束;任务结束后,收集全部工具,

确保没有遗留任何材料后，返回车站并向行车值班员报告。

（3）行车调度员。

命令列车司机在××车站折返线，接受车站值班员车站折返命令，按照站务员的现场指挥动车，以 RM 模式进出折返线。

（4）司机。

报告行车值班员，列车在××车站折返完成，到达出发站台停稳。

4. 完成折返后指挥列车从车站出发

（1）行车调度员。

①对每次完成折返的列车，发布向前方按照 ATC 系统方式运行的指令。

②折返完成后，命令车站行车值班员准备出发进路。

（2）行车值班员。

按行车调度员的指令，在 LOW 上排列站台出发进路。

（3）司机。

按照行车调度员的指令，列车向前方按照 ATC 系统方式运行。

5. 全面检查维修

（1）检修人员。

①在车站进行维修登记。

②如有需要，在运营时间进入轨道检查，通过行车值班员向行车调度员"要点"登记。

③车站采取足够有效的措施，保障他们在轨道作业的安全。

④修复后在车站销点登记，并报告设备维修调度员。

（2）行车调度员。

接到维修人员的检查分析后，安排在指定时段内（通常是在运营时间以后）进行维修。

6. 设备修复后收回 LOW 控制权

（1）行车值班员。

设备修复后，接管前执行规定的工作程序。

①指示站务人员对有关道岔拆除道岔钩锁。

②在维修人员的配合下，将电动转辙机转入系统 LOW 操作模式。

③在 LOW 上进行试验操作，确认道岔转辙机工作正常。

④确定站务人员完成工作，返回车站后，把 LOW 控制权交回给行车调度员。

⑤向车站乘客广播，故障排除，恢复正常运营。

（2）行车调度员。

①确认有关的电动转辙机已转入系统操作模式后，向行车值班员收回 LOW 控制权。

②报告调度长，通知所有列车司机和行车值班员系统已经恢复正常运行。

 原因分析

（1）地铁运营公司应该对室外轨旁设备做好防水、防尘工作。

（2）对地铁设备要定期巡查，定期维修保养。

防范措施

（1）加强地铁员工的安全意识培训。
（2）制定完善的安全规章制度，设备安全是地铁安全运营的基础，要对地铁设备定期检查和维护。

子任务3　联锁系统故障的应急处理

案例名称	上海地铁列车开错方向事故		
时间	2011年7月28日19时6分	地点	上海地铁10号线

事故概况：
7月28日19时6分，本应开往航中路方向的上海地铁10号线列车，却反常地朝着虹桥火车站方向开出，上海地铁发生"开错方向"的离奇事件。地铁运营方29日对此做出解释称，系因实施CBTC信号升级的调试中发生信息阻塞故障所致。事件发生后，调度室、司机以及列车信号保护系统发现后立即报警，鉴于该列车当时已出站无法倒回，调度室即变更指令指使该车驶往下一站上海动物园站，安排车上乘客换乘对面的列车回到龙溪路站再乘下一列车往航中路方向。

 知识要点

（1）了解城市轨道交通联锁系统的基本功能。
（2）掌握联锁系统故障应急处理的方法。

 理论准备

一、城市轨道交通联锁系统的基本功能

城市轨道交通联锁系统存在很多与传统铁路电气集中系统不同的功能，如列车运行的三级控制、多列车进路、追踪进路、折返进路、联锁监控区、保护区段和侧面防护等。

1. 列车运行的三级控制

列车进路由进路防护信号机防护，但列车在进路中的运行安全由ATP负责，这为城市轨道交通高密度行车提供了前提条件和安全保证。在设计中，ATP与计算机联锁功能的结合，使计算机联锁的功能得到了加强。

列车运行进路采用三级控制，即OCC控制（ATS自动控制）、远程控制终端控制和车站工作站控制。

OCC集中控制全线的列车运行（不包括车辆基地内列车的运行控制）。系统根据列车运行时刻表及列车运行状况发出列车运行控制命令，并进行自动调整。在车站设置必要的自动控制功能，调度中心出现故障时，转入站级控制，如图5-13所示。

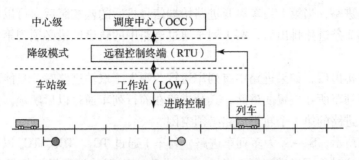

图 5-13 城市轨道交通列车进路控制示意图

1）中心级控制

中心级控制为全自动的列车监控模式，在该模式下，列车进路设置命令由自动近路设定系统发出，其信息来源于时刻表和列车运行自动调整系统 OCC，调度员也可以人工干预，对列车进行调整，操作非安全相关命令，排列和取消进路。

列车自动选路是 ATS 系统的一部分，其任务是与联锁设备协同，为列车运行自动排列运行进路。为达此目的，进路自动排列具有这样的功能：其自动操作单元具有自动操作功能，而联锁系统根据来源于 OCC 的自动进路设定系统排列进路指令，负责实际的列车进路排列。

2）远程控制终端的控制

在 OCC 设备故障或 OCC 与下级设备的通信线路故障时，OCC 将无法对远程控制终端进行控制，此时系统自动地转入列车自动控制的降级模式。在降级模式下，由司机在车上输入目的地码，通过列车上的车次号发送系统发出带有列车去向的车次号信息，远程控制终端自动产生进路控制命令，联锁系统根据来自远程控制终端的进路号排列进路。在这种情况下，系统不具备列车运行自动调整功能，但对于高密度的列车运行，此功能可以节省车站操作人员大量的精力。

3）站级控制

在站级控制模式下，列车运行的进路控制在车站值班员工作站执行。站级控制时，列车进路的设定完全取决于值班员的意图，值班员选择通过联锁区的预期进路。联锁系统检查进路没有被占用，并且没有建立敌对进路，然后自动排列通过联锁区的进路，锁闭进路，在所有条件满足列车的安全运行后开放地面信号机，并允许 ATP 将速度命令传送给列车。信号机的开放表示通过联锁区的进路开通。

2. 多列车进路

传统铁路的列车进路都为单列车进路，而城市轨道交通的列车进路除单列车进路外，还有多列车进路，这主要是因为城市轨道交通运行间隔小，车流密度大，列车的运行安全由 ATP 系统保护，所以在一条进路中可能出现多列列车在运行。如图 5-14 所示，$S_1 \rightarrow S_2$ 为多列车进路，只要监控区空闲，以 S_1 为始端的进路便可以排出，S_1 信号开放。

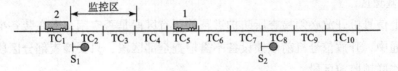

图 5-14 多列车进路示意图

对于多列车进路，当第 1 列车离开进路始端信号机后的监控区后，可以排列第 2 条相同终端的进路。第 2 条进路排出后，第 1 列车通过进路中的轨道区段必须到第 2 列车通过后才解锁。

多列车进路排出后，如果进路中有列车运行，则人工取消进路时，只能取消最后一次排列的进路至前行列车所在位置的进路，其余进路在前行列车通过以后解锁。人工取消多列车进路的前提是：进路的第 1 个轨道电路必须空闲。

如图 5-14 所示，$S_1 \rightarrow S_2$ 为多列车进路，列车 1 通过 TC_2、TC_3、TC_4 以后，这 3 个轨道区段正常解锁，这时，可以排列第 2 条 $S_1 \rightarrow S_2$ 进路，S_1 开放正常绿灯信号。如果列车 1 继续前进，则通过区段 TC_5、TC_6、TC_7 后，这 3 个区段不解锁，只有在列车 2 通过这 3 个区段后才解锁。

3. 追踪进路

追踪进路为联锁系统本身的一种自动排列进路功能。列车接近信号机，占用触发区段（触发区段是指列车占用该区段时引起进路排列的区段，触发区段可能是信号机前方第 1 个接近区段，也可能是第 2 个接近区段，触发区段根据线路布置和通过能力而定）时，列车运行所要通过的进路自动排出。追踪进路排出的前提除了满足进路排出的条件外，进路防护信号机还必须具备进路追踪功能。

如图 5-15 所示，S_3、S_4 具有追踪功能，TC_1、TC_5 分别是以 S_3、S_4 为始端的进路的触发区段，列车占用 TC_1 时，$S_3 \rightarrow S_4$ 进路自动排出，S_3 开放。列车占用 TC_5 时，$S_4 \rightarrow S_5$ 进路自动排出，S_4 开放。

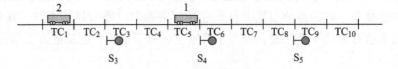

图 5-15 追踪进路示意图

当一信号机被预定具有进路追踪功能时，则对一规定进路的进路命令便通过接近表示自动产生。调用命令被储存，一直到信号机开放为止。接近表示将由确定轨道电路的占用而触发。

当对一信号机接通自动追踪进路时，也可以执行人工操作。若接收到接近表示之前已人工排列了一条进路，则自动调用的进路被拒绝，重复排列进路也不能被存储。假如排列的进路被人工解锁，则该信号机的自动追踪进路功能便被切断。

4. 折返进路

列车折返进路作为一般进路纳入进路表。通常通过列车自动选路、追踪进路或人工排列的折返进路从指定的折返线开始。

5. 联锁监控区

在铁路上信号机开放必须检查所防护进路的所有区段是否空闲，而在装备准移动闭塞的城市轨道交通中，开放信号机前联锁设备不需检查全部区段，只要检查部分区段。这些被检查的区段叫作联锁监控区段。

联锁监控区段即排列进路时信号机开放所必须空闲的区段，一般为信号机内部两个区段，如监控区段内有道岔，则在最后一个道岔区段后加一区段作为监控区段。监控区段的长度，应足够驾驶模式的转换。

进路设有监控区段时，只要监控区段空闲，进路防护信号机便可正常开放。

列车进入监控区段后自动将运行模式转为 ATO 自动驾驶模式或 SM 模式（ATP 监控人工驾驶模式），列车之间的追踪保护就由 ATP 来实现了。

6. 保护区段

为了保证列车的运行安全，避免列车由于某种原因不能在信号机前停住而导致事故的发生，充分考虑了列车的制动距离及线路等因素，在停车点后设置了保护区段，即终端信号机后方的一至两个区段为保护区段。

进路可以带保护区段或不带保护区段排出。如进路短，排列进路时带保护区段；多列车进路无保护区段时，进路防护信号机可以正常开放。

根据设计，保护区段可以在主体信号控制层内受到监督，也可能不在主体信号控制层内受到监督。此外，也有可能在进路排列时直接征用保护区段，或进路先排列，保护区段设置延时直至进路内的接近区段被占用。延时的保护区段设置是一种标准方式，为多列车进路内的每个列车提供保护区段条件。

7. 侧面防护

城市轨道交通的道岔控制全部单动，不设双动道岔，所有的渡线道岔均按单动处理，也不设带动道岔。这些都靠采取侧面防护来防止列车的侧面冲突。侧面防护是指为了避免其他列车从侧面进入进路，与列车发生侧面冲突，这类似铁路的双动道岔和带动道岔的处理。

侧面防护可以分成两种：主进路的侧面防护和保护区段的侧面防护。防护主进路的侧面防护叫作主进路的侧面防护，防护保护区段的侧面防护叫作保护区段的侧面防护。

列车进路需要侧面防护是为了保证其安全的运行进路，侧面防护由防护道岔确保，或者通过显示红色信号来确保。

道岔为一级侧面防护，信号机为二级侧面防护。排列进路时先找一级侧面防护，再找二级侧面防护。无一级侧面防护时，则将信号机作为侧面防护。

侧面防护的任务是，通过操作、锁定和检测邻近分歧道岔，使通向已排运行进路的所有路径均不能建立。侧面防护也可通过具有停车显示和位于侧面防护要求的运行进路方向的主体信号机来获得。在进路表中已为每一条运行进路设计了侧面防护区域。

如果采用了一个道岔的侧面防护，而道岔的实际位置和所要求的位置不一致时，则应发出一个转换道岔位置的命令。

当该命令不能执行（如道岔因封锁而禁止操作）时，该操作命令将被存储，直至要求的终端位置达到为止；否则通过取消或解锁该运行进路来取消该操作命令，排列进路时，除检查始端信号机外，还检查终端信号机和侧防信号机的红灯灯丝，只有这两种信号机的红灯功能完好，进路防护信号机才能开放。

当要求侧面防护的运行进路解锁时，运行进路侧面防护区域也将解锁。

二、联锁系统故障的应急处理方法

车站联锁系统是城市轨道交通列车控制系统中的关键安全设备，其工作对象就是线路上的轨道电路、信号机和道岔，该系统按照一定的标准不间断地对这 3 种元素进行检测，表现出来的结果即为一条进路是否建立或者取消。联锁系统配的信息交换对象除了 ATS 外，还有轨旁 ATP，只有当联锁系统给出某个轨道电路区段被征用的信号后，轨旁 ATP 才会在该轨道电路区段设定推荐速度，引导列车运行。因此可以看出，车站联锁系统一旦发生故障，则 ATS 和 ATP 系统将失去数据交换对象，从而导致信号系统的瘫痪。

一旦车站联锁系统发生故障，建立在其基础上的 ATC 系统的功能将立即失效，行车调度员和车站值班员得不到任何关于列车位置、道岔位置、进路锁闭和运行列车的开停状况等安全信息，行车安全将失去设备保障，虽然联锁系统发生故障的概率明显较其他信号类设备故障低，有些城市轨道交通线路开通三四年也没有发生一次，但由于联锁系统故障对城市轨道交通运营秩序影响较大，行车指挥人员必须对联锁系统故障的处理方法熟练掌握。

国内城市轨道交通线路的车站联锁系统除修建较早的线路外，都是采用微机联锁。城市轨道交通线路一般每 3~4 个车站划分为一个联锁区，每个联锁区设有一个集中站，每个集中站设有联锁计算机，分别控制管理各自联锁区域的安全行车逻辑关系。联锁计算机采用冗余设计，具有很高的可靠性和实用性。

车站联锁系统发生故障时一般会出现某联锁区（或全线）在调度中心 MMI 上无显示、车站 LOW 无显示、通向故障区的进路无法排列、列车在故障区内收不到速度码或产生积极制动等现象。根据联锁系统故障发生的范围，可以将其分为全线联锁设备故障和集中站联锁设备故障两种情况，无论出现哪种情况，基本的处理方法都是行车调度员下达在故障区段按电话闭塞法（或电话联系法）行车的调度命令，在非故障区段行车组织方法不变。联锁系统故障应急处理流程如图 5-16 所示。

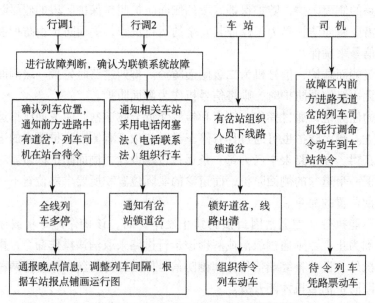

图 5-16　联锁系统故障应急处理流程

在故障区段按电话闭塞法（或电话联系法）组织行车的过程中，根据列车所处位置的不同具体可分为两种情况。一种情况如图 5-17 所示，0314 次列车在联锁系统故障时停在上行站台，这时 D 站行车值班员先指派站务员对 D 站—E 站区间道岔确认位置正确后加锁，再和行车调度员共同确认前方区间和车站空闲满足间隔规定,然后再办理相关手续发出列车。

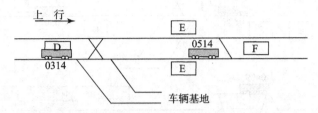

图 5-17 故障区段按电话闭塞法组织行车示意图

另一种情况如图 5-17 中的 0514 次列车,在联锁系统故障时该车停在 E 站—F 站区间,此时行车调度员在弄清该车位置后会命令 0514 次司机原地待令,然后通知 F 站派站务员到区间确认道岔位置正确后加锁,在完成道岔加锁、人员出清后再命令 0514 次司机以 RM 模式运行至 F 站上行站台待令,0514 次到达 F 站上行站台后,F 站行车值班员再按电话闭塞法(或电话联系法)组织行车。

车站值班员指派站务员对正线道岔加锁时,一般命令站务员将道岔扳至定位加锁。行车调度员和车站行车值班员共同确认按电话闭塞法(或电话联系法)行车的第一趟列车运行前方区间和车站的空闲,行车值班员按电话闭塞法(或电话联系法)的作业程序和邻站行车值班员办理相关手续,使用手信号发车,列车司机在故障区段以 RM(或 URM 非限制人工驾驶)模式限速运行,有的城市轨道交通运营公司还规定此时要有乘务人员添乘,协助司机瞭望信号以确保行车安全。

联锁系统发生故障后,由于列车在故障区内只能以 RM(URM)模式运行,车站按电话闭塞法(或电话联系法)办理接发列车,因而对乘客服务的影响很大,尤其是近年来乘客对城市轨道交通服务质量要求越来越高,而联锁系统故障造成的列车延误一般都在 15 min 以上,因此联锁系统故障经常造成乘客退票,对城市轨道交通公司产生较大的负面影响。但越是在这种情况下,行车指挥人员越应将保障乘客安全放在第一位,切不可因为担心乘客退票或投诉而强行提高效率,置行车安全于不顾。

三、联锁系统故障的应急处理综合演练

根据"联锁系统故障的应急处理综合演练方案"采用角色扮演法进行配合演练。

1. 故障的概要

某上午平峰时某城市轨道交通线路上线 11 列车,行车间隔 7 min 22 s。10:20,调度中心监控设备显示 P 站联锁区故障,同时 N 站、O 站、P 站报联锁设备故障,该区段 1206 次列车在区间紧急制动,0609 次列车在 O 站站台收不到速度码,经人工排路试验后,行车调度员判断为 P 站联锁区故障,示意图如图 5-18 所示。设备维修调度员组织维修人员紧急抢修,行车调度员采用电话闭塞法组织行车,20 min 后故障排除,恢复正常运营。

2. 演练经过

10:20,行车调度员发现监控设备上 P 站联锁区故障,立即通知设备维修调度员及调度长。

10:20,N 站、O 站、P 站报:本站联锁设备故障。

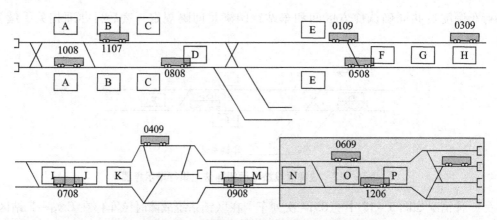

图 5-18 P 站联锁区联锁设备故障示意图

10：20，行车调度员 1：各站加强观察。(N 站、O 站、P 站复诵)

10：20，1206 次司机报：1206 次在 O 站—P 站区间紧急制动，列车无速度码。

10：20，0609 次司机报：0609 次在 O 站下行站台收不到速度码，无法动车。

10：20，行车调度员 2：0609 次 O 站下行待令。1206 次确认前方进路，以 RM 模式动车，进 P 站待令。0908 次 M 站多停 2 min。各车做好乘客安抚工作。0908 次复诵，行调 02。(0908 次司机复诵)

10：21，行车调度员 2 在调度中心 ATS 设备上试验从 M 站向 N 站排列进路，进路不能排列，判断为 P 站联锁区故障。

10：21，行车调度员 2 向调度长报告：P 站联锁区联锁设备故障；1206 次停在 O 站—P 站区间，0609 次在 O 站下行站台无速度码。

10：21，调度长：各调，现 P 站联锁区联锁设备故障，马上启动联锁设备故障应急处理程序。

10：22，设备维修调度员通知信号检修人员到故障区段检修。P 站联锁区联锁设备故障示意图如图 5-18 所示。

10：22，行车调度员 2：全线列车注意，由于 P 站联锁区联锁设备故障，各次列车在各站多停 30 s。自 10：22 起，M 站—P 站间采用电话闭塞法组织行车，上行列车自 M 站开出时自行切除 ATP，采用 URM 模式动车，下行列车到达 M 站时恢复 ATP 运行。P 站固定采用 N 道折返，0908 次复诵，行调 02。(0908 次复诵)

10：20，行车调度员 1：全线各站注意，由于 P 站联锁区联锁设备故障，各次列车在各站多停 30 s。自 10：22 起，M 站—P 站间采用电话闭塞法组织行车，列车 URM 模式动车。M 站准备站务员登乘列车引导。P 站固定采用 N 道折返。P 站做好人工办理进路及使用钩锁器锁闭道岔准备。各站加强乘客服务工作，P 站复诵，行调 01。(P 站复诵)

10：23，行车调度员 2：1206 次、0609 次列车汇报目前位置。

10：23，司机报：1206 次停在 P 站上行站台、0609 次停在 O 站下行站台。(行车调度员 2 人工铺画列车运行图)

10：23，行车调度员 1：N 站、M 站共同确认上行区间是否空闲。N 站、O 站共同确认下行区间是否空闲。

10:23，N 站、M 站：上行区间空闲。N 站、O 站：下行区间空闲。

10:24，P 站报：人工办理进路及使用钩锁器锁闭道岔准备完毕。

10:24，行车调度员 2：0609 次、0908 次按电话闭塞法行车，前方区间空闲。O 站准备站务员登乘列车引导。1206 次折返到下行站台。0609 次复诵，行调 02。（0609 次司机复诵）

10:24，M 站与 N 站办理电话闭塞，O 站与 N 站办理电话闭塞。

10:25，0609 次、0908 次收到路票后，凭人工信号动车，O 站、M 站各派一名站务员登乘列车。

10:26，P 站人工办理进路，1206 次折返到下行站台。

10:27，0609 次、0908 次到达 N 站（图 5-19），N 站报点，行车调度员 2 铺画列车运行图。

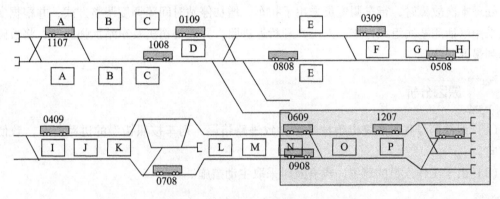

图 5-19　0908 次列车到达 N 站示意图

10:27，N 站与 O 站办理 0908 次电话闭塞，与 M 站办理 0609 次电话闭塞。

10:28，0609、0908 次收到路票后，凭人工信号动车。N 站报点。

10:29，0609 次出站后，P 站与 O 站办理 1207 次电话闭塞。

10:30，1207 次收到路票后，凭人工信号动车。P 站派一名站务人员登乘。

10:31，0609 次到达 M 站，站务人员下车，列车恢复 ATO 驾驶模式。0908 次到达 O 站（图 5-20）。

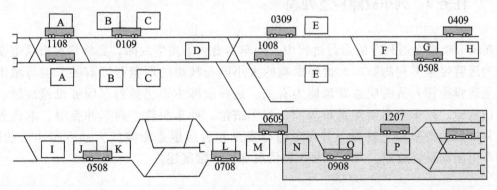

图 5-20　0908 次列车到达 O 站示意图

10：23，经信号专业人员抢修，调度中心 P 站联锁区联锁设备恢复正常，N 站、O 站、P 站报站：联锁设备恢复正常。

10：33，信号检修人员报设备维修调度员：机房主板损坏，已更换完毕，现 P 站联锁区联锁设备恢复正常。

10：33，行车调度员 2：全线列车注意，P 站联锁区已恢复正常，现决定全线恢复正常行车，前发电话闭塞法行车命令取消。M 站—P 站区段内列车恢复 ATP 运行。0908 次复诵，行调 02。（0908 次司机复诵）

10：33，行车调度员 1：全线各站注意，P 站联锁区已恢复正常，现决定全线恢复正常行车，前发电话闭塞法行车命令取消。P 站复诵，行调 01。（P 站复诵）

10：34，行车调度员开始进行运营调整。

3. 演练总结

处理本次故障时，行车调度员采用了扣车、增加停站时间等调度调整方式，并根据实际情况采用电话闭塞法组织行车，人工办理折返进路，并通知司机及车站加强服务，将故障影响降到最低程度。

 原因分析

（1）地铁信号联锁系统出现故障，导致进路错误，列车按照错误的进路行车，致使开错方向。

（2）由于工作人员的疏忽，没有及时采取主动措施。

 防范措施

（1）信号升级调试要在确保安全无误的情况下，才能投入正常运营。

（2）加强工作人员的应急响应，要在事故的第一时间采取有效措施，减少事故的影响，恢复正常行车。

（3）加强工作人员安全意识培训，工作不能出现任何的疏忽和意外。

任务 2　列车故障应急处理

在城市轨道交通列车的运行过程中，列车本身如果发生故障，必将给城市轨道交通线路的运营带来不利的影响，这种影响的大小既与故障的严重程度有关，也与城市轨道交通运营指挥人员的应急处理能力有关。这些故障主要包括列车服务设施故障、列车车门故障、列车牵引制动系统故障、列车挤岔、列车脱轨、列车冲突等。本任务将选取其中发生概率相对较高、对列车运行安全和客运服务影响较大的列车车门故障，列车牵引制动系统故障，列车挤岔 3 种情况加以详细阐述。

子任务1 车门故障的处理

案例名称	列车车门故障		
时间	2015年5月8日19时17分	地点	北京地铁13号线五道口站

事故概况：
  2015年5月8日19时17分，北京地铁13号线429号1205次列车运行至五道口站，因车门故障，在西二旗站清人退出正线运营。后经调取车辆行车记录，得知该列车在西直门被告知5号车车门关闭速度较慢，为尽量降低对晚高峰乘客出行的影响，决定运行至终点站退出运营正线，检修人员随车在故障门处进行监护。列车运行至五道口站时车门再次发生故障，随车检修人员在故障车门处进行监护，副司机从司机室进入客室故障车门处联系司机停车进行车门隔离处理，处理完毕后列车继续运行至西二旗站清人退出运营正线。

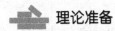

（1）列车车门故障的处理程序。
（2）列车牵引制动系统故障的处理程序。

理论准备

车门故障是城市轨道交通列车在运行中发生最多的故障，车门故障的主要形式是无法正常开关，车门发生故障后给乘客的乘降带来很大的影响，因此必须立即采取措施确保乘客的安全和运营工作的顺利进行。

一、列车车门故障的应急处理方法

在列车自动控制系统（ATC）中，ATO子系统的主要作用是控制列车自动运行，ATP子系统的主要作用是保证列车在正常运作状况下的安全。列车车门工作状态在ATO驾驶模式运行中，由ATO发出自动指令并在ATP监督授权下操作；在手动（SM）和向前限速（RM）驾驶模式运行中，车门操作都是在ATP的监督下由司机操纵。在紧急情况下，待列车停顿后，可以由运营人员或乘客手动操作紧急启动手柄由车内打开车门。

列车在车站发生车门故障时，由司机前往故障门处进行处理，车站站务员及时协助。如果处理及时，一般来说车门故障对乘客影响不大，但是在实际工作也出现过因为车门打不开而导致清客甚至列车救援的情况，给运营服务带来很大的影响。例如，在某城市轨道交通公司的一次车门故障中，一列车在站台停稳后，整列车门不能打开，司机按压"强行开门"按钮和切除ATP均不能开门，在尝试后端驾驶室后也无法打开车门，最终行车调度员要求司机广播让乘客手动拉开车门清客。这是一起列车因车门故障而导致清客的实例，由此可见，车门故障不能仅当作小故障来看待，小故障也会给运营安全和客运服务带来较大影响，需要引起行车指挥人员的足够重视。

常见的车门故障和应急处理方法一般有以下几种。

1. 一节车同一侧有一个/两个车门开/关故障

(1) 司机再次按下开/关门按钮,以确认故障。

(2) 在确认车门故障后,若车门已关闭,由站务人员用方孔钥匙将车门切除。

(3) 若不能关闭,手动关门后,用方孔钥匙将车门切除。

(4) 站务人员贴上"车门故障暂停使用"的字条后继续投入服务。

2. 一节车同一侧有3个或多于3个车门故障

(1) 司机重复两次按下开/关门按钮,以确认故障。

(2) 检查相应的空开是否分断,复位分断的空气开关后继续运营。

(3) 在确认车门故障后,若车门已关闭,由站务人员用方孔钥匙将车门切除。

(4) 若不能关闭,手动关门后,用方孔钥匙将车门切除。

(5) 站务人员贴上"车门故障暂停使用"的字条后维持运行到终点后退出服务。

3. 故障车门无法正常关闭,并且用方孔钥匙也不能切除

(1) 确认故障。

(2) 根据行车调度员的指示就近清客。

(3) 清客后司机使用"旁路开关"关闭车门,再驾驶列车运行至终点站退出运营。

4. 司机关门后出现车门紧急解锁

(1) 门关好灯若亮,则继续运营。

(2) 若门关好灯不亮,则找到相应车门用方孔钥匙将车门切除,门关好灯亮,继续运营。

(3) 若紧急解锁手柄已在水平位置,确认车门已关闭,用方孔钥匙将车门切除,门关好灯亮,继续运营。

5. 按下"开门"按钮,全列车门无法打开

(1) 重新开门,确认故障。

(2) 检查司机室内各种断路器并复位,如故障排除,则继续运营。

(3) 如故障不能排除,将上述开关重新断合一次。

(4) 如故障不能排除,转为"洗车"模式后开门。

(5) 如果列车门还是未能打开,用方孔钥匙打开每节车外墙上的"门紧急解锁"装置,通过每节车的一扇门进行清客,就近退出运营。

6. 按下"关门"按钮,全列车门无法关闭

(1) 重新关门,确认故障。

(2) 司机检查相应电器柜的空气开关,复位分断的空气开关,如果闭合,则将其重新断合一次。若故障不能排除,将上述开关重新断合一次。

(3) 如果还不能解决,应在请示行车调度员后就近清客。

(4) 清客后司机使用"旁路开关"关闭车门,再驾驶列车运行至终点站退出运营。

7. 所有车门已关好,门关好灯不亮,也无车门故障显示

(1) 重新开/关门,如果门关好灯显示正常,则继续运营。

(2) 如故障不能排除,检查相关空气开关,如果闭合,则将其重新断合一次。

(3) 如果门关好灯显示正常,则继续运营;否则,落弓、收车、重新启动列车。

(4) 如故障不能排除，应在请示行车调度员后就近清客。

(5) 清客后司机使用"旁路开关"关闭车门，然后驾驶列车运行至终点站退出运营。

二、列车车门故障的应急处理程序

(一) 情形一：几个车门状态不正常且车门故障无法排除的应急处理程序

1. 发现车门开关的状态不正常

(1) 站务人员。

①发现有车门开/关的状态不正常。

②通知值班站长有车门状态不正常。

③引导乘客避免从有故障的车门出入。

(2) 值班站长。

报告行车调度员通知故障列车司机车门开/关的状态不正常。

(3) 故障列车司机。

①发现DDU上有车门状态不正常。

②收到行车调度员的通知，有车门状态不正常。

③重新打开/关闭车门，车门状态仍然故障。

④向行车调度员报告列车编号、位置、故障情况。

⑤请示行车调度员安排站务人员用钥匙转动门板外侧的隔离锁将车门隔离。

2. 安排站务人员隔离车门

(1) 行车调度员。

①接到故障列车司机报告后，报告调度长列车的编号、位置和故障状态。

②通知检修调度员，要求安排检修人员在指示的车站上车进行检查处理。

(2) 调度长。

①接获列车故障报告后进行记录。

②指示行车调度员通知值班站长安排站务人员协助故障列车司机把故障车门隔离。

③指示行车调度员通知故障列车司机在抵达终点站之后清客，退出运营进行检修。

(3) 行车调度员。

①指示值班站长安排站务人员用钥匙转动门板外侧的隔离锁将车门隔离。

②通知故障列车司机站务人员将会把故障车门隔离。

(4) 故障列车司机。

在接获行车调度员的通知后，等待站务人员将故障车门隔离。

(5) 值班站长。

在接获行车调度员的指示后，指示站务人员用钥匙转动门板外侧的隔离锁将故障车门隔离。

(6) 站务人员。

①执行值班站长的指示，手动将车门关闭，用钥匙转动门板外侧的隔离锁将车门隔离。

②如果车门无法手动关闭、隔离锁锁舌松动断裂、隔离后车门指示灯不亮，表明隔离失败。

③打开侧罩板，关闭车门电源开关，手动关闭车门。

④故障车门已被隔离后，向值班站长汇报。

(7) 值班站长。

报告行车调度员及通知故障列车司机故障车门已被隔离。

3. 运行至终点站后退出运营

(1) 行车调度员。

收到值班站长的报告后：

①通知故障列车司机故障车门已被隔离。

②指示故障列车司机确认故障车门已被隔离后，继续运营至终点站后清客，退出运营进行检修。

(2) 故障列车司机。

收到行车调度员通知站务人员已将车门隔离的指示后：

①观察 DDU 显示、门关到位指示灯，以确认故障车门已被隔离。

②继续运营至终点站后清客，退出运营进行检修。

(二) 情形二：车门关闭后门关好指示灯不亮，列车不能正常牵引的应急处理程序

1. 司机发现门关好指示灯不亮

(1) 故障列车司机。

①列车停在站台上，所有车门都已关闭。

②司机驾驶台上门关闭到位指示灯不亮，推牵引手柄时列车不动。

③司机重新打开/关闭车门，指示灯仍然不亮。

④使用车载广播系统通知旅客列车发生故障，请旅客等待几分钟。

⑤向行车调度员报告列车编号、停留位置、故障情况。

(2) 行车调度员。

①接到故障列车司机报告后，报告调度长列车的编号、位置和故障状态。

②暂停受影响区段的列车运行。

2. 安排站务人员检查车门锁闭情况

(1) 调度长。

①接获列车故障报告后进行记录。

②指示行车调度员通知故障列车司机进行故障处理及允许司机进行故障处理的时间。

③指示行车调度员通知值班站长派遣站务人员沿着站台检查每扇车门是否锁闭到位。

(2) 行车调度员。

①执行调度长的指示，通知故障列车司机进行故障排除。

②告知故障列车司机允许进行故障处理的时间。

③通知故障列车司机将安排站务人员沿着站台检查每扇车门是否锁闭到位。

④通知值班站长派遣站务人员沿着站台沿途检查每扇车门是否锁闭到位。

(3) 故障列车司机。

按行车调度员要求进行故障排除。

(4) 值班站长。

在接获行车调度员的指示后，指示站务人员到站台沿着站台检查每扇车门是否锁闭到位，如有车门没有关闭到位，重新手动关闭，直到车门完全锁闭。

（5）站务人员。

①沿着站台检查每扇车门是否锁闭到位，如有车门没有关闭到位，重新手动关闭，直到车门完全锁闭。

②报告值班站长车门已完全关闭。

3. 清客退出运营

（1）故障列车司机。

①当站务人员通知车门已完全关闭后，检查车门关闭指示灯，但仍然不亮。

②报告行车调度员故障未能解除，请示行车调度员在站台疏散列车内的旅客，列车退出运营进行检修。

（2）行车调度员。

接到故障列车司机的报告后，报告调度长列车状态和故障处理的结果，建议调度长允许在站台疏散列车内的旅客，列车退出运营进行检修。

（3）调度长。

①接获行车调度员的报告后，确定故障的严重性，指示行车调度员通知故障列车司机在站台疏散列车内的旅客，列车退出运营进行检修。

②指示行车调度员通知车站的值班站长协助疏散故障列车内的旅客。

（4）行车调度员。

①执行调度长的指示，通知故障列车司机在站台疏散列车内的旅客，列车退出运营进行检修。

②通知车站的值班站长协助疏散故障列车内的旅客。

（5）故障列车司机。

执行行车调度员的指示，通过车载广播系统通知列车旅客此列车将停止服务，请列车旅客进行疏散，不要留在车上。

（6）值班站长。

①在接获行车调度员有关疏散列车旅客的指示后，指示站务人员到站台协助疏散列车旅客。

②启用车站广播通知站台旅客该列车将停止服务，请旅客不要上车。

（7）站务人员。

①执行值班站长的指示，到站台协助疏散列车旅客。

②旅客疏散完毕后报告值班站长旅客已全部疏散。

（8）故障列车司机。

报告行车调度员列车旅客已全部疏散。

（9）行车调度员。

①报告调度长列车旅客已全部疏散。

②请示调度长可将故障列车退出运营进行检修。

（10）调度长。

接获行车调度员故障列车旅客已全部疏散的报告后，指示行车调度员通知故障列车司机将此列车退出运营进行检修。

（11）行车调度员。

执行调度长的指示,通知故障列车司机将此列车退出运营进行检修。

(12) 故障列车司机。

使用"旁路开关"关闭车门,采用 RM 模式驾驶列车到终点站后退出运营进行检修。

三、案例处理——某城市轨道交通线路列车车门故障

1. 故障经过

8:36,0145 号车在 E 站下行站台司机报 II/A 车第 4 扇、I/C 车第 2 扇车门无法关闭,要求处理,行车调度员令其抓紧处理,并令车站派人配合,如图 5-21 所示。

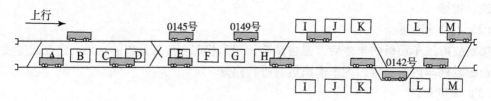

图 5-21　0145 号列车车门故障示意图

8:38—8:40,行车调度员多次呼叫 0145 号车司机,司机均无应答,行车调度员令车站现场工作人员提醒司机与行车调度员联系,并对相应列车进行扣车。

8:40,0145 号车司机报该车多次重新开关门后,故障面板显示站台侧所有车门均显示红色,目前车门既无法打开也无法关闭,行车调度员令司机对车门抓紧处理,如无法处理,就在 E 站下行站台清客。

8:42—8:46,行车调度员多次呼叫 0145 号车司机,司机均无应答,行车调度员再次令车站现场工作人员提醒司机与行车调度员联系。并对全线列车进行调整:D 站小交路列车折返,填补下行间隔;M 站下行发出列车采用间隔调整;安排 K 站备车 0142 号车空车运行至 E 站下行载客。

8:42,行车调度员向 K 站—E 站各站发布限流命令,报公司监督站和 COCC;8:45 起,E 站关闭所有进站闸机、F 站—M 站各站均放慢售票速度,9:10 取消各站限流命令,如图 5-22 所示。

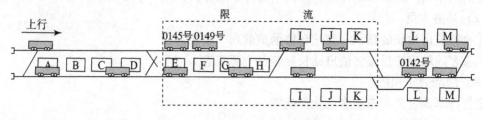

图 5-22　K 站—E 站限流示意图

8:43,0145 号司机报目前车门故障无法排除,行车调度员令 0145 号车司机及 E 站广播并采用拉紧急拉手方式清客。

8:44,行车调度员令 K 站—E 站下行各次列车、车站做好乘客广播,安抚乘客。

8:45,行车调度员询问 E 站清客情况,车站报因车门故障,只有部分已开启的车门在清客,清客速度很慢,行车调度员令车站尽快清客,报公司监督站及 COCC。

8:49，F站—E站下行区间后续0149号车司机报有3扇车门紧急拉手被乘客拉下，行车调度员令司机留下备用联系方式后，令其到现场复位，后司机在处理过程中又有两扇车门紧急拉手被拉下，司机共恢复5扇车门紧急拉手。

8:50—9:00，行车调度员通过CCTV发现0145号车清客过程缓慢，有乘客反复进出列车，大量乘客拥挤在屏蔽门与车门之间，令车站广播、抓紧疏导乘客退回黄色安全线内。

9:00，0145号车司机报因大量乘客仍滞留在列车车厢内，不肯下车，现各车门紧急拉手均复位并关闭，行车调度员令司机广播告知滞留乘客后切关门旁路，再ATP手动运行。

9:02，0145号车动车，9:15该车运行至A站下行后再次清客（A站—D站各站均确认0145号车通过车站时车门均处于关闭状态），0145号车在A站下行站台完成全部乘客清客作业，行车调度员令该车空车回库检修。

9:06，0149号车在F站—E站下行区间被拉车门紧急拉手复位成功，行车调度员令该车恢复运行后E站通过，如图5-23所示。

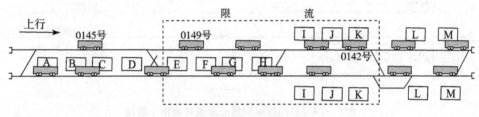

图5-23 列车清客调整示意图

9:08，行车调度员对全线列车进行调整。

2. 经验总结与问题分析

（1）8:36，0145号车司机报Ⅱ/A车第4扇、Ⅰ/C车第2扇车门无法关闭，要求处理。8:38，后续0149号车至F站上下客后即动车，调度未对该车进行有效扣车，导致该车区间迫停逾20 min，乘客在区间多次拉紧急把手，并导致大量乘客投诉。

（2）8:40，0145号车司机紧急处理后，车门仍故障，行车调度员令司机抓紧处理，并令司机如无法处理就在E站下行清客。根据清客作业规定，清客需司机与车站同步作业，故此类命令的发布需要行车调度员同时命令司机与车站协同执行，在此案例中，如此发布命令不够正式、正确，可能会导致司机与车站组织客流存在偏误等问题。

（3）8:36发生故障，8:46发布清客命令，8:52司机回复车站已配合清客，9:00清客还未结束，9:15A站再次清客，从清客过程来看，清客时间占据整个延误时间的90%多，且分两次清客，体现发布清客命令不够果断，对车站、司机发布命令不一致，未体现调度对现场的控制力度。

（4）9:06，0149号车在F站—E站下行区间被拉车门紧急拉手复位成功，行车调度员令该车E站通过。考虑到清客车站客流情况，通过放站措施有效避免了再次拥堵车门对运营带来深层次的影响。

（5）从故障点开通后运营恢复情况看，行车调度员采取后续0149号车通过E站的方式避免了乘客再次拥堵车门，鉴于高峰时段，列车满载度都较高，一旦有列车清客，对后续列车产生的客流压力相当大，故尽可能安排空车至清客车站载客，此案例中，可考虑安排上行列车放空后经H站折至下行或K站备车提早放空至下行的方式，保证线路在故障点开通后有充足的运能储备，在较短的时间内疏散拥堵客流。

（6）从本次事件调整措施来看，通过加快 D 站折返速度确保了 D 站以北区段运营未受到影响，但对 M 站发车间隔的控制未能有效落实，导致运营恢复后下行方向积压严重，对运营恢复后的快速调整带来一定难度。调度员在事故处理中，还需灵活安排运能，尽可能平衡上下行运能，本案例中可以通过在其他有渡线车站折返 1、2 辆的方式将下行冗余列车调整到上行，以提高运营调整的效率。

四、列车车门故障的应急处理单项演练

由 5 个学生分别担任调度长、行车调度员、故障列车司机、值班站长、站务员进行单项演练，故障如图 5-24 所示。

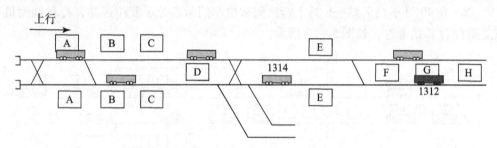

图 5-24　车门故障应急处理演练线路示意图

1. "几个车门状态不正常且车门故障无法排除"的单项演练方案

1312 次列车到达 G 站停车后，G 站站务员发现有车门开关的状态不正常后报告值班站长，同时引导乘客避免从有故障的车门出入；值班站长，上行列车 02A 车 1A、2A、3A 车门开关状态不正常。

（1）值班站长：行调（行车调度员的简称），G 站 1312 次 02A 车 1A、2A、3A 车门状态不正常。

（2）1312 次司机：行调，1312 次 02A 车 1A、2A、3A 车门状态不正常。

（3）行车调度员：调度长，G 站上行站台 1312 次有车门状态不正常。

（4）调度长：通知值班站长安排站务人员协助 1312 次司机把故障车门隔离；1312 次司机在抵达终点站之后清客，退出运营进行检修。

（5）1312 次司机重新打开、关闭车门，车门状态仍然故障后汇报：行调，车门故障依旧存在，请安排站务人员将故障车门隔离。

（6）行车调度员：G 站值班站长，请安排站务人员协助 1312 次司机把故障车门隔离。1312 次司机，车站将派人把故障车门隔离。

G 站值班站长、1312 次司机复诵。

（7）值班站长：站务员，用钥匙转动门板外侧的隔离锁将上行列车故障车门隔离。

（8）站务员执行值班站长的指示，手动将车门关闭，用钥匙转动门板外侧的隔离锁，将车门隔离并贴上"车门故障暂停使用"的字条后汇报：值班站长，故障车门已被隔离。

（9）值班站长：1312 次司机，故障车门已被隔离；行调，故障车门已被隔离。

（10）行车调度员：1312 次司机，列车车门已被隔离，继续运行至终点站清客后进存车

线退出运营准备检修。

1312 次司机复诵。

2. "车门关闭后门关好指示灯不亮,列车不能正常牵引"的单项演练方案

(1) 1312 次司机:行调,1312 次在 G 站上行站台上下客完毕后车门关闭到位指示灯不亮,推牵引手柄时列车不动。

(2) 行车调度员:调度长,1312 次在 G 站上行站台上下客完毕后车门关闭到位指示灯不亮,推牵引手柄时列车不动;1314 次到达 F 站后停车待令。

1314 次司机复诵。

(3) 调度长:通知故障列车司机进行故障处理,通知车站派遣站务人员沿着站台沿途检查每扇车门是否锁闭到位。

(4) 行车调度员:1312 次司机按《车辆故障处理指南》进行故障处理,车站将派人检查车门是否锁闭到位;G 站值班站长,请派遣站务人员沿着站台检查每扇车门是否锁闭到位。

G 站值班站长、1312 次司机复诵。

(5) G 站值班站长:站务员,沿着站台检查上行列车每扇车门是否锁闭到位。

(6) 站务员复诵并按值班站长的指示沿着站台检查 1312 次每扇车门是否锁闭到位后汇报:值班站长,1312 次车门已完全关闭。

(7) 1312 次司机发现车门关闭指示灯仍然不亮后汇报:行调,1312 次车门故障未能解除,请求在站台清客后退出运营。

(8) 行车调度员:调度长,1312 次车门故障未能解除,建议在站台清客后退出运营。

(9) 调度长:1312 次在 G 站清客后退出运营。

(10) 行车调度员:1312 次在 G 站台清客,G 站协助做好清客工作。

1312 次司机、G 站值班站长复诵。

(11) 1312 次司机利用车载广播通知乘客:各位乘客请注意,由于列车故障,本次列车将退出服务,全体乘客请下车,对给您带来的不便,我们深表歉意。

(12) G 站值班站长:站务员,请到站台协助疏散 1312 次列车乘客。

(13) G 站值班站长利用车站广播通知乘客:各位乘客,由于设备故障,本次开往 P 站方向列车将退出服务,有急事的乘客,请改乘其他交通工具。出站时请听从工作人员的指引,已购票的乘客在本站票亭退票或更新 IC 卡,不便之处,敬请谅解。

(14) 站务员复诵后到站台协助司机疏散乘客。

(15) 站务员汇报:值班站长,1312 次列车清客完毕。

(16) 值班站长:1312 次司机,1312 次列车清客完毕;行调,1312 次列车清客完毕。

(17) 行车调度员:1312 次列车空车运行至终点站后,进折返线退出运营准备检修。

1312 次司机复诵。

原因分析

(1) 列车关门按钮无法控制车门关闭。

(2) 关门指示灯无法正确显示车门状态。

防范措施

（1）运营公司应定期对列车电路进行彻底检查。
（2）日常运营前，列车司机应对列车状态进行细致检查。
（3）故障发生后，要及时告知乘客故障情况，避免引起乘客恐慌。

子任务2　列车牵引制动系统故障的应急处理

案例名称	\\ 列车制动故障		
时间	2006年3月15日14：06	地点	南京地铁1号线
事故概况： 2006年3月15日14：06，南京地铁1号线0506车运行至三山街站上行站台停车开关门作业后，正常按ATO驾驶启动，启动后不久，列车发生制动，随即自动停车，改用手动SM模式驾驶，列车只能以5 km/h速度缓慢牵引。14：15，故障列车到达张府园站，按规定开关门作业上下客后开出不久，列车产生紧急制动。手动SM驾驶时速度只能维持在5 km/h左右，故障现象仍然存在。14：26，到达新街口站，进行清客；该车退出运营，并且正线运营晚点近1 h时间。			

 **知识要点**

（1）掌握列车救援的基本原则。
（2）掌握列车救援的现场组织方法。

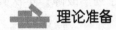 **理论准备**

一旦运营中的列车出现牵引制动系统故障，将使城市轨道交通线路的行车工作陷入停顿，特别是当故障短时间内无法排除时，行车调度员将不得不采取各种行车调整措施维持部分线路的运行，并对故障列车进行救援，这就对行车指挥人员的应急处理能力提出了很高的要求。

一、列车牵引制动系统故障的应急处理方法

（一）列车牵引制动系统故障的处理原则

列车牵引系统（或制动系统）故障时，司机应立刻向行车调度员报告，行车调度员及时将故障情况通知检修调度员，并根据检修调度员的建议来决定列车是维持运营到终点退出运营，还是立刻退出运营。

列车运营过程中经常会出现列车无牵引力或制动系统故障将轮对卡死等现象，通常的处理方法是采取救援措施以最短的时间将故障车辆拖走（或推走），出清运营线路，最大限度地减少故障对地铁运营全局的干扰和影响。列车故障救援流程如图5-25所示。

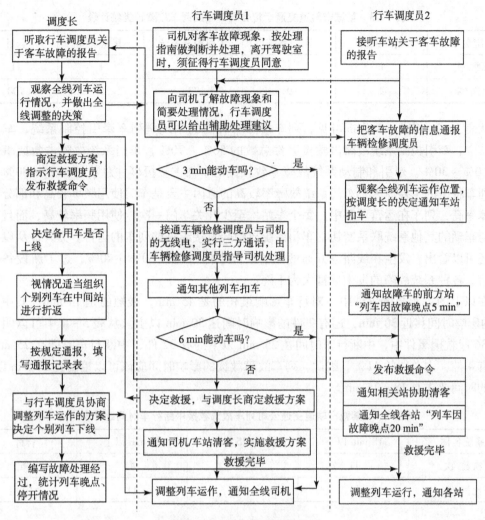

图 5-25 列车故障救援流程

(二) 列车故障救援的行车组织方法

1. 列车故障救援概述

列车在运行中除牵引制动系统故障外,在本项目任务 5.2.1 中提到的车门故障以及其他辅助系统的故障都有可能导致列车救援。

以某城市轨道交通运营公司为例,该公司 1 号线从 1999 年开通至 2006 年年底共发生 25 起列车故障救援事件,2 号线从 2004 年开通至 2006 年年底共发生 11 起列车故障救援事件,两条线路总共发生列车救援事件 36 起。其中,1999 年度发生 9 起,2000 年度发生 9 起,2001 年度发生 1 起,2004 年度发生 6 起(1 号线两起,2 号线 4 起),2005 年度发生 5 起(1 号线两起,2 号线 3 起);2006 年度发生 6 起(1 号线两起,2 号线 4 起),具体的故障种类如表 5-2 和表 5-3 所示。

表 5-2 某城市轨道交通运营公司 1 号线列车故障种类统计表

系统名称	制动系统	车门系统	牵引控制系统	其他系统	合计
次数/次	3	8	13	1	25
比例/%	12	32	52	4	100

表 5-3 某城市轨道交通运营公司 2 号线列车故障种类统计表

系统名称	制动系统	车门系统	牵引控制系统	其他系统	合计
次数/次	1	1	8	1	11
比例/%	9	9	73	9	100

从表 5-2、表 5-3 分析可见，列车故障率较高的系统是列车牵引控制系统、车门系统，其中，牵引控制系统故障占救援事件总数的 50%～70%，车门系统故障占救援事件总数的 10%～30%。牵引和制动系统故障导致救援的事件占救援事件总数的 70%～80%，是导致列车救援的主要原因。车门系统故障率较高的原因主要是车门使用频率较高和部分零部件故障率高，列车在运营服务中，每个车站均至少开关车门一次，使用频率较高，而且车门系统与车辆的其他系统联系密切，车门系统故障会直接影响整列车的运行。另外，从以上统计中还可以看出，发生在线路刚开通两年的故障事件占总数 60%～70%，过了新设备的磨合期后，各种系统故障的发生率都大为下降。

在以上的列车救援事件中，对行车影响最长的是 45 min，最短的是 14 min。其中，有 1 件的影响时间接近 30 min，还有 2 件的影响时间达 30 min 以上。从表 5-4 中可以明显看出在 36 起救援事件中，中断行车时间在 25 min 以下的有 32 件，中断行车时间在 25 min 以上的有 4 件，占总数的 11%。因此，列车故障救援的影响时间应该可以控制在 25 min 以内，合理的时间要求是 18～25 min。

表 5-4 某城市轨道交通公司列车故障救援中断行车时间统计表

系统名称	18 min 以下	18～25 min	25 min 以上	合计
次数/次	11	21	4	36
比例/%	31	58	11	100

国内有的城市轨道交通公司《行车事故管理规则》规定，中断正线行车 30 min 以上的为一般行车事故。如果救援组织不力导致正线中断运行 30 min 以上，将可能影响行车安全成绩。因此，对于行车指挥人员来说，要尽可能将列车故障救援的影响时间控制在 30 min 以内。随着城市轨道交通公司员工故障处理能力、行车指挥水平和综合业务素质的提高，列车故障救援的影响时间将会不断缩短。

2. 列车故障救援的原则

列车故障救援是城市轨道交通运营中较为常见的特殊行车组织方式，它是为了迅速、及时地将在正线运行中出现故障且在规定时间内不能排除的列车及时迅速地移动到指定地点，开通运营线路的运行方式。

列车故障救援一般可使用车辆基地内的内燃机车或正线运行的其他列车进行牵引（推进）作业完成；目前使用较多的是利用正线运行的列车完成，在一般情况下，它能更加快捷、迅速，有利于线路开通。只有当故障车靠近车辆基地时，行车调度员才会考虑动用车辆基地内的内燃机车参与救援。

正线运行的列车发生故障需要进行救援时，应尽量遵循"顺向救援"的原则，以确保其他正线列车运行的秩序，即原则上应尽量采用相邻的后续列车正向推进故障列车的方法进行救援。如图 5-26 所示，当 0713 号列车在 D 站—E 站区间发生故障需要救援时，行车调度员一般会命令后续 0913 号列车对故障列车进行救援，这样相对于由前行 0413 号列车或其他列车进行救援的好处主要有两个方面：一方面，由于 0913 号司机在 F 站或 E 站清客后即可前往故障列车所在区间进行救援，节省了司机换端的时间，对前行和后续列车的运行影响不大，而如果命令 0413 号列车进行救援，则司机既要换端并反向运行才能到达故障列车所在区间，后续 0913 号列车也因无法运行而被迫清客并改开小交路；另一方面，相对于顺向救援来说，逆向救援使得城市轨道交通线路上列车逆时针运行的秩序被彻底打乱，行车调度员将不得不采取小交路、单线双向运行等调度手段对行车秩序进行调整，加大了处理的难度。

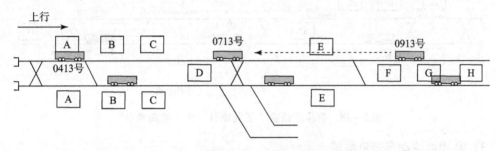

图 5-26　列车救援中"顺向救援"的原则

3. 列车故障救援中的调度组织技巧

列车故障救援在遵循"顺向救援"原则的同时，在一些特定情况下也不排除灵活运用其他方法，具体可大致概括如下：

（1）在辅助线附近实施"逆向救援"。

"逆向救援"是指利用前行列车反向推进故障车进行救援的方法。根据故障车的不同位置可以分成两种情况，一种情况如图 5-27（a）所示，当下行 0213 号列车故障需要救援时，由前行 0913 号列车逆向运行对故障车实施救援，能够很快将故障车推入 K 站存车线，如果由后续 0613 号列车实施救援，和故障车连挂后，如果正向推进，将距离其他辅助线较远，如果逆向牵引至 K 站存车线，又要遇到换端耽误时间和完成救援后恢复运行较困难等问题。另一种情况如图 5-27（b）所示，下行 0813 号列车刚完成折返时突发故障需要救援，此时 1012 号列车无法对故障车进行救援，行车调度员只有命令前行 0713 号列车清客后实施"逆向救援"，将 0813 号列车推入存车线后再恢复运行。

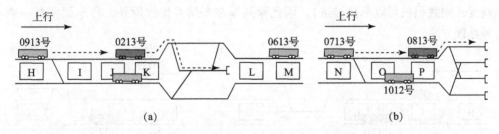

图 5-27　在辅助线附近实施"逆向救援"

（2）利用渡线变逆向牵引为顺向牵引。

为了避免在救援过程中逆向牵引故障车对运营秩序的影响，调度员可以利用渡线变逆向牵引为顺向牵引。如图5-28所示，当1312号列车在F站附近故障要求救援时，行车调度员命令0114号列车在清客后前往救援，由于故障地点在车辆基地附近，因此两车连挂后不是向前推进，而是应该逆向牵引回车辆基地，同时为了避免对其他上行列车运行的过大干扰，0114号在牵引故障车到F站清客后经F站渡线至下行线再牵引回车辆基地，这样就变逆向牵引为顺向牵引，使得上行线能够很快开通，同时对下行线列车运行的影响也在可控的范围内，救援工作总体上对列车运行的影响降到了最低。

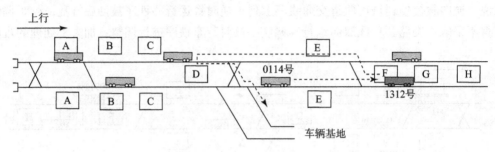

图5-28 利用渡线变"逆向牵引"为"顺向牵引"

（3）利用后端动车避免救援。

由于列车具有两端驾驶室都能动车的特点，有时行车调度员可以要求故障列车司机在故障处理中尝试后端动车以避免救援。利用后端动车的一种情况如图5-27所示，当列车在辅助线附近发生故障需要救援时，调度员除安排救援外的另一个选择是要求司机尝试列车后端驾驶室是否能够动车，如果后端能够动车，则命令司机清客后直接将故障车逆向牵引至辅助线退出运营，这样相对于由其他列车实施救援，其具有节省时间和减少清客等明显的优点。利用后端动车的另一种情况如图5-28所示，当1312号列车在F站附近故障要求救援时，行车调度员也可以要求司机尝试后端驾驶室是否能够动车，如果后端能够动车则要求司机经过F站渡线至下行线后顺向运行至D站后再推进回车辆基地。

利用后端动车还有另一种更加特殊的情况，如图5-29所示，上行列车1212号即将到达K站或1012号即将到达P站突发故障要求救援时，在故障列车上有两名司机或车站派出站务员在前端担任引导员的前提下，行车调度员可以命令司机尝试后端驾驶室是否能够动车，如果后端能够动车，则命令司机顺向推进故障车至辅助线退出运营。这样虽然也达到了减少清客和缩短行车中断时间的目的，但由于引导员不易上车（有的城市轨道交通公司规定经调度长同意司机可以单独推进），因此除列车在车站发生故障外，行车调度员一般不采取这种处理方法。

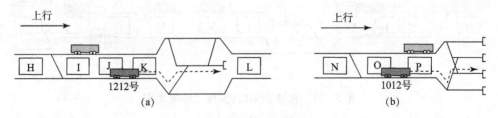

图5-29 后端动车推进至辅助线

利用后端动车的主要优点在于避免了除故障车外其他列车的清客，最大限度地减轻了对正线其他列车运行的影响，但也存在由于没有引导员而只能牵引不能推进，如果后端不能动车会增加救援总体时间等问题。

需要强调的是，这些列车救援工作中的调度技巧来源于调度员实际工作中的经验总结，在具体的列车故障处理中还需要行车指挥人员根据确保行车安全、尽快开通线路和兼顾客运服务的原则视具体情况灵活运用。

4. 决定救援前调度员的准备工作

当运营中的列车发生故障时，行车调度员就应当在协助司机排除故障的同时做好救援的准备工作，这样一旦司机确认故障无法处理请求救援就能迅速采取措施，节省行车中断的时间。国内多数城轨公司都规定，在列车出现故障中断行车 6 min 后，调度长可以命令终止故障处理，实施列车救援。在这 6 min 时间里，行车调度员大致要进行以下一些准备工作：

（1）故障发生后 1~2 min。

①向调度长和车辆检修调度员等各调度员通报故障信息。

②扣停后续列车在后方车站，前方列车多停。

③通知车站协助司机处理故障，准备 URM 监控员（或列车引导员）。

④通知备用车司机上备用车。

（2）故障发生后 2~3 min。

①全线列车多停。

②通知故障车所在车站及后方车站准备清客的人员到站台待令。

（3）故障发生后 3~4 min。

①连接三方通话，要求车辆检修调度对司机进行技术支援。

②通知后续列车及后方站清客。

（4）故障发生后 4~5 min。

①通知司机清客并尝试后端。

②通知车站配合清客。

③向后续列车预先发布救援命令，并通知其动车到区间待令。

④通知相关车站准备小交路折返。

（5）故障发生后 5~6 min。

①若后端不能动车或已过 6 min 仍不能动车，则由调度长决定救援。

②通知故障列车司机做好救援准备，说明来车方向。

③通知救援列车司机动车连挂。

④向相关车站发布救援命令及晚点信息。

⑤通知备用车司机准备上线。

（三）列车故障救援的现场组织方法

1. 列车救援前的准备工作

列车在区间或车站因故障被迫停车或不能启动时，司机要立即采取有效制动措施，并且用无线电话或其他有效通信工具向行车调度员报告情况，并在规定的时间内进行故障排除，如果不能迅速排除应及时向行车调度员汇报并且请示故障救援。

故障列车司机救援请求报告的内容包括：列车车次，请求救援的事由原因，迫停时分、地点，是否影响邻线，其他需要说明的事项。

列车故障情况下行车组织由调度中心（OCC）全权负责，故障的判断和处理由司机负责，行车调度员有责任提出辅助处理意见，但司机离开驾驶室处理故障前须报告行车调度员批准。

行车调度员决定救援或接到司机的救援请求后，应向有关车站、司机发布开行救援列车的命令，讲清救援列车开来的方向。无 ATP 保护的列车救援或因挤岔、脱轨、线路故障等可能会影响后续列车行车安全的原因救援时，必须发布封锁线路的命令。

已申请救援的列车严禁动车，司机应做好安全防护及救援准备工作，包括技术与服务准备，如施加列车停车制动，关闭相关开关、阀门，进行客室广播说明情况或者进行清客等措施，并在救援列车开来方向打开列车车头灯进行防护。

故障列车在站台时需要立即组织清客。当故障列车停在区间时，如果确认救援列车较长时间内不能挂走故障列车时，需要组织区间清客。清客时，由行车调度员发出命令通知司机和有关车站，要求做好乘客疏散组织工作。如果请求救援列车在隧道区间，还需要环控调度员组织隧道送风。

2. 救援过程

原则上救援列车必须空车前往救援。救援列车司机接到救援命令，清客广播两次后，可关闭客室照明，一定时间内未能清客完毕，带客前往救援。列车到达存车线（车辆基地）前，安排车站、公安配合再次清客。运营期间如需使用工程车进行救援，进行客车救援的工程车应采用内燃机车，并加装过渡车钩。

救援列车司机必须清楚故障列车的停车位置，在接近故障车的行进过程中，应严格按照行车调度员下达的救援命令执行。救援列车开往故障地点时应使用带 ATP 防护的人工驾驶模式进行，并且加强瞭望，限制行车速度，当接近故障车地点时列车收到"零码"，列车停车后司机应使用限制速度的人工驾驶模式驾驶列车运行，如图 5-30 所示。以内燃机车为救援列车时必须在运行中高度警惕，不得超过规定速度，并认真瞭望，防止失去制动时机与制动距离而撞车。

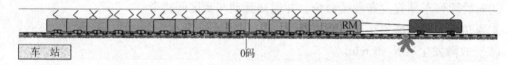

图 5-30　停车后采用人工驾驶模式驾驶列车接近故障车

救援列车应距故障车 20 m 处停车，以 5 km/h 速度接近故障车，3 m 处一度停车，听候救援负责人（被救援列车司机）的指挥连挂，如图 5-31 所示。故障列车在连挂之前可继续排除故障，但不能动车，如故障排除则报告行车调度员解除救援。

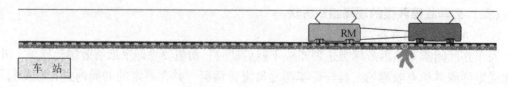

图 5-31　一度停车

故障列车司机在完成等待救援的准备工作后应在与救援列车连挂端前方防护，发现救援列车到达，必须按规定显示手信号或用无线电对讲机与救援列车司机联络，待救援列车司机回复后才能允许挂车。得到可以连挂的信号后，救援列车以 3 km/h 的速度进行连挂。列车连挂后，司机要进行试拉，确认连挂可靠后，通知故障列车司机缓解制动，如图 5-32 所示。

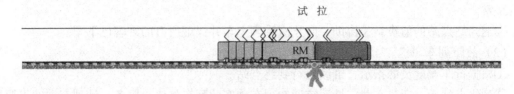

图 5-32 连挂后试拉

救援列车司机和故障列车司机联系确认列车完全缓解，并确认无线电对讲设备的测试良好后才能按规定动车，一般推进故障车时限速 25 km/h，牵引故障车时运行限速 45 km/h，运行中两车司机可通过司机室对讲机进行联系确认。救援牵引运行时前方进路由救援车司机负责瞭望和确认，行车方式为手动驾驶。推进运行时前方进路由故障列车司机负责瞭望和确认，行车方式为手动驾驶，遇有危及行车安全的情况，应立即用无线电话通知救援车司机停车。天气不良或环境恶劣时应适当降低速度。

3. 救援结束后的工作

现场抢险、救援工作完毕，救援人员、工具出清线路，具备恢复运营条件后，各专业人员立即向现场指挥汇报；所有专业人员救援、抢修完毕并检查确认具备恢复运营条件后，现场指挥及时向总指挥汇报。

总指挥在接报具备恢复运营条件后，发布或授权发布救援终止命令，恢复正常运营。遇到发生人员伤亡、设备损坏时，按城轨运营企业有关应急预案规定执行。故障发生后，受影响车站要做好运营服务工作，城轨公司对工作人员要进行合理的站间调配，行车调度人员要根据情况对列车运行进行调整。

二、列车牵引制动系统故障的应急处理程序

（一）一节车厢制动单元严重故障的处理程序

1. 发现故障

（1）故障列车司机。

①确认一节车厢制动单元严重故障。

②向行车调度员报告列车编号、位置、故障情况。

（2）行车调度员。

①接到故障列车司机报告后，报告调度长列车的编号、位置和故障状态。

②请示调度长该故障列车在抵达终点站之后遣返车辆基地。

（3）调度长。

①接获列车故障报告后进行记录。

②指示行车调度员通知故障列车司机在抵达终点站之后返回车辆基地，通知终点站的值班站长协助，防止有乘客上车并保证所有的乘客已下车。

2. 抵达终点站之后退出运营

(1) 行车调度员。

①执行调度长的指示，通知故障列车司机在抵达终点站之后清客，返回车辆基地。

②通知故障列车司机在抵达终点站之前密切注意故障车的 5 节车厢制动单元功能的操作是否正常。

③通知终点站的值班站长协助，防止有乘客上车并保证所有的乘客已下车。

(2) 故障列车司机。

①根据行车调度员的指示，继续运行到终点站。

②到终点站后，通过车载广播系统通知列车乘客此列车将停止服务，请列车乘客不要留在车上。

(3) 值班站长。

根据行车调度员的通知，通知终点站站务人员到站台协助，防止有乘客上车并保证所有的乘客已下车。

(4) 站务人员。

执行终点站值班站长的指示，到站台协助，防止有乘客上车并保证所有的乘客已下车，作业完毕后报告值班站长及司机全部列车乘客已离开列车。

(5) 故障列车司机、值班站长。

报告行车调度员列车乘客已全部离开。

(6) 行车调度员。

①接到故障列车司机及值班站长报告后，报告调度长全部列车乘客已离开列车。

②请示调度长可将故障列车遣返车辆基地。

(7) 调度长。

指示行车调度员通知故障列车司机可将列车遣返车辆基地。

(8) 行车调度员。

通知故障列车司机可驾驶列车返回车辆基地。

(9) 故障列车司机。

根据行车调度员的安排，将列车驶回车辆基地。

(二) 两节车厢制动单元严重故障的应急处理

1. 发现故障

(1) 故障列车司机。

①确认两节车厢制动单元严重故障。

②向行车调度员报告列车编号、位置、故障情况。

(2) 行车调度员。

①接到故障列车司机报告后，报告调度长列车的编号、位置和故障状态。

②请示调度长该故障列车将在下一站疏散列车内的乘客后，安排列车返回车辆基地。

(3) 调度长。

①接获列车故障报告后进行记录。

②指示行车调度员通知故障列车司机在将抵达的车站疏散列车内的乘客后，安排列车返回车辆基地。

③指示行车调度员通知列车将抵达车站的值班站长协助疏散列车内的乘客。

2. 抵达下站之后退出运营

（1）行车调度员。

①执行调度长的指示，通知故障列车司机在抵达车站后疏散列车内的乘客，返回车辆基地。

②通知列车将抵达车站的值班站长协助疏散列车内的乘客。

（2）故障列车司机。

执行行车调度员的指示，在抵达车站后通过车载广播通知列车乘客进行疏散。

（3）值班站长。

在接获行车调度员有关疏散列车乘客的指示后，通知站务人员到站台协助疏散列车乘客。

（4）站务人员。

执行值班站长的指示，到站台协助疏散列车乘客，作业完成后报告值班站长及列车司机全部乘客已离开列车。

（5）故障列车司机、值班站长。

报告行车调度员列车乘客已全部离开。

（6）行车调度员。

①接到故障列车司机及值班站长报告后，报告调度长全部乘客已离开列车。

②请示调度长可将故障列车遣返车辆基地。

（7）调度长。

指示行车调度员通知故障列车司机驾驶列车返回车辆基地。

（8）行车调度员。

通知故障列车司机可驾驶列车返回车辆基地。

（9）故障列车司机。

根据行车调度员的安排，将列车驶入车辆基地。

（三）一节车厢常用制动无法缓解时的处理程序

1. 运行中突发制动故障

（1）故障列车司机。

①确认一节车厢常用制动无法缓解。

②将情况报告行车调度员。

（2）行车调度员。

①接到故障列车司机报告后，报告调度长列车的编号、位置和故障状态。

②根据列车状况确定按向前限速运行。

③通知检修调度员指示下个站的驻站检修人员做好上车检修准备。

（3）调度长。

接获列车故障报告后进行记录。

2. 抵达下站之后抢修

（1）故障列车司机。

①根据行车调度员的指示，按向前限速驾驶模式运行。

②密切注意车辆状况，在出现其他情况时，应及时通知行车调度员。

(2) 行车调度员。

密切注意故障车的运行。

(3) 检修人员。

①接到检修调度员通知，在列车到站后对进站列车进行检修。

②如故障不能很快排除，将检修情况通报给行车调度员及司机。

(4) 行车调度员。

接到检修人员及司机故障不能很快排除的报告后，请示调度长该故障列车将在抵达终点站之后退出运营进行检修。

3. 到达终点站后退出运营

(1) 调度长。

①指示行车调度员通知故障列车司机在抵达终点站之后清客，退出运营进行检修。

②指示行车调度员通知终点站的值班站长协助，防止有乘客上车并保证所有的乘客已下车。

(2) 行车调度员。

①执行调度长的指示，通知故障列车司机在抵达终点站之后清客，退出运营进行检修。

②通知终点站的值班站长协助，防止有乘客上车并保证所有的乘客已下车。

(3) 故障列车司机。

①根据行车调度员的指示，继续运行到终点站。

②到终点站后，通过车载广播系统通知列车乘客此列车将停止服务，请列车乘客不要留在车上。

(4) 值班站长。

根据行车调度员的通知，指示终点站站务人员到站台协助，防止有乘客上车并保证所有的乘客已下车。

(5) 站务人员。

执行终点站值班站长的指示，到站台协助，防止有乘客上车并保证所有的乘客已下车，作业完成后报告值班站长和司机全部乘客已离开列车。

(6) 故障列车司机。

报告行车调度员乘客已全部离开列车。

(7) 行车调度员。

①接到故障列车司机报告后，报告调度长全部乘客已离开列车。

②请示调度长可将故障列车退出运营进行检修。

(8) 调度长。

指示行车调度员通知故障列车司机可将列车退出运营进行检修。

(9) 行车调度员。

通知故障列车司机可将列车退出运营进行检修。

(10) 故障列车司机。

根据行车调度员的安排，将列车退出运营进行检修。

三、案例处理——某城市轨道交通线路列车制动系统故障

某城市轨道交通线路如图 5-33 所示，D 站出岔连接车辆基地。某日下午 14：06，1312 次列车运行至 G 站上行站台停车开关门作业后，正常按 ATO 驾驶启动，启动后不久，列车发生制动，随即自动停车。

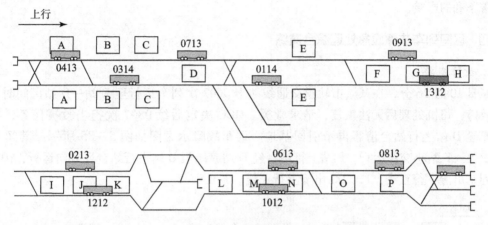

图 5-33　1312 次列车制动系统故障处理示意图一

此时列车大约越出站台一节车厢。司机立即向乘客广播解释，并改用手动 SM 模式驾驶，列车只能以 5 km/h 速度缓慢运行。司机随即停车，向行车调度员汇报后，按规定程序处理故障，继续运行，发现列车故障仍然存在。1312 次于 14：15 到达 H 站，按规定开关门作业上下客。1312 次列车从 H 站开出后不久，列车产生紧急制动。司机缓解紧急制动后，再次进行处理，但列车故障仍然存在，手动 SM 模式驾驶时速度只能维持在 5 km/h 左右，列车于 14：26 到达 I 站，接行车调度员命令清客后，按规定做好客室广播。14：35 行车调度员通知司机动车至 K 站存车线，司机便立即动车。因列车故障继续存在，运行速度较慢，14：54 通过 J 站。由于上行进 K 站线路上坡道坡度较大，列车运行速度呈缓慢间隙式牵引，不超过 5 km/h，于 15：03 到达 K 站后直接进入存车线（图 5-34）。

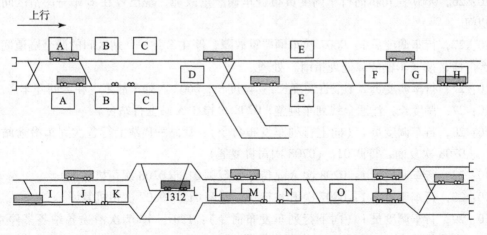

图 5-34　1312 次列车制动系统故障处理示意图二

虽然这起事故的直接原因是该车刚上线运行不久，还在磨合期内，由于制动控制系统故障引起，但在事故应急处理过程中列车司机和行车调度员都存在明显操作失误和经验不足的情况：司机行车经验严重不足，只缓解了气制动，没缓解电制动，使得列车只能以 5 km/h 的速度运行；行车调度员在应急处理过程中犹豫不决，没有在列车制动故障出现之初就果断采取救援措施，不应让司机以 5 km/h 的速度运行近 1 h，给运营调整和客运服务工作都造成了非常不利的影响。

四、区间列车故障应急处理综合演练

1. 故障概要

某日 10 时 26 分，在某城市轨道交通线路上 0607 次列车运行至 E 站—D 站区间时车辆严重故障，司机处理后无法恢复，请求救援。OCC 决定后续 0807 次担当救援任务，推进故障车至 D 站上行站台清客再牵引回基地。列车故障示意图如图 5-35 所示。其间 OCC 组织 P 站—F 站小交路运行，F 站上行站台经 D 站渡线至 D 站下行站台反方向运行，10：53 救援列车出清下行正线，11：00 出清上行正线。

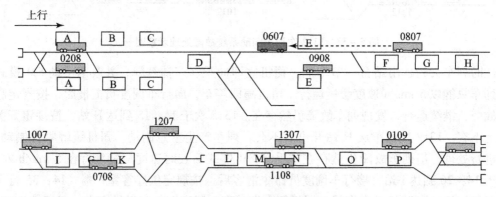

图 5-35　0607 次列车故障示意图

2. 模拟演练经过

10：26，0607 次司机向行车调度员报告车辆严重故障，现已停在 E 站—D 站区间的两个隧道间。

10：27，行车调度员 1：0607 次车辆严重故障，停在 E 站—D 站区间的两个隧道间，做好乘客广播，按《车辆故障处理指南》处理。

10：27，行车调度员 2（报告调度长）：调度长，0607 次列车故障，在区间停车。

10：27，调度长：注意全线列车调整，0208 次扣在 A 站上行站台。

10：28，行车调度员 1（向上行列车发布命令）：D 站—P 站上行各次列车沿途站各多停 40 s，0708 次复诵，行调 01。（0708 次司机复诵）

10：28，行车调度员 1：0208 次 A 站待令，行调 01。（0208 次司机复诵）

10：28，行车调度员 1：0807 次 E 站待令，行调 01。（0807 次司机复诵）

10：29，行车调度员 1（向下行列车发布命令）：1207、1307 次沿途各站各多停 40 s，1207 次司机复诵，行调 01。（1207 次司机复诵）

10：29，环控调度员向相关车站发布晚点信息。

10：29，行车调度员1：P站下行0109次晚开2 min，行调01。（0109次司机复诵）

10：29，行车调度员2（向车辆检修调度员通报故障情况）：检调，0607次在E站—D站区间车辆严重故障，已停车处理。（车辆检修调度员回复）

10：30，环控调度员再次向相关车站发布晚点信息，通报故障处理情况。

10：31，行车调度员1：0607次司机故障处理如何？

10：31，0607次司机回答：正在处理，故障依然存在。

10：31，行车调度员2联系设备维修调度员指导司机处理故障。

10：32，行车调度员1：0908次、1007次列车到F站待令，0908次司机复诵，行调01。（0908次司机复诵）（图5-36）

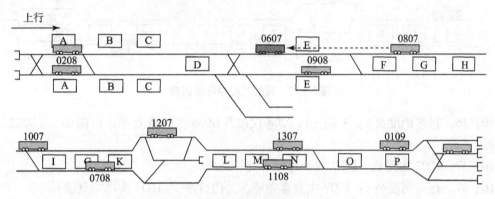

图5-36　0607次列车救援示意图

10：32，0607次司机：故障处理不好，请求救援。

10：32，行车调度员1将情况报告调度长。调度长布置救援方案，后续0807次担当救援任务，推进故障车至D站上行站台清客再牵引回车辆基地，同时进行信息通报。

10：33，行车调度员1：0807次E站清客，行调01。（0807次司机复诵）

10：33，行车调度员1：（向0607次、0807次列车发布救援命令）因0607次在E站—D站区间故障请求救援，准E站—D站下行线加开601次到E站—D站间下行线担任救援工作，推进故障车至D站上行站台清客再牵引回车辆基地，601次由0807次担任，0807次司机复诵，行调01。（0807次司机复诵）

10：33，行车调度员2：（向E站、D站发布救援命令）因0607次在E站—D站区间故障请求救援，准E站—D站下行线加开601次到E站—D站下行线担任救援工作，推进故障车至D站上行站台清客再牵引回基地，601次由0807次担任，D站复诵，行调02。（D站行车值班员复诵）。

10：35，行车调度员1：1007次F站清客，凭行调指令折返到F上行站台改开2102次，行调01。（1007次司机复诵）

10：35，行车调度员1：0908次F站清客，换端后改开2101次F站载客，反方向运行经D站渡线至D站下行站台再运行至A站下行站台，行调01。（0908次司机复诵）

10：35，行车调度员2：1007次、0908次列车F站清客，0908次换端后改开2101次F站载客，反方向运行经D站渡线至D站下行站台再运行至A站下行站台。1007次折返到F站上行站台改开2102次。要求D站、E站、F站做好乘客服务，E站复诵，行调02。（E站行车值班员复诵）（图5-37）。

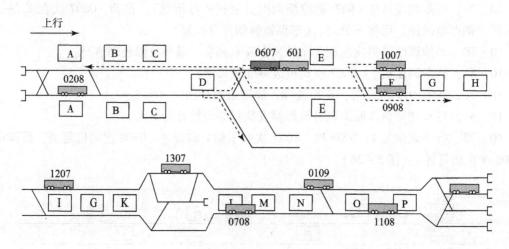

图5-37 救援过程中行车调整

10：36，行车调度员1：A站上行0208次改开0608次正点发车，行调01。（0208次司机复诵）

10：37，1007次司机：1007次F站清客完毕。

10：37，行车调度员1：1007次清客完毕，关门待令。（1007次司机复诵）

10：38，0908次司机：0908次F站清客完毕，请求换端。

10：38，行车调度员1：0908次换端后确认乘客上下完毕凭地面信号动车。（0908次司机复诵）

10：41，2101次F站动车。

10：42，行车调度员1：F站下行1007次凭地面信号折返至上行站台，确认乘客上下完毕凭车载信号动车。（1007次司机复诵）

10：46，2102次F站动车。

10：47，行车调度员2：P站，1道备用车替开0709次，0708次到达后替开0909次，行调02。（P站行车值班员复诵）

10：48，行车调度员1：P站1道备用车凭地面信号动车到P站下行站台替开0709次正点发车，行调01。（备用车司机复诵）

10：50，601次司机报告连挂成功动车，行车调度员1通知601次动车。

10：51，行车调度员1将上行列车扣在B站。

10：53，601次出清下行线。

10：58，601次报故障车清客完毕。

11：00，601次出清正线后组织车辆基地一列列车进入正线调整，恢复按图行车。

 **原因分析**

（1）车辆检修和行车部门工作人员安全意识不强，存在侥幸心理。据了解，这条电路曾经也发生过类似故障，但都是在终点站或存车线附近，未影响到正常运营。加上这类故障

难以重现，致使故障一次次被放过，最终造成此次事故的发生。

（2）当值调度处理突发事件能力不足。在事故处理过程中，列车在故障状态下仍然载客运行了两个区间，致使影响正线正常运营近 1 h。

 防范措施

（1）加强工作人员对工作的严谨态度和责任心，通过培训等多种手段，提高工作人员素质。

（2）工作人员要加强设备维护和维修，及时发现问题，采取解决措施。

（3）加强应急预案演练，每位工作人员熟知预案流程。

子任务 3　列车挤岔（脱轨）的应急处理

案例名称	长春轻轨脱轨事故		
时间	2005 年 6 月 24 日 9 时 15 分	地点	长春轻轨 3 号线长春站

事故概况：
　　2005 年 6 月 24 日 9 时 15 分许，长春市春铁大厦前轻轨线路轨道处，4 号轻轨车在进站并轨时脱轨，抢修人员先用用铁压机、复轨器、救援车、吊车等多种机器，约 20 位工人的努力，在 7 h 后终于将 4 号轻轨车扶上轨道开始通车，所幸，此次脱轨事件没有人员伤亡，轻轨车也没有造成严重损失。

 知识要点

（1）了解城市轨道交通列车发生挤岔事故的原因。
（2）了解挤岔事故的抢修程序和基本方法。
（3）了解城市轨道交通脱轨事故救援的基本方法。

 理论准备

如果说城市轨道交通列车的车门故障、牵引制动系统故障比较常见，那么列车挤岔和列车脱轨事故都比较罕见。相对而言，列车挤岔或脱轨发生概率要比列车冲突的发生概率高一些，本任务就针对这两种情况介绍轨道交通运营企业的应急处理方法。

一、挤岔事故的应急处理方法

如同前面案例中所述情况，发生挤岔事故后应急处理的基本原则就是司机必须立即停车并向调度员汇报事故情况，等候工务和信号维修人员前来处理，只有当受损尖轨被固定且得到维修人员同意后方能缓慢驶离岔区；否则有可能造成列车脱轨，进一步加大事故的影响和处理的难度。

1. 信息报告与抢险人员响应

发生挤岔事故后，当事司机应第一时间报告调度中心，调度中心的维修调度员应立即通知工务和信号维修部门，工务和信号维修部门接到指令后立刻成立抢修小组，并安排部分维修人员先期赶赴现场进行前期勘查，同时与抢修小组保持联系，以便准备工具和材料，待后继人员赶到后共同对损坏设备进行修复。

2. 工务和信号人员的抢修程序

（1）先期到达维修人员的处理方法。

工务和信号维修人员到达现场后，立即请点到现场查看道岔损伤情况，并报告本部门抢修小组和OCC设备维修调度员。随后维修人员到邻近车站车控室登记，申请停用损坏的道岔，并请点封锁故障所在区间。在区间封锁后，维修人员进入现连的转辙机连接杆，做好更换尖轨的准备。

（2）现场抢修过程。

工务抢修人员到达现场后，做好施工防护，对损伤尖轨进行丈量确认，寻找备用的尖轨并复核尺寸，并运送至该故障道岔处。待信号抢修人员拆除损伤尖轨上安装的接续线，做好更换准备后，工务抢修人员拆除损伤尖轨，更换新尖轨，调整线路几何状态，把线路恢复到可以行车状态，最后由信号抢修人员进行信号调试，恢复道岔功能。

工务、信号抢修人员确认设备符合行车条件，故障处理完毕后，到邻近车站的车控室登记销点，交付正常使用，并报告OCC设备维修调度员，事故抢修结束。挤岔事故的现场抢修流程如图5-38所示。

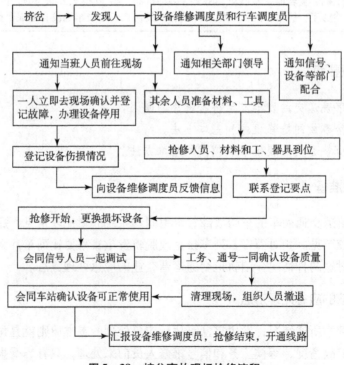

图5-38 挤岔事故现场抢修流程

二、脱轨事故的应急处理方法

1. 车辆脱轨的起复工具

国有铁路发生车辆脱轨事故时使用的起复工具包括"人"字形复轨器、海参形复轨器和手动简易复轨器等。其中"人"字形复轨器、海参形复轨器安装方法如图 5-39 所示。

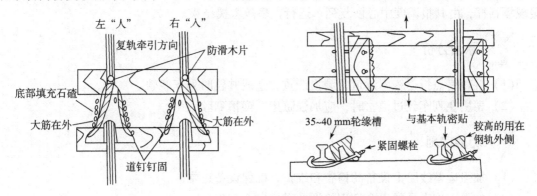

图 5-39 "人"字形复轨器和海参形复轨器的安装

"人"字形复轨器和海参形复轨器在车辆起复中都需安装在脱轨车辆前方的钢轨上，再由机车将脱轨车辆向前拉复。

由于城市轨道交通车辆的脱轨大多发生在车辆基地、高架桥或隧道内，不利于重型起复工具的运送，且脱轨轮对离钢轨较近，因而城市轨道交通列车的起复工作大多采用手动简易复轨器进行。

手动简易复轨器是起复脱轨车辆的简易工具，它具有使用轻便、灵活、起复迅速、操作简便安全、便于携带、不需要动力机械等特点。

简易复轨器的组成如下：

起重部件——垫木、下滑铁板、滑盘、上滑铁板、顶起千斤顶、支撑千斤顶、千斤顶托、千斤顶托软盘。

横向位移部件——横向移动千斤顶、拉链钩、拉杆、卸扣、牢销。

2. 轨道交通列车脱轨的处理程序

（1）列车脱轨后的先期处理。

发生列车脱轨后，如果列车上有乘客，司机应按照相关预案立即组织人员疏散。如列车脱轨时造成其他设备、设施损坏，事故处理现场指挥小组应安排相关部门进行先期处理，确保车辆起复时人员和设备的安全。考虑到车辆起复可能对供电系统的影响，在救援队员进入现场前需由供电维修人员将脱轨车辆附近接触网（或接处轨）断电，并挂好接地线。

（2）列车起复前的准备工作。

列车起复前救援人员要先对脱轨车辆上止轮器，防止其移动。然后研究确定起复的车体支撑点和移动支撑点，并制订救援方案报现场指挥批准。如果脱轨发生在碎石道床处，选择顶升位后救援人员需平整碎石道床以保证顶升点的稳固。如果车辆发生多轮对脱轨，一般先选择容易复轨的轮对先复轨，其他的轮对根据现场实际情况再分别复轨。

（3）使用手动简易复轨器起复车辆的作业过程：

①用顶起千斤顶，从脱轨轮对下方顶起脱轨车辆。
②用横向移动千斤顶，将脱轨轮对推至钢轨上方并对准钢轨。
③落下顶起千斤顶，将轮对落在轨面上复位。
④撤出手动简易复轨器。

车辆复位后救援人员要迅速检查脱轨车辆，确认车辆能满足基本行车条件，然后汇报救援现场指挥，由其报调度中心恢复列车运行，事故救援结束。

原因分析

（1）轻轨终点折返线附近道岔磨损严重，造成并轨时列车脱轨。
（2）司机在列车经过道岔时，应加强瞭望，谨慎驾驶。

防范措施

（1）加强运营线路上设备的检查和维护，确保设备正常。
（2）加强工作人员的安全意识培训，做好安全工作。

任务3　供电设备故障应急处理

目前世界各国的城市轨道交通无一例外地皆采用电力牵引，电能的供应和传输是城市轨道交通安全、可靠运行的重要保证。供电系统的服务对象除运送乘客的电动车辆外，还有保证乘客在旅行中有良好卫生环境和秩序的通风换气、空调设施、自动扶梯、自动售检票设备、屏蔽门、排水泵、排污泵、通信信号、消防设施和各种照明，这些构成了城市轨道交通这个用户的庞大用电群体。供电系统就是保证城市轨道交通的各种用电设施发挥各自的功能和作用，给不同电压等级、不同电压制式的用电设备供电，保证城市轨道交通的电动车辆畅行无阻、安全而迅速地运送乘客。可以说，供电系统是城市轨道交通的大动脉。

城市轨道交通一般都采用直流供电制式，这是因为城市轨道交通运行的列车功率并不是很大，其供电半径（范围）也不大，因此供电电压不需要太高，另外直流制比交流制的电压损失小（同样电压等级下），因为没有电抗压降。由于城市内的轨道交通，供电线路都处在城市建筑群之间，供电电压不宜太高，以确保安全。基于以上原因，世界各国城市轨道交通的供电电压都在直流 550~1 500 V，但其挡级很多，这是由各种不同交通形式和不同发展历史时期造成的。

城市轨道交通供电系统由两大部分组成，即城市电网引入的电源和城市轨道交通内部供电系统。城市轨道交通内部供电系统即通常所说的供电系统，包括主变电所、牵引供电系统、供配电系统。城市轨道交通供电系统对城市电网是用户，对城市轨道交通内部的用电设备是电源，作为城市电网的一个重要用户，一般都直接从城市电网取得电能，无须单独建设电厂。城市电网对城市轨道交通供电的电压等级目前国内有 110 kV、63 kV、35 kV 和 10 kV 等 4 种，究竟采用哪一种电压等级，由不同城市电网构成的特点和城市轨道交通的实际需要而定。

子任务 1　牵引供电分区停电事故的应急处理

案例名称	昆明地铁单向供电分区停电事故		
时间	2012 年 7 月 31 日 15 时	地点	昆明地铁
事故概况： 　　2012 年 7 月 31 日 15 时，昆明地铁线路上，一列从地铁东部汽车站开往机场中心站方向的地铁行至高架段时突然停电，列车在高架轨道上停运了 22 min 后恢复通行。汽车站与机场中心站同时对开两列地铁，而从东部汽车站向机场中心站发出的一列列车在运行过程中遭遇了停电事故，列车停在高架上，车厢内所有照明也全部熄灭了，而从机场中心站发出的列车并未受到停电的影响。			

（1）掌握接触网类故障的应急处理程序。
（2）掌握弓网纠缠类故障的应急处理程序。

牵引供电分区停电是城市轨道交通线路运营中常见的设备故障，一旦发生牵引供电分区停电，就会造成一段线路停运，有时根据设备故障的不同情况和故障处理所需的时间长短，行车调度员还会采取区间清客或出动工程车救援等不常用的手段，应急处理的复杂程度一般来说高于其他种类的设备故障。

一、牵引供电分区停电的应急处理方法

在城市轨道交通供电设备故障中，由于牵引变电所设备大多采取冗余设置，因此牵引变电所解列造成牵引供电分区临时停电的情况并不常见，而多数牵引供电分区停电故障是供电线路的个别位置短路等室外设备故障造成的，因相邻牵引变电所的直流馈线开关跳闸所引起，如图 5-40 所示。

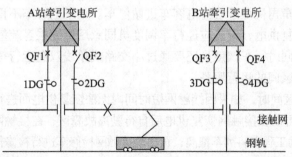

图 5-40　室外设备故障引起牵引供电分区停电示意图

引起牵引供电分区停电的故障按位置可分为室内设备故障和室外设备故障。室内电力系统故障在调度员判断准确、运行方式调整果断的情况下对正线行车的影响还是可以控制的。而由于室外电力设备的唯一性，大多需要供电维修人员现场抢修后才能排除，因此对运营工作的影响较大。以我国南方地区较常见的柔性接触网故障来说明牵引供电分区的应急处理方法。

当某个供电分区停电而故障不明时，电力调度员必须先对故障点进行判断，然后再有针对性地采取抢修措施。当 A 站至 B 站间的供电分区失电时，电力调度员一般会采取排除法确定故障点：在确认失电区域所有列车降弓后，先分开 A 站牵引变电所馈线隔离开关 2DG，试送 B 站牵引变电所馈线断路器 QF3，如果送电成功，则说明故障点在 A 站牵引变电所内；如果送电不成功，则说明故障点在 B 站牵引变电所内或两座变电所间的牵引网上。下一步措施是合上 A 站牵引变电所馈线隔离开关 2DG，分开 B 站牵引变电所馈线隔离开关 3DG，试送 A 站牵引变电所馈线断路器 QF2，如果送电成功，则说明故障点在 B 站牵引变电所内；如果送电不成功，则说明故障点在两座变电所间的牵引网上，这样就使得故障检查的范围大为缩小。

在找到故障点后，接下来的工作就是由设备维修调度员和电力调度员组织人员进行设备抢修，行车调度员在设备抢修的同时，组织在非故障区的列车维持适度运营。

对于行车组织工作来说，根据对行车秩序影响程度的大小和故障维修方法的不同，一般可将牵引供电分区停电故障分为接触网类故障和弓网类故障。

二、接触网类故障的应急处理方法

在牵引供电系统的故障中发生频率最高、影响最严重的莫过于接触网设备的故障，如绝缘瓷瓶破损、雷击造成设备损坏、地外设施碰触接触线和异物缠绕在接触网上等情况在地铁的实际运营过程中均有发生。

接触网设备的故障既可能由于室外设备故障引起，也有可能由于室内设备故障引起。室内设备故障的抢修由于不需要下到轨行区，对行车工作的干扰相对于室外设备故障要小。而室外设备一旦故障，由于室外设备的唯一性，需要抢修人员停电下到轨行区现场处理，因此室外接触网设备出现问题将会对地铁的运营服务造成严重的影响，行车指挥人员对列车运行秩序调整难度也比较大。

接触网设备故障发生后，接近故障地点的列车司机、车站应在第一时间将故障的地点、位置和是否影响行车等情况通报调度中心，调度中心电力调度员应立即通过电力监控系统确认故障区域电力设备的运行状态，并通知专业值班人员迅速前往事发地点确认接触网故障情况。

如果接触网发生跳闸失电时，调度中心行车调度员应立即扣停驶往无电区的电客车，并要求失电区段的电客车司机尽量维持电客车进站停车。如果电客车不得已停在区间，并且接触网短时间内无法恢复供电，司机应经行车调度员同意后组织乘客疏散，相邻车站的工作人员要做好接应准备。同时行车调度员还要通过小交路或单线双向运行等调整手段，最大限度地维持不受故障影响区间的运营服务。

列车不得已停在区间时，如果因接触网短时间内无法恢复供电而进行了区间清客，在一般情况下清客后的列车可以在接触网恢复供电后自行驶离故障区，在接触网断线等个别严重故障的情况下，需要先出动工程车将列车拖离，再出动接触网检修车进行检修作业后方能恢复供电。

如果接触网没有失电，仅是个别地点的设备故障影响行车，行车调度员应命令故障区段的电客车司机尽量以换弓或降弓惰行的方式通过故障地点，如果无法通过故障地点，则行车调度员应在采取运营调整措施后命令电客车司机退回车站，然后再封锁区间组织力量进行抢修。

当需要对接触网故障进行停电抢修时，行车调度员应及时将故障区间封锁，交给维修调度员，由维修调度员组织力量进行故障抢修作业。抢修人员的抢修工作应遵循以"先通后复"的原则，尽可能减少中断行车时间，在确保行车安全的前提下，可以采取临时措施恢复行车，待晚上运营结束后对故障地点设备进一步进行检修，确保不影响次日运营服务。

接触网故障的基本处理程序如图 5-41 所示。

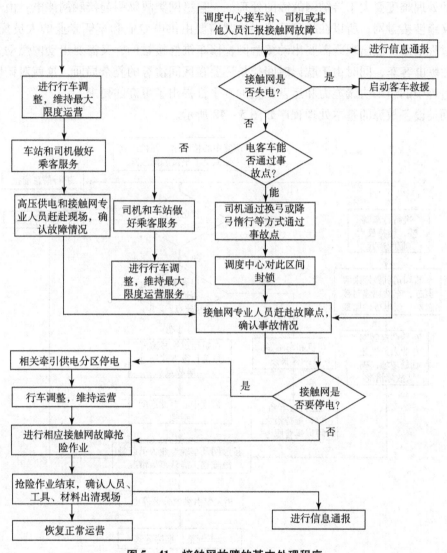

图 5-41 接触网故障的基本处理程序

三、弓网类故障的应急处理方法

一般城轨线路接触网的供电方式是地面、高架线路采用柔性接触网，地下线路采用刚性接触网。由于柔性悬挂接触网系统常用于地面和高架线路为电客车提供电能，而柔性接触网线索较多，在恶劣天气下显得相当柔弱，电客车在高速运行过程中受电弓和接触网容易产生弓网绞织或打火等弓网异常故障。

弓网类故障的处理方法和接触网故障的处理方法基本相同，都需要行车调度员和司机先对故障进行确认，如果能换弓或惰行通过，尽量要求故障区段的列车进站停车后处理；如果无法通过故障区段，则一般需要封锁区间进行故障抢修。

弓网类故障的处理方法和接触网故障处理方法的不同之处主要表现在两个方面：一是产生原因不同，弓网类故障的产生主要由受电弓和接触网的接触摩擦引起，而接触网故障主要来自供电设备本身；二是处理难度不同，由于受电弓和接触网设备的唯一性，一般来说弓网类故障的处理难度要大于接触网故障的处理。一旦弓网类故障引起接触网停电，由于既牵涉受电弓又牵涉接触网，所以在故障抢修中经常需要由供电专业和车辆专业的人员配合作业，在抢修过程中很可能出现既需要出动接触网检修车维修接触网，又需要出动内燃动力的工程车拖走故障电客车，同时由于耽误时间较长还要在区间清客的复杂局面，这就对调度员在设备抢修过程中的组织协调能力和运营调整的水平都提出了更高的要求。

弓网类设备故障的基本处理程序如图 5-42 所示。

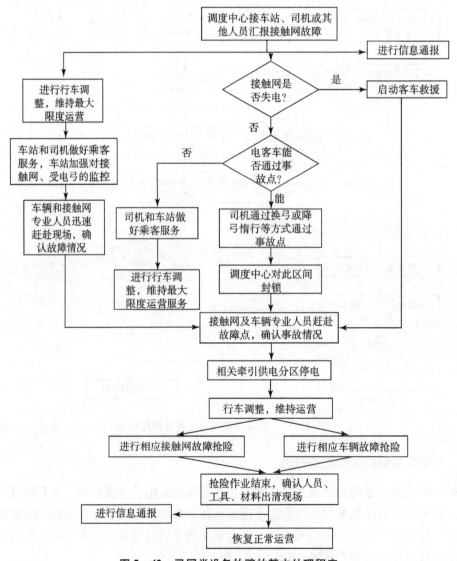

图 5-42 弓网类设备故障的基本处理程序

需要强调的是,在城市轨道交通列车运行过程中经常发生的弓网打火现象,必须引起运营人员的高度重视,因为弓网打火往往是弓网纠缠类故障的前兆,运营人员必须能够区分弓网接触中的正常打火、异常打火或者是严重打火,一般的判断方法和处理原则如表 5-5 所示。

表 5-5 弓网打火的判断方法和处理原则

打火类型		现象	处理方法
正常打火		列车受电弓通过接触网锚段关节、分段绝缘器、线岔、汇流排接头处、刚柔过渡处(包括折返线、存车线、出入段)等,发生的轻微的拉弧或打火	电客车正常运行
非正常打火	一般异常打火	在正常打火区间以外的场所发生轻微的打火现象,特征是不发生连续拉弧、不产生大的火花	后续电客车根据专业建议采取相应措施(限速或单弓运行)通过该段接触网,运营结束后,对该段接触网进行调整
	严重异常打火	列车受电弓通过在不同地点发生连续拉弧或产生较大火花	(1)在同一地点,连续3辆电客车受电弓发生严重异常打火,该段接触网必须停电抢修; (2)电客车在不同地点发生严重异常打火两次以上时,就近下线退出服务(单弓、限速运行)

 原因分析

地铁供电设备跳闸引起供电分区停电。

 防范措施

(1)对可能引起跳闸的供电基础部件进行更换。
(2)制定停电应急预案并定期开展实习演练,确保故障时乘客的安全。

子任务 2　正线大面积停电事故的处理

案例名称	上海地铁列车大面积停电		
时间	2013 年 6 月 5 日 20 时 40 分	地点	上海地铁 2 号线

事故概况:
　2013 年 6 月 5 日 20 时 40 分左右,上海黄浦、静安、普陀等中心城区的部分区域发生停电,地铁 2 号线也因失电停运。停电时,部分市民被困在地铁内。地铁运营公司启动紧急预案,各站派遣工作人员,帮助市民脱困。

 **知识要点**

（1）了解城市轨道交通供电系统的基本功能。
（2）掌握城市轨道交通大面积停电时的应急处理。

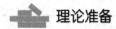 **理论准备**

一、城市轨道交通供电系统的基本组成

1. 城市电网对城市轨道交通的供电方式

城市电网对城市轨道交通的供电方式有 3 种：集中式供电、分散式供电和混合式供电。

1）集中式供电

集中式供电是指城市轨道交通在其线路附近建设自己专用的主变电所，主变电所的电压等级根据地区不同，一般为 110 kV，东北地区为 63 kV。根据城市轨道交通线路的长短，可以建设一座或几座主变电所。采用集中式供电方式，除考虑主变电所的负荷平衡，还应考虑与其他城市轨道交通线路的资源共享，可为几条线路同时供电。根据城市轨道交通路网规划，并结合城市电网规划，规划好轨道交通所需建设的主变电所，其站位应尽量在几条线路的交汇点。我国南方城市如上海、广州、深圳和南京地铁等多采用 110 kV/35 kV 集中式供电方式。集中式供电系统构成如图 5 - 43 所示。

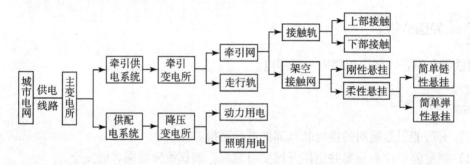

图 5 - 43　集中式供电系统的构成框图

集中式供电由以下几部分组成：

（1）主变电所。为城市轨道交通建设的专用变电所，只有采用集中式供电方式时才设置，专为城市轨道交通牵引供电系统和供配电系统供电。主变电所一般沿城市轨道交通线路靠近车站的位置建设，以便于电缆线路的引入。

（2）中压网络。联系主变电所、牵引变电所、降压变电所的供电网络，一般采用电缆线路、环网供电方式。

（3）牵引供电系统。专为电动车辆服务，包括牵引变电所、沿线敷设的接触网、馈电线、走行轨及回流线等。直流牵引变电所的作用是将三相高压交流电变成适合电动车辆应用的低压直流电。馈电线的作用是将牵引变电所的直流电送到接触网上。接触网是沿列车走行轨架设的特殊供电线路，电动车辆通过其受流器与接触网的直接接触而获得电力。走行轨道构成牵引供电回路的一部分。回流线的作用是将轨道回流引向牵引变电所。牵引供电系统的

组成如图 5-44 所示。

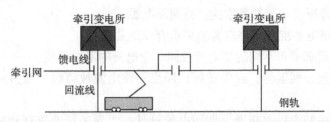

图 5-44　牵引供电系统的组成示意图

(4) 供配电系统。专为城市轨道交通除电动车辆以外的所有动力照明负荷供电，如车站和区间的动力照明及其他为城市轨道交通服务的机电设备。供配电系统包括降压变电所、低压配电系统。

牵引供电系统和供配电系统的电源电压一般是一致的，如北京地铁、平壤地铁、莫斯科地铁为 10 kV，广州地铁、南京地铁为 35 kV，巴黎地铁为 15 kV，纽约地铁为 34.5 kV，德黑兰地铁为 20 kV。之所以各城市的城市轨道交通供电系统电源电压等级不同，主要是因为不同城市的电网结构不同。目前国内的城市轨道交通线路一般将牵引变电所和降压变电所合建在一起。但也有牵引供电系统和供配电系统电源电压不相同的，如上海地铁和香港地铁，牵引供电系统电源电压为 33 kV，供配电系统电源电压为 10 kV，它们的电源均来自 110 kV 主变电所。33 kV 这一电压等级是按国际标准设备成套引进而形成的，并非我国标准。由此可见，牵引供电系统和供配电系统是城市轨道交通供电系统不可分割又相互联系的两个组成部分。

2）分散式供电

分散式供电是指沿城市轨道交通线路从城市电网直接引入城市轨道交通所需要的电源，国内一般为 10 kV，如北京地铁和大连轻轨等。分散式供电与集中式供电相比只是少建了主变电所，其系统组成如图 5-45 所示。

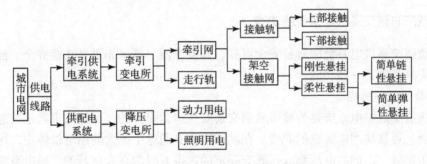

图 5-45　分散式供电系统的构成框图

3）混合式供电

混合式供电是以集中式供电为主，分散式供电作为补充的一种供电方式。这种供电方式只能是 10 kV 电压。

2. 供电要求与电压等级

一般大工厂和企业用电多集中在一个地方，而城市轨道交通用电则在沿线路的几千米到几十千米范围内的一条线上，这是城市轨道交通作为城市电网用户与其他用户不同的地方。

城市轨道交通作为城市电网的重要用户，属一级负荷。城市轨道交通供电系统的主变电所、牵引变电所、降压变电所都要求能获得两路电源。

城市轨道交通供电系统对双路电源的要求有以下几点：

（1）双路电源要求来自不同的变电所或同一变电所的不同母线。

（2）双路电源应分列运行，互为备用，即当一路电源故障时，由另一路电源承担全部一、二级负荷。

（3）电源容量按城市轨道交通远期用电量设计。为便于运营管理和减少损耗，要求集中式供电的主变电所的站位和分散式供电的电源点要尽量靠近城市轨道交通线路，以减少引入城市轨道交通电缆通道的距离，同时减少电缆通道对城市地下管网的干扰。

城市轨道交通供电系统电压等级有以下几种：

（1）交流 110 kV、63 kV，为主变电所的电源电压，其中 63 kV 电压等级为东北地区电网所特有。

（2）交流 35 kV，上海、广州、香港、南京、深圳地铁的牵引供电系统电源电压皆为这一电压等级。35 kV 这一电压等级在各大城市电网中将逐渐由 110 kV 取代，但作为城市轨道交通内部专用，35 kV 电压等级还将继续存在下去。

（3）交流 10 kV，牵引供电系统和供配电系统可用这一电压等级，北京地铁、大连轻轨为这一电压等级。通常把 3~35 kV 电压等级称为中压。

（4）交流 380 V/220 V，动力、照明等低压负荷用电的电源电压。

（5）直流 1 500 V，一般为架空接触网电源电压，随着技术的不断发展，广州地铁接触轨供电方式也开始采用这一电压等级。

（6）直流 750 V，接触轨电源电压，轻轨线路的架空接触网也采用这一电压等级。

（7）直流 220 V，变电所操作电源、应急照明电源电压。

由以上各种不同等级的电压构成城市轨道交通完善、适用、安全、可靠的供电系统，以保证城市轨道交通正常运行所必需的电源供应。

二、城市轨道交通供电系统的功能

城市轨道交通供电系统应具备安全可靠、调度方便、技术先进、功能齐全、经济合理的特点，并应具备以下一些功能。

1. 全面的服务功能

城市轨道交通供电系统是为城市轨道交通安全运营服务的，保证城市轨道交通的所有电气用户安全、可靠地用电是它的职责。在城市轨道交通这个庞大的用电群体中，用电设备有不同的电压等级、不同的电压制式，既有固定的，也有时刻在变化着的，供电系统就是要满足这些不同用途的用电设备对电源的不同需求，使城市轨道交通的每种用电设备都能发挥各自的功能和作用，保证城市轨道交通安全、可靠地运营。

2. 故障自救功能

系统的安全性、可靠性是供电系统首先要考虑的重要因素，无论供电系统如何构成，采用什么样的设备，安全、可靠地供电总是第一位的。在系统中发生任一故障，系统本身都应有备用措施，以保证城市轨道交通的正常运营不受影响。双电源是构成城市轨道交通供电系统的主要原则，当一路电源故障时，另一路电源应能保证系统的正常供电。主变电所、牵引变电所和降压变电所为双电源、双机组，对动力照明的一、二级负荷采用双电源、双回路供电，接触网同一馈电区采用双边供电（双电源供电）方式，当一座牵引变电所故障解列时，靠两相邻变电所的过负荷能力对接触网进行大双边供电，保证列车可以照常运行不受影响，这些都是系统故障自救功能的体现。

3. 系统的自我保护功能

系统应有完善、协调的保护措施，供电系统的各级继电保护应相互配合和协调，当系统发生故障时，应当只切除故障部分的设备，从而使故障范围缩小。系统的各级保护应当满足可靠性、灵敏性、速动性、选择性的要求。对牵引供电系统而言，为保证乘客的安全，保护的速动性是第一位的，其保护的原则是"宁可误动作，不可不动作"，误动作可以用自动重合闸校正，而保护不动作则很危险，因为直流电弧在不切断电源时可以长时间维持，从而威胁乘客安全。系统的直流短路电流与交流短路电流不同，后者过零点时电弧可以自动熄灭，而前者可以长时间维持燃烧而不熄灭。

4. 防止误操作的功能

系统中任何一个环节的操作都应该有相应的联锁条件，不允许由于误操作而发生故障。尤其是各种隔离开关（无论是电动还是手动）的隔离触头，都不允许带负荷操作。防止误操作的条件可以是机械的，也可以是电气的，还可以是电气设备本身所具备的。防止误操作是系统安全、可靠地运行必不可少的条件。

5. 方便、灵活的调度功能

系统应能在调度中心进行集中控制、监视和测量，并应能根据运营需要，方便灵活地进行调度、变更运行方式、分配负荷，使系统的运行更加经济合理。当系统发生故障使一路或两路电源退出运行时，为保证城市轨道交通列车的正常运行，电力调度可以对供电分区进行调度和调整。

6. 完善的控制、显示和计量功能

系统应能进行就地和远动控制，并可以方便地进行操作转换，系统各环节的运行状态应有明确的显示，使运行人员一目了然。各种信号显示应明确，事故信号、预告信号分别显示。各种电量的测量和电能的计量应准确，并便于运行人员查证和分析，牵引用电和动力照明用电应分别计量，以利于对用电指标进行考核与经济分析。在调度中心应能对整个供电系统进行控制、信号显示、各种量值的计量统计。

7. 电磁兼容功能

按照国际电工委员会对电磁兼容的定义，电磁兼容指设备或系统在电磁环境中能正常工作且不对该环境中任何事物构成不能承受的电磁干扰。其中"任何事物"可以是设备、装置、系统，也可以是有生命或无生命的物体。

城市轨道交通是强电、弱电多个系统共存的电磁环境，为了使各种设备或系统在这个环境中能正常工作，且不对该环境中其他设备、装置或系统构成不能承受的电磁干扰，各种电气和电子设备的系统内部以及与其他系统之间的电磁兼容显得尤为重要。在城市轨道交通这个电磁环境中，供电系统及其设备首先是作为电磁干扰源存在的，同时也是敏感设备。其与其他设备、装置或系统应是电磁兼容的。在技术上应采取措施，抑制干扰源、消除或减弱电磁耦合，提高敏感设备的抗干扰能力，以达到各系统的电磁兼容，使城市轨道交通安全、可靠地运行。

三、正线大面积停电的应急处理方法

1. 两个主变电所同时停电的应急处理方法

两个 110 kV 主变电所同时停电，城市轨道交通一整条线路全线停电时，应启动一级应急预案，各运营部门要根据不同的情况采取应对措施，确保乘客人身安全。

（1）客运组织措施。调度中心向车站和司机发布列车停运、急救和车站关闭命令，及时将灾情报告上级部门。列车司机负责维持列车到站停车，组织列车上乘客向车站疏散；如果列车在区间停车，必须立即报告行车调度员，由行车调度员通知相关车站进行支援，组织列车上乘客向车站疏散。车站启用紧急照明，站长负责组织有关人员疏散乘客，巡查各部位如升降电梯中是否有人员被困等，需要关站时清站后关闭车站，并将情况报告调度中心，若通信中断应设法与外界取得联系，并做好自救工作。

（2）给排水组织措施。停电后所有相关设备（主要指加压泵、消防泵与排水泵）都会因断电停止运行，导致排水系统无法运行、生活用水与消防用水无法补给，设备操作人员要加强检查各类集水井水位和地下水位，以免由于积水水位过高影响行车信号及扶梯等相关设备的安全，同时应保护好灭火器等消防设施，严防发生火灾，一旦发生火灾事故应及时报告调度中心和消防部门。

（3）机电组织措施。停电后扶梯、升降梯、空调、风机等设备都会因断电停止运行，事故照明、BAS 工作站停电后备用电源（蓄电池）可维持 1 h 供电，FAS 停电后正常情况下监控可维持 8 h，火警联动状态可维持 0.5 h；停电和送电均为自动切换。

（4）乘客疏散措施。车站要启动紧急的疏散预案，实施与公交公司的接驳方案，保证乘客的安全转移。

2. 一个主变电所停电的应急处理方法

一个 110 kV 主变电所停电，城市轨道交通线路的三级负荷必须切除，这在一定程度上影响了城市轨道交通的行车和乘客服务，应该启动二级预案。

（1）行车组织措施。调度中心发布部分停电影响信息，指挥退出冷冻机组、冷冻冷却泵、电热设备、广告照明、清洁设备等三级负荷供电，组织另一主变电所向全线一、二级负荷供电，车站、列车维持正常运营，车站、列车司机向乘客广播城市轨道交通线路停电受影响程度的信息，组织乘客维持正常的乘车秩序，并将受影响情况报告调度中心，调度中心及时将情况报告有关领导。

（2）给排水组织措施。给排水系统由于冷却泵停止运行，导致无法供冷。车站值班人员应注意地下环境温度，必要时增设排气扇，加强通风。同时检查各类集水井水位，以免积水水位过高影响行车信号及扶梯等相关设备的安全。

（3）机电组织措施。由于全线只有一个主变电所供电，调度中心应通知相关部门密切关注设备运行状态，确保全线一级负荷、二级负荷供电正常。

3. 停电后各运营岗位的应急处理措施

（1）发生大面积停电时，车站工作人员应判明现场情况，启用紧急照明，在调度中心和值班站长的指挥下，积极开展疏导乘客工作；设备值班人员应关闭正在操作的设备，切断电源开关后，设法与外界取得联系，协助乘务人员共同开展疏导乘客工作。

（2）发生接触网停电导致列车停运时，当班的客车司机是组织该列车所载乘客疏散的

第一责任人，首先应通过广播稳定乘客情绪，在有通信条件时，听从调度中心值班调度或邻站值班站长的指挥。若列车停在隧道中，又与调度中心失去联系时，司机必须指挥、引导乘客有步骤、有组织地向最近的车站疏散。一旦到达车站，服从车站值班员、值班站长的组织指挥，直至将乘客安全引导至地面安全地带。

（3）行车调度、电力调度、环控调度、变电所等关键岗位值班人员，应坚守岗位，确保本部门设备、设施和人员的安全，并采取一切可能措施减少停电损失。同时着手调查，收集管辖范围内人员、设备、设施停电影响情况，速将险情及初步救援方案向有关领导汇报。

（4）各设备使用部门应做好停电后的设备保护，调度中心负责把失电主变电所高、低压侧开关分开，断开各类负荷开关；来电后经调度长同意，按照主变电所、变电所、一级负荷、二级负荷、三级负荷的顺序，逐步恢复供电。

四、某城市轨道交通线路一个主变电所供电故障应急处理演练

按照一个主变电所供电故障应急处理方法编写演练方案并进行分组模拟演练。

1. 某城市轨道交通线路供电系统概况

这里将以某城市轨道交通线路为例说明城市轨道交通供电系统故障的应急处理方法，因此首先需要对该城市轨道交通线路的供电系统概况进行简要说明。

该城市轨道交通线路设有 ADM、MGQ 两座主变电所，主变电所将 110 kV 降压为 35 kV 后，通过环网电缆向牵引降压混合变电所和降压变电所供电，其中 ADM 主变电所负责向 A 站至 I 站的变电所供电，MGQ 主变电所负责向 I 站至 P 站的变电所供电。

该城市轨道交通线路在 A 站、C 站、E 站、G 站、J 站、L 站、O 站和车辆基地分别设有牵引降压混合变电所，分别将 35 kV 交流电降压整流为 1500 V 直流电和 220 V 交流电，分别供给接触网和动力、照明系统使用。

该城市轨道交通线路同时还设有 9 座降压变电所和 15 座跟随式变电所，降压变电所分别为 B 站、D 站、F 站、H 站、I 站、K 站、M 站、N 站和 P 站降压变电所。跟随式变电所分别为 A 站、B 站、C 站、车辆基地、G 站、H 站、I 站、I 站商业中心、J 站、K 站、L 站、N 站和 O 站。它们的主要作用都是将 35 kV 电压降压为 380 V/220 V 交流电供动力、照明系统设备使用。

某城市轨道交通线路的正线接触网分区示意图如图 5-46 所示。

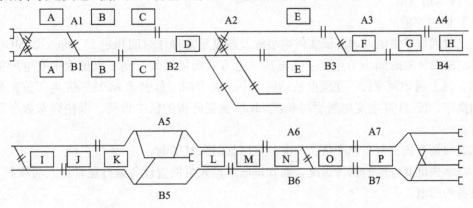

图 5-46 某城市轨道交通线路的正线接触网分区示意图

2. MGQ 主变电所供电故障应急处理程序

1）确认主变电所失电

（1）电力调度员。

接收到 MGQ 主变电所供电故障报警，包括 I 站至 P 站的变电所失电后：

①通过工作台确认 MGQ 主变电所的跳闸报警类型和开关动作情况。

②通知 MGQ 主变电所值班员现场确认开关分/合闸情况。

③联系城市供电局调度，了解供电局电力系统运行是否出现故障、供电恢复正常操作的时间。

④城市供电局调度证实故障但无法即刻给予供电恢复正常操作的时间。

⑤通知调度长、行车调度员，MGQ 主变电所全所失电。

⑥要求供电巡检人员赶往失电的变电所检查设备动作情况。

（2）调度长。

①通知调度中心所有调度故障概况，并启动相应应急方案。

②向有关领导汇报故障概况。

2）车站和列车紧急调整

（1）行车调度员。

①通知所有值班站长及列车司机有关事故。

②指示所有列车司机利用车载广播系统通知列车乘客列车延误的信息。

③指示所有穿行于 I 站至 P 站的列车司机，尽可能把列车惰行至车站。

④提醒到站的列车司机把车门打开，把列车扣在站台。

⑤指示所有值班站长进行车站广播列车延误的信息。

（2）司机。

执行行车调度员的指示：

①用车载广播系统向列车乘客广播列车延误的信息。

②穿行 I 站至 P 站的列车，尽量把列车惰行至车站。

③到站的列车司机把车门打开。

（3）值班站长。

执行行车调度员的指示，向全站播放列车延误广播。

3）改单边供电

（1）电力调度员。

①接收到城市供电局调度证实供电事故及恢复正常操作时间超过 15 min（如 MGQ 主变电所供电故障恢复时间小于更改主变电所供电方式所需时间，则不宜更改主变电所供电方式）后，马上通知调度长，在调度长的许可下，电力调度员通知 ADM 主变电所值班员进行规定的操作，使 ADM 主变电所暂时负担 MGQ 主变电所的供电负荷，以使列车服务得以照常运行。

②通知调度长、行车调度员，失电分区已临时恢复供电。

③观察失电变电所的运行情况，通知供电巡检人员检查设备运行正常后及时恢复 400 V 重要设备的用电。

④通知城市供电局有关利用 ADM 电源暂代 MGQ 供电负荷的运作。

（2）电力调度员。

在接收到供电巡检人员检查设备运行正常以及恢复400 V重要设备的用电后，通知调度长。

（3）调度长。

通知调度中心调度员400 V重要设备的用电已恢复。

（4）行车调度员。

①通知所有值班站长失电分区已恢复供电，将车站机电设备复位。

②制订行车调整方案。

（5）环控调度员。

通过工作台尝试把环控系统复位，如有需要，通知设备维修调度员派遣维修人员到I站至P站，将环控系统复位。

（6）设备维修调度员。

如环控调度员请求，派遣维修人员到I站至P站将环控系统复位。

（7）值班站长。

①执行行车调度员的指示，指示站务人员执行恢复车站运营的工作，将所有的车站保护、监控系统复位。

②检查车站照明一切恢复正常。

（8）站务人员。

①执行值班站长的指示，检查车站所有的系统，确保所有的车站保护、监控系统恢复正常操作，车站照明一切恢复正常。

②任务完成后向值班站长汇报。

（9）值班站长。

通知行车调度员车站各设备已恢复正常。

（10）行车调度员。

①通知所有列车司机失电分区已恢复供电，提醒已降下受电弓的列车司机升弓，做好运行准备。

②在调度长的许可下，进行行车调整。

③通知所有列车司机及值班站长恢复正常列车服务运作。

④指示所有列车司机及值班站长，利用广播系统通知列车及车站乘客列车恢复正常运营的信息。

（11）司机。

①已降下受电弓的列车司机升弓，做好运行准备。

②依照行车调度员指示执行行车调整。

③通过车载广播通知乘客列车恢复正常服务。

④向行车调度员报告，列车运行正常。

（12）值班站长。

①通过车站广播重复地进行全站恢复正常运营的广播。

②密切注意车站供电负荷情况。如有异常，需即刻采取措施维持站内秩序及确保乘客安全。

（13）电力调度员。

通过系统提供的画面及资料，注意全线牵引降压混合变电所整流机组的负荷情况，如有必要，可以通知行车调度员，要求列车限速运行或减少上线的列车数目，也可以切除车站三级负荷。

（14）行车调度员。

在接收到所有的值班站长证实车站各设备及列车运行已恢复正常后，报告调度长。

（15）调度长。

在接收到行车调度员的报告后，向城市轨道交通运营企业领导汇报。

（16）电力调度员。

①经常向城市供电局查询供电恢复的进展。

②当城市供电局确定供电已恢复正常，请示调度长批准在非运营时间调整运行方式至正常供电方式。

 原因分析

上海黄浦、静安、普陀等中心城区的部分区域发生大面积停电，造成地铁 2 号线失电停运。

 防范措施

（1）大面积停电时，及时启动应急供电设备，保障应急照明等应急设备供电。

（2）运营工作人员要及时告知乘客情况，避免造成乘客恐慌，发生类似踩踏事件等。

（3）安排地面工作人员及时营救乘客，帮助乘客脱困。

 项目实施与评价

项目实施与评价表

项目五　行车突发事件应急处理
授课教师：_____　班级：_____　学生姓名：_____　时间：_____
一、典型案例 　　2011 年 9 月 27 日 14 时 10 分，上海地铁 10 号线因信号设备发生故障，上海交通大学站至南京东路站上下行期间采用人工调度的方式。14 时 51 分，在豫园往老西门方向的区间隧道内发生了 5 号车追尾 16 号车的事故。事故调查组调查分析结果显示，有关人员未能严格执行相关管理规定，未听从命令擅自行车，导致事故发生。事故造成 271 人受伤，其中约 20 人重伤。事故发生后，中共中央政治局委员、上海市委书记俞正声等迅速赶往现场和医院，看望伤员，做出工作部署。
二、原因分析
三、防范措施

四、成绩评定

1. 学生评价

评价等级	A（优）	B（良）	C（中）	D（及格）	E（不及格）
学生自评					
组内互评					
他组互评					

2. 教师评价

评价等级	A（优）	B（良）	C（中）	D（及格）	E（不及格）
专业能力					
方法能力					
社会能力					
评价结果					

3. 综合评定

评价等级	A（优）	B（良）	C（中）	D（及格）	E（不及格）
评价结果					

4. 评价量化标准

评价等级	行为表现描述
A	能高效、圆满地完成任务中的全部操作内容
B	能顺利完成任务中的全部操作内容
C	能完成实训任务的全部内容，但需要一些帮助和指导
D	只能完成实训任务的部分内容
E	只能完成实训任务的极少内容

思考与练习

1. 轨道电路出现红光带的原因分析及处理方法。
2. 手摇道岔的步骤。
3. 列车车门发生无法关闭故障时的处理方法。
4. 列车区间发生无法牵引启动时的处理流程。
5. 站区间接触网失电时各岗位人员的处理措施。

附录

附录1　长春市轻轨交通运营管理办法

第一条　为了加强轻轨交通管理，促进轻轨交通建设，保障轻轨安全运营，维护经营者和乘客的合法权益，根据有关法律、法规的规定，结合本市实际，制定本办法。

第二条　本办法所称轻轨，是指中运量的城市快速轨道交通客运系统。本办法所称轻轨设施，是指轻轨线路的轨道、车站（含出入口）、车辆、机电设备、指示标志、隔离网、桥梁、隧道、地面线路（含电缆、光缆）、地下线路、高架线路、声屏障和其他附属设施，以及为保障轻轨运营而设置的相关设施。

第三条　本办法适用于在本市行政区域内轻轨交通的运营以及相关的管理活动。

第四条　市建设行政主管部门负责本市轻轨交通管理工作；轻轨交通经营单位负责其经营范围内轻轨交通的日常管理工作。市计划、规划、土地、公安、环保、园林等有关行政管理部门以及轻轨沿线的各区人民政府，按照各自的职责，实施本办法。

第五条　在城市规划确定的轻轨交通用地范围内，轻轨交通经营单位依法享有房地产开发、商业和广告等活动的经营权。城市规划确定的轻轨交通用地，未经法定程序调整，不得改变用途。

第六条　轻轨交通管理，应当遵循集中管理、安全运营、文明服务的原则。

第七条　轻轨交通经营单位应当在车站设置公用电话、垃圾箱等必要的服务和卫生设施。车站、线路、车厢内的广告设置应当合法、规范、整洁、文明。

第八条　在轻轨沿线设置安全保护区。安全保护区的范围如下：（一）车站外侧 30 m内；（二）地面线路轨道边线外侧 10 m 和地下线路外侧 30 m 内；（三）出入口、变电站等建筑物、构筑物边线外侧 10 m 内；（四）本办法规定的轻轨安全保护区内涉及铁路设施的，按照有关法律、法规的规定执行。

第九条　任何单位和个人不得损坏和擅自移动轻轨线路测量控制点和各种设备设施。任何单位和个人在安全保护区内进行下列作业的，其作业方案应当征得轻轨交通经营单位同意，并采取相应的安全防护措施：（一）建造或者拆除建筑物、构筑物；（二）从事打桩、挖掘、爆破、架设、降水、地基加固等施工作业；（三）其他可能有碍轻轨运营安全的作业。

第十条　轻轨交通经营单位在轻轨沿线采取技术保护和检测措施，相关单位和个人应当予以配合。

第十一条　任何单位和个人不得在轻轨地面线路曲线内侧修建妨碍行车瞭望的建筑物、构筑物和种植妨碍行车瞭望的树木。

第十二条　任何单位和个人不得在轻轨车站出入口处和通道范围内停放车辆、堆放杂物。

第十三条　禁止下列危害轻轨设施的行为：（一）非紧急状态下动用紧急或安全装置；（二）移动、损坏车内设备；（三）损坏车辆、隧道、轨道、路基、护栏、车站设施；（四）损坏和干扰机电设备、电缆和通信信号系统；（五）损坏轻轨设施的其他行为。

第十四条　轻轨交通经营单位应当保障轻轨正常运营，安全、迅速地运送乘客。电力、通信等部门应当协助市轻轨交通经营单位保障轻轨的正常运营。任何单位和个人不得妨碍和阻止轻轨的正常运营。

第十五条　轻轨交通经营单位应当加强对轻轨运营设施的维护，确保车辆等设备完好，保持车站、车厢整洁，保证出入口、通道畅通，标志醒目。

第十六条　在运营服务中，轻轨工作人员应当统一着装、佩戴标志；礼貌待客、规范服务用语；播音清晰、准确、及时。

第十七条　轻轨票价由轻轨交通经营单位提出方案，报物价行政主管部门审核、批准。

第十八条　市建设行政主管部门应当制定《轻轨乘客守则》。乘客进出站、乘车应当遵守《轻轨乘客守则》。

第十九条　乘客应当持有效车票乘车，无车票或者持无效车票乘车的，轨道交通经营单位可以按照单程总票价补收票款，并可加收5倍以下票款。

第二十条　在轻轨封闭区域（含平交道口，下同）内禁止下列行为：

（一）拦截轻轨车辆，强行上下车。

（二）翻跨、穿越封闭护栏、隔栏等。

（三）擅自进入轨道、隧道、桥梁和其他有警示标志的区域。

（四）向轻轨车辆投掷杂物。

（五）损坏花草树木、绿化设施等。

（六）吸烟、乱吐香口胶和乱扔果皮纸屑等废弃物，随地吐痰和便溺。

（七）擅自张贴、涂画广告等。

（八）擅自从事销售活动。

（九）乞讨、卖艺、躺卧。

（十）违反法律、法规规定的其他行为。

第二十一条　在轻轨封闭区域内拍摄电影、电视剧或广告等，须经轻轨交通经营单位同意。

第二十二条　轻轨车辆发生故障导致停运时，由轻轨交通经营单位负责组织力量及时排除故障，恢复运行；一时无法恢复运行的，轻轨交通经营单位应当及时疏散乘客，妥善处理退票事宜。

第二十三条　轻轨驾驶员由轻轨交通经营单位负责培训，由公安交通管理部门依照有关规定核发驾驶证。

第二十四条　轻轨驾驶员必须遵守下列规定：

（一）驾驶车辆时，须携带有效驾驶证。

（二）车辆在行驶中，不准开启车门。

（三）行车时除行车调度无线对讲外，不准听耳塞机接打个人电话。

（四）驾驶车辆时，不准吃食物、吸烟。

（五）不准接受他人提出的有碍交通安全的要求。

（六）其他可能影响安全驾驶的行为。

第二十五条 轻轨车辆在不封闭平交道口区间应按照交通信号指示行驶，服从交通警察指挥。其他车辆和行人通过轻轨平交道口时必须按交通信号、交通标志、交通标线的指示行驶；在无信号情况下，须停车瞭望，确认安全后，方准通行；车辆装载高度不得超过 4 m。

第二十六条 乘客不得携带易燃、易爆、有毒等危险品乘车。轻轨交通经营单位有权对乘客携带的物品进行安全检查。轻轨工作人员对携带危害公共安全的易燃、易爆、有毒等危险品进站的乘客，应当责令其出站；拒不出站的，移送公安机关依法处理。

第二十七条 轻轨交通经营单位应当在轻轨封闭区域内按照消防管理、事故救援的有关规定设置灭火、救援器材和设备。发生火险或者其他突发性事故时，轻轨工作人员应当立即报警，并采取灭火、排险、疏导乘客、抢救伤者以及其他应急救援措施。

第二十八条 轻轨运营发生交通事故时，应当及时报警，并按照先抢救伤者，排除障碍，及时恢复，正常运行，后处理事故的原则处理。在抢救伤者和恢复运行时，须标明事故当事人和车辆位置。

第二十九条 轻轨交通运营过程中发生交通事故，公安交通管理部门应当及时对现场进行勘察、检验，依法进行处理。

第三十条 因轻轨运营管理方面的原因造成人员伤亡的，轻轨交通经营单位应当依法承担赔偿责任。

第三十一条 违反本办法第九条第一款规定的，除赔偿轻轨交通经营单位经济损失外，处以 100 元以上，500 元以下罚款。违反本办法第九条第二款规定进行作业的，责令其立即停止作业并采取相应的安全措施；情节严重的，可处 1 000 元以上，5 000 元以下罚款。

第三十二条 违反本办法第十一条规定的，责令其限期拆除、迁移、砍伐或者清除；逾期未拆除、迁移、砍伐或者清除的，强制拆除、迁移、砍伐或者清除，并可处以 100 元以上 500 元以下罚款。

第三十三条 违反本办法第十二条规定的，处以 100 元以上 500 元以下罚款。

第三十四条 违反本办法第十三条规定的，除赔偿轻轨交通经营单位经济损失外，处以 100 元以上 500 元以下罚款；构成犯罪的，依法追究刑事责任。

第三十五条 违反本办法第十五条、第十六条规定的，责令轻轨交通经营单位限期改正；逾期未改正的，处以 100 元以上，500 元以下罚款。

第三十六条 违反本办法第二十条第（一）、（二）、（三）、（四）、（六）、（七）、（八）、（十）项规定的，责令改正；情节严重的，处以 50 元以上，200 元以下罚款。违反本办法第二十条第（五）项规定的，由市绿化行政主管部门依法处罚。

第三十七条 对阻挠、妨碍轻轨工程建设，扰乱轻轨运营秩序的，由公安机关依照《中华人民共和国治安管理处罚条例》有关规定予以处罚；情节严重构成犯罪的，依法追究刑事责任。

第三十八条 当事人对行政处罚决定不服的，可以按照《中华人民共和国行政复议法》和《中华人民共和国行政诉讼法》的规定，申请行政复议或者提起行政诉讼。当事人在法定期限内不申请复议，不提起行政诉讼，又不履行行政处罚决定的，由做出行政处罚决定的机关申请人民法院强制执行。在行政复议或者行政诉讼期间，不影响行政处罚的执行。

第三十九条 行政执法部门和轻轨交通经营单位的工作人员应当遵纪守法，秉公执法。对玩忽职守、滥用职权、徇私舞弊的，由所在单位或上级主管部门给予行政处分；构成犯罪的，依法追究刑事责任。

第四十条 本办法自二〇〇三年十月二十一日起施行。

附录 2　北京市轨道交通运营突发事件应急预案

1　总则

1.1　编制目的

北京是特大型城市，人口稠密、经济要素高度积聚，政治、文化及国际交往活动频繁。城市轨道交通是市民出行的主要交通工具之一，一旦发生突发公共事件，往往处置难度大、损失大、影响大。为做好本市城市轨道交通运营突发事件的预防与处置工作，提高应对能力，确保应急组织指挥统一顺畅，处置及时妥善，最大限度地减少人员伤亡和财产损失，制定本预案，以实现如下目标：

（1）整合现有轨道交通运营突发事件应急管理组织机构，建立健全应急工作的体制和机制，实现部门之间的协调联动。

（2）整合现有轨道交通运营突发事件应急资源，建立分工明确、责任到人、优势互补、常备不懈的应急保障体系。

（3）整合现有轨道交通运营突发事件的信息资源，实现信息共享，形成机制优化、反应迅速的信息支撑系统。

（4）规范轨道交通运营突发事件级别，明确各成员单位的分工和职责，确定不同级别事件的启动程序和响应措施。

1.2　编制依据

依据《中华人民共和国安全生产法》《生产安全事故报告和调查处理条例》《国务院关于特大安全事故行政责任追究的规定》《城市轨道交通运营管理办法》《北京市城市轨道交通安全运营管理办法》《国家处置城市地铁事故灾难应急预案》《北京市突发公共事件总体应急预案》及有关法律法规，制定本预案。

1.3　预案组成

根据国家和本市应急预案体系，本市轨道交通运营突发事件应急预案应包括管理类应急预案和处置类应急预案两大类。

1.3.1　管理类应急预案

管理类应急预案是指由市应急委或市交通安全应急指挥部为应对本市轨道交通运营突发事件而制定的，涉及若干部门职责的专项应急预案或部门应急预案。

1.3.2　处置类应急预案

处置类应急预案是指由市轨道交通指挥中心及各轨道交通运营企业依据本预案规定的职责，结合本单位实际情况，为具体处置轨道交通运营突发事件制定的社会单元应急预案。

1.4 事件等级

依据轨道交通运营突发事件可能造成的危害程度、波及范围、影响力大小、人员伤亡及财产损失等情况，由高到低划分为特别重大（Ⅰ级）、重大（Ⅱ级）、较大（Ⅲ级）、一般（Ⅳ级）四个级别。

1.4.1 特别重大轨道交通运营突发事件（Ⅰ级）

出现下列情形之一时：

（1）造成轨道交通运营中断6 h以上。

（2）造成30人以上死亡（含失踪），或者危及50人以上生命安全，或者100人以上重伤（中毒）。

（3）造成被困人数3 000人以上。

（4）造成1亿元以上直接经济损失。

（5）造成需要紧急转移安置10万人以上。

1.4.2 重大轨道交通运营突发事件（Ⅱ级）

出现下列情形之一时：

（1）造成轨道交通运营中断3 h以上6 h以下。

（2）造成10人以上30人以下死亡（含失踪），或者危及30人以上50人以下生命安全，或者50人以上100人以下重伤（中毒）。

（3）造成被困人数1 000人以上3 000人以下。

（4）造成5 000万元以上1亿元以下直接经济损失。

（5）造成需要紧急转移安置5万人以上10万人以下。

1.4.3 较大轨道交通运营突发事件（Ⅲ级）

出现下列情形之一时：

（1）造成轨道交通运营中断半小时以上3 h以下。

（2）造成3人以上10人以下死亡（含失踪），或者危及10人以上30人以下生命安全，或者10人以上50人以下重伤（中毒）。

（3）造成被困人数500人以上1 000人以下。

（4）造成1 000万元以上5 000万元以下直接经济损失。

（5）造成需要紧急转移安置1万人以上5万人以下。

1.4.4 一般轨道交通运营突发事件（Ⅳ级）

出现下列情形之一时：

（1）造成轨道交通运营中断半小时以下。

（2）造成3人以下死亡（含失踪），或者危及10人以下生命安全，或者10人以下重伤（中毒）。

（3）造成被困人数500人以下。

（4）造成1 000万元以下直接经济损失。

（5）造成需要紧急转移安置1万人以下。

1.5 适用范围

本预案适用于本市轨道交通运营中，因设施故障、恶劣天气、地震、大面积停电等情况而引发突发事件时的预防、处置和善后工作。适用于本市轨道交通运营遭受火灾、爆炸、恐怖袭击或重大、恶性刑事案件等突发事件时的先期处置和恢复重建工作。除此以外的其他突发公共事件应急工作须报请市应急委,由本市有关部门同时启动其他相关应急预案。

2 组织机构与职责

2.1 指挥机构及职责

在市应急委的统一领导下,由市交通安全应急指挥部负责本市轨道交通运营突发事件的应对工作。

城市交通安全应急指挥部由总指挥、副总指挥和成员单位组成。总指挥由市政府分管副市长担任,负责市轨道交通运营突发事件应急指挥的领导工作,对全市轨道交通运营突发事件应急工作实施统一指挥。副总指挥分别由市政府分管副秘书长、市交通委主任担任,协助总指挥做好全市轨道交通运营突发事件应急工作。市政府分管副秘书长主要负责协调各成员单位应急处置及监督检查责任制落实工作。市交通委主任主要负责交通行业内各单位的应急处置、责任制落实工作和市交通安全应急指挥部办公室工作。

城市交通安全应急指挥部应对轨道交通运营突发事件职责包括:

(1) 研究制定本市应对轨道交通运营突发事件的政策措施和指导意见。

(2) 负责指挥本市轨道交通运营事件的具体应对工作。

(3) 分析总结本市轨道交通运营事件应对工作,制订工作规划和年度工作计划。

(4) 负责市交通安全应急指挥部所属专业应急救援队伍的建设和管理。

(5) 承办市应急委交办的其他事项。

2.2 办事机构及职责

2.2.1 市交通安全应急指挥部办公室应对轨道交通运营突发事件职责

市交通安全应急指挥部下设办公室作为常设办事机构,办公室主任由市交通委主任担任。根据市交通安全应急指挥部的决定,市交通安全应急指挥部办公室负责组织、协调、指导、检查本市轨道交通运营突发事件的预防和应对工作。主要职责包括:

(1) 组织落实市交通安全应急指挥部决定,协调和调动成员单位应对轨道交通运营突发事件相关工作。

(2) 组织制订、修订本市轨道交通运营突发事件专项应急预案和部门应急预案,指导市轨道交通指挥中心及轨道交通运营企业制定、修订相关处置类应急预案。

(3) 负责发布蓝色、黄色预警信息,向市应急办提出发布橙色、红色预警信息的建议。

(4) 负责本市应对轨道交通运营突发事件的宣传教育和培训工作。

(5) 负责收集分析相关工作信息,及时上报重要信息。

(6) 负责组织本市轨道交通运营突发事件的应急演练。

(7) 负责本市轨道交通运营突发事件的隐患排查以及相关应急资源的管理工作。

(8) 负责本市轨道交通运营突发事件应急指挥技术系统的建设与管理工作。

(9) 负责市交通安全应急指挥部专家顾问组的联系工作。

(10) 承担市交通安全应急指挥部的日常工作。

2.2.2 市轨道交通指挥中心职责

在城市交通安全应急指挥部办公室的协调指导下,负责本市轨道交通运营突发事件的具体处置工作。

（1）组织制订、修订轨道交通运营突发事件处置类应急预案，审查轨道交通运营企业突发事件处置类应急预案。

（2）负责协调指挥轨道交通运营企业实施轨道交通运营突发事件应急处置。

（3）负责及时向市交通安全应急指挥部办公室报送突发事件应急工作信息，负责根据现场情况提出轨道交通停运、抢险增援等应急处置建议。

（4）参与配合轨道交通运营突发事件总结和调查评估工作。

（5）承办市交通安全应急指挥部办公室交办的其他事项。

2.3 成员单位及职责

（1）市委宣传部：按照《北京市突发公共事件新闻发布应急预案》的有关规定，负责组织指导市属新闻单位对较大以上轨道交通运营突发事件的宣传报道工作，组织协调较大以上轨道交通运营突发事件及处置情况的新闻发布工作，组织市属新闻单位进行应对轨道交通运营突发事件安全知识的宣传，加强对互联网信息的管理。

（2）市台办：负责组织相关部门妥善安置涉及台胞应急疏散工作，及向台湾地区有关机构通报本市轨道交通运营突发事件相关信息。

（3）市发展改革委：负责对电力企业开展应急救援抢修工作进行监督，做好轨道交通运营突发事件有关电力应急处置的综合协调工作。

（4）市公安局：在轨道交通发生运营事故或遭受自然灾害等突发事件时，负责维护现场治安秩序，预防、制止和侦查处置过程中发生的违法犯罪行为，协助进行人员疏散。负责事后协助有关部门调查事故原因，查处相关责任人。

（5）市民政局：负责协助区县政府和市交通委，做好轨道交通运营突发事件受威胁群众的转移安置工作。负责救济款物的调配和发放等社会救助工作，妥善安排好受灾群众的基本生活。负责配合外事部门妥善安置外国驻华外交人员及其他外国来京人员和在京的港、澳、台胞、华侨及海外旅游人员的转移安置工作。配合市交通委做好轨道交通运营突发事件灾情统计工作，并开展相关灾民救助。

（6）市财政局：负责审批、安排轨道交通运营突发事件救援、善后处置和轨道交通设施工程修复所需的资金。

（7）市建委：负责组建交通突发事件紧急工程抢险队伍，组织指挥轨道交通运营突发事件中工程抢险救援工作。负责组织轨道交通运营突发事件中建筑工程事故的原因分析、责任调查和处理工作。

（8）市市政管委：负责组织指挥专业队伍对轨道交通运营突发事件中供气、供热等市政管线、设施的抢险救援工作。

（9）市交通委：负责交通行业内各单位的应急组织协调工作。负责督促落实应对轨道交通运营突发事件的各项处置措施。参与配合轨道交通运营突发事件调查评估。

（10）市水务局：负责组织指挥专业队伍对轨道交通运营突发事件中供水、排水设施的抢险救援工作。

（11）市商务局：负责轨道交通运营突发事件中生活必需品的调配和供应工作。建立政府储备，制定生活必需品的应急供应方案。

（12）市卫生局：负责组织指挥北京急救中心（120）等医疗救护队伍对轨道交通运营突发事件中病患伤亡人员实施救治和处理。负责检查、监测轨道交通运营突发事件现场的食品、饮用水源的安全情况。

（13）市安全生产监督局：负责组织指挥专业抢险队伍，对轨道交通运营突发事件中的危险化学品泄漏事故进行抢险救援。负责组织安全生产专家组，对涉及危险化学品的轨道交通运营突发事件提出相应处置意见。负责参与属于生产安全性质的轨道交通运营突发事件的调查和处理。

（14）市政府外办：负责组织相关部门在轨道交通运营突发事件中妥善安置外国驻华外交人员和在京的港、澳人员、华侨及其他外国来京人员的应急疏散工作。负责组织相关部门向香港、澳门的有关机构或有关国家、国际组织通报本市轨道交通运营突发事件的相关信息。

（15）市民防局：负责因人防工程事故造成轨道交通运营突发事件的处置、指挥和抢修、排险工作。

（16）市信息办：根据相关应急预案负责组织轨道交通运营突发事件的专网通信保障工作。

（17）市公安局公安交通管理局：负责组织指挥轨道交通运营突发事件现场区域及周边道路的交通管制、交通疏导分流，以及交通疏导信息的播发工作，保证现场交通秩序，确保抢险通道畅通。

（18）市公安局消防局：负责组织指挥轨道交通运营突发事件中灭火抢险救援及防化洗消工作。负责组织制订和完善《北京市轨道交通突发事件灭火救援预案》。负责配合有关部门组建轨道交通运营突发事件紧急救援队。

（19）北京卫戍区：负责调集所属部队赶赴轨道交通运营突发事件现场，协助地方有关部门，实施核生化事件的抢险救援、现场封控警戒等任务。

（20）武警北京市总队：负责组织调集武警部队赶赴轨道交通运营突发事件现场，进行抢险救援、现场警戒等任务。

（21）市通信局：负责组织轨道交通运营突发事件中电信系统通信的应急恢复。

（22）市气象局：负责提供气象信息服务，监测天气变化，及时提供天气预报和降水、降雪情况，做好灾害性天气预报工作。

（23）北京电力公司：负责组织对轨道交通运营突发事件中电力设施实施抢险救援，并为抢险救援提供电力保障。

（24）有关区县政府：负责配合市交通安全应急指挥部办公室参与轨道交通运营突发事件救援工作。负责配合做好人员疏散安置、后勤保障和其他相关工作。

2.4 现场指挥部及职责

应根据轨道交通运营突发事件处置工作需要，由市交通安全应急指挥部办公室组织相关成员单位成立现场指挥部。现场指挥部可由指挥处置组、社会面控制组、后勤保障组、医疗救护组、新闻发布组和专家工作组等组成，承担现场抢险救援任务，负责做好事发地区治安维护、交通保障、人员疏散、群众安置、后勤保障等各项工作。

3 监测预警

3.1 预警级别

依据轨道交通运营突发事件的危害程度、发展情况和紧迫性等因素，轨道交通运营突发事件的预警由高到低分红色、橙色、黄色、蓝色四个级别。

（1）红色预警：预计将要发生特别重大（Ⅰ级）以上轨道交通运营突发事件，事件会随时发生，事态正在不断蔓延。

（2）橙色预警：预计将要发生重大（Ⅱ级）以上轨道交通运营突发事件，事件即将发生，事态正在逐步扩大。

（3）黄色预警：预计将要发生较大（Ⅲ级）以上轨道交通运营突发事件，事件已经临近，事态有扩大的趋势。

（4）蓝色预警：预计将要发生一般（Ⅳ级）以上轨道交通运营突发事件，事件即将临近，事态可能会扩大。

3.2　监测预警

市轨道交通指挥中心要做好城市轨道交通的运行监测、预警工作，建立轨道交通监测体系和安全运行机制，对监测信息进行汇总分析，并依据动态发展，向市交通安全应急指挥部办公室提出相应的预警建议。

3.3　预警发布和解除

（1）蓝色或黄色级别的预警信息，由市交通安全应急指挥部办公室组织对外发布或宣布解除，并报市应急办备案。

（2）橙色级别的预警信息由市交通安全应急指挥部办公室提出，由市应急办报请指挥部总指挥批准，由市应急办或授权市交通安全应急指挥部办公室组织对外发布或宣布解除。

（3）红色级别的预警信息由市交通安全应急指挥部办公室提出，由市应急办报请市应急委主要领导批准，由市应急办或授权市交通安全应急指挥部办公室组织对外发布或宣布解除。

3.4　预警响应

3.4.1　蓝色预警响应

（1）预警信息发布后，市交通安全应急指挥部办公室、相关成员单位及市轨道交通指挥中心、轨道交通运营企业要立即做出响应，相关负责同志带班，24 h 有人值班，随时保持通信联络畅通。

（2）轨道交通运营企业的巡查人员应上岗对隐患部位进行重点排除。

（3）专业应急救援队伍随时待命，接到命令后迅速出发，视情况采取防止事件发生或事态进一步扩大的其他相应措施。

3.4.2　黄色预警响应

在蓝色预警响应的基础上，轨道交通运营企业的巡查人员应上岗对隐患部位进行逐一排除。

3.4.3　橙色预警响应

（1）在黄色预警响应的基础上，市交通应急指挥部办公室及市轨道交通指挥中心、轨道交通运营企业的带班负责同志应随时掌握情况。

（2）轨道交通运营企业的巡查人员应全部上岗，并对整个区域进行逐一排除。

（3）专家顾问组进驻市交通应急指挥中心或事件现场，对事态发展做出判断，并提供决策建议。

（4）专业救援队伍随时待命，各保障部门备齐人员物资，接到命令后 5 min 内出发。必要时轨道交通停运，同时加强地面公交运力。

3.4.4 红色预警响应
在橙色预警响应的基础上，专业救援队伍随时待命，接到命令后 3 min 内出发。

3.5 预警变更
市轨道交通指挥中心密切关注事件进展情况，并依据事态变化情况，适时向市交通安全应急指挥部办公室提出调整预警级别的建议；市交通安全应急指挥部办公室依据事态变化情况，适时向市应急办提出调整橙色、红色预警级别的建议。

4 应急响应

4.1 先期处置
（1）轨道交通运营企业和市公安局公交总队立即启动先期处置应急工作预案，组织站内、车厢内乘客迅速疏散离站。同时封闭车站出入口，劝阻乘客进入。

（2）轨道交通运营企业立即采取必要措施，阻止在线列车进入突发事件现场区域，防止发生次生灾害。

（3）市公安局公安交通管理局迅速部署警力，立即在现场周边有关道路实施交通管制，保证通道畅通。

（4）市交通委调配公交车辆疏散乘客。

4.2 分级响应

4.2.1 Ⅳ级响应
（1）市交通安全应急指挥部办公室接到一般事件报告后，立即启动本预案，迅速通知相关成员单位赶赴现场。

（2）市交通安全应急指挥部办公室带班负责同志在市交通应急指挥中心进行指挥。

（3）相关成员单位的主管负责同志和现场工作人员具体实施现场秩序维护、信息报告及抢险救援等相关工作事宜。

4.2.2 Ⅲ级响应
在Ⅳ级响应的基础上，采取下列措施：

（1）市交通安全应急指挥部办公室接到较大事件报告后，指挥部办公室负责同志在市交通应急指挥中心或在轨道交通指挥中心进行指挥。必要时，赶赴现场指挥处置工作。

（2）视需要，市交通安全应急指挥部副总指挥（市政府分管副秘书长）或市应急办派人到场，协调相关部门开展工作。

4.2.3 Ⅱ级响应
在Ⅲ级响应的基础上，采取下列措施：

（1）市交通安全应急指挥部办公室接到重大事件报告后，报市应急办，经指挥部总指挥批准，由市应急办或授权市交通应急指挥部办公室宣布启动本预案。

（2）市交通安全应急指挥部总指挥或副总指挥（市政府分管副秘书长）在市应急指挥中心或在市交通应急指挥中心进行指挥。必要时，赶赴现场指挥处置工作。

4.2.4 Ⅰ级响应
在Ⅱ级响应的基础上，采取下列措施：

（1）市交通安全应急指挥部办公室接到特别重大事件报告后，报市应急办，经市应急委主要领导批准，由市应急办或授权市交通应急指挥部办公室宣布启动本预案。

（2）市应急委主要领导或市交通安全应急指挥部总指挥在市应急指挥中心或在市交通应急指挥中心进行指挥。必要时，赶赴现场指挥处置工作。

4.2.5 现场指挥部响应

（1）现场指挥部及时掌握事件进展情况，随时向市交通安全应急指挥部办公室报告。

（2）相关成员单位按照应急预案分工和事件处置规程要求，相互配合、密切协作，共同开展应急处置和救援工作。

4.3 应急结束

（1）轨道交通运营突发事件处置工作基本完成，次生、衍生灾害和事件危害基本消除，应急工作即告结束。必要时，应通过广播电台、电视台和新闻媒体向社会发布应急结束的消息。

（2）一般、较大轨道交通运营突发事件应急处置工作，由市交通安全应急指挥部办公室宣布应急结束。轨道交通运营企业提出开通轨道运营的建议，经市交通安全应急指挥部办公室报请指挥部办公室主任批准后，实施开通运营。

（3）重大、特别重大轨道交通运营突发事件应急处置工作，经市应急办报请指挥部总指挥或市应急委主要领导批准，由市应急办或授权市交通应急指挥部办公室宣布应急结束。轨道交通运营企业提出开通轨道运营的建议，由市交通安全应急指挥部办公室报市应急办，经市应急办报请指挥部总指挥或市应急委主要领导批准后，实施开通运营。

5 信息管理

5.1 信息报告程序

5.1.1 首报

（1）发生轨道交通运营突发事件后，轨道交通运营企业要立即向市运输局和市轨道交通指挥中心报告。

（2）当一般轨道交通运营突发事件发生后，市轨道交通指挥中心要在 30 min 内向市交通安全应急指挥部办公室报告，市交通安全应急指挥部办公室及时向市应急办报告。

（3）当较大以上轨道交通运营突发事件发生后，市轨道交通指挥中心要在接到报告后立即向市交通安全应急指挥部办公室和市应急办报告。市交通安全应急指挥部办公室要在事件发生后 2 h 内向市应急办报告详细信息。

（4）当发生重大、特别重大轨道交通运营突发事件时，相关轨道交通运营企业可以直接向市交通安全应急指挥部办公室报告，市交通安全应急指挥部办公室要在事件发生后 4 h 内向建设部报告。

5.1.2 续报

（1）一般和较大轨道交通运营突发事件处置过程中，市轨道交通指挥中心应将事件发展变化情况及时报告市交通安全应急指挥部办公室，由市交通安全应急指挥部办公室及时向市应急办报告。

（2）重大和特别重大轨道交通运营突发事件处置过程中，在一般和较大级别事件信息报告的基础上，市交通安全应急指挥部办公室应每日向建设部报告。

5.1.3 总报

事件结束后,轨道交通运营企业应将事件处理结果报告市运输局和市轨道交通指挥中心。市轨道交通指挥中心将详细情况以文字形式向市交通安全应急指挥部办公室报告,由市交通安全应急指挥部办公室及时报市应急办。

5.2 信息报告内容

5.2.1 首报内容

事件发生时间、地点、伤亡人数;事件初步性质、发生的可能原因等。

5.2.2 续报内容

事件发展趋势、人员治疗与伤情变化情况、事故原因、已经或准备采取的处置措施。

5.2.3 总报内容

事件处理结果、整改情况、责任追究情况等。

5.3 信息发布和新闻报道

轨道交通运营突发事件的信息发布和新闻报道工作,应遵照相关法律法规及《北京市突发公共事件新闻发布应急预案》等规定,由市应急办会同市委宣传部对发布和报道工作进行管理与协调,市交通安全应急指挥部办公室具体负责。

6 后期处置

6.1 恢复重建

6.1.1 恢复重建工作在市交通安全应急指挥部的统一领导和组织下,由相关成员单位、市轨道交通指挥中心及轨道交通运营企业负责实施。

6.1.2 在市交通安全应急指挥部办公室的组织下,相关成员单位、市轨道交通指挥中心及轨道交通运营企业要组织力量全面开展突发事件损害核定工作,对事件情况、人员补偿、征用物资补偿、重建能力、可利用资源等做出评估,制订补偿标准和事后恢复计划,并负责组织实施。

6.2 总结和调查评估

(1)轨道交通运营突发事件应急处置工作结束后,市交通安全应急指挥部办公室组织相关成员单位、市轨道交通指挥中心及相关轨道交通运营企业,一周内写出应对工作情况的总结报告,并报市应急办。

(2)较大以上轨道交通运营突发事件处置结束后,由相关部门适时组织事故处置调查评估小组,开展事故原因分析、事故责任调查评估,对应急处置工作进行全面评估,并在20天内将评估报告报送市应急委。

(3)市应急委及市交通安全应急指挥部根据上述报告,总结经验教训,建立事件案例库,并提出改进工作的要求和意见。

6.3 监督检查与奖惩

6.3.1 市交通应急指挥部办公室和相关成员单位应对本部门应急人员、设施、装备等资源的落实情况每年进行一次检查。

6.3.2 市交通应急指挥部办公室应对应急准备或响应提出重大建议、实施效果显著的,或有其他突出贡献的单位和个人给予奖励。

6.3.3 对不按照规定制定应急预案,拒绝履行应急准备义务的,不按照规定报告、通报事故真实情况的，不服从命令和指挥，拒不执行本预案的，阻碍应急工作人员依法执行任务的等延误轨道交通运营突发事件处置，造成重大影响的行为，市交通安全应急指挥部办公室应依据有关规定，提请相关部门追究有关单位和个人的责任；构成犯罪的，依法追究刑事责任。

7 保障措施

7.1 技术通信保障
市交通安全应急指挥部办公室要逐步建立和完善应急指挥基础信息数据库。

7.2 救援与装备保障
7.2.1 根据轨道交通运营突发事件应急救援业务需要，市交通安全应急指挥部相关成员单位要配备现场救援和抢险装备、器材，并建立相应的维护、保养和调用等制度。

7.2.2 市交通安全应急指挥部办公室要会同市轨道交通指挥中心按照统一标准，建立救援和抢险装备信息数据库，并及时更新，以保障应急指挥调度的准确性。

7.3 队伍保障
7.3.1 专业应急队伍组建

轨道交通运营、公安、消防、交管、卫生、市政等队伍是基本的抢险救援队伍，北京卫戍区、武警北京市总队是抢险救援的后备力量，各相关成员单位要落实先期处置队伍和增援队伍的组织保障方案。

7.3.2 应急队伍调动

（1）发生轨道交通运营突发事件时，由市轨道交通指挥中心按照应急预案调动本系统应急队伍进行先期处置。

（2）当发生特别重大、重大轨道交通运营突发事件时，应按照以市级专业抢险救援队伍为主体、本系统应急队伍为辅助的原则，由市交通安全应急指挥部统一协调调动各相关抢险救援队伍。

7.4 物资保障
市交通安全应急指挥部办公室要建立应急救援物资储备制度，确定救灾物资生产、储存、调拨体系和方案。

7.5 资金保障
轨道交通运营事件发生后，根据实际情况调整部门支出预算，集中财力应对事件；经市应急委批准启动应急专项资金，必要时动用公共财政应急储备资金。

8 宣教、培训和演练

8.1 宣传教育
由市交通安全应急指挥部办公室负责，组织相关单位制订应对轨道交通运营突发事件的宣传教育计划，编写公众应对轨道交通运营突发事件专业教材和应急手册。同时，充分利用广播、电视、报纸、互联网等新闻媒体，开展应急宣传教育，增强公民防范意识，学习掌握应对城市轨道交通运营突发事件的基本知识和技能。

8.2 培训
由市交通安全应急指挥部办公室负责，会同有关部门，面向本系统应急指挥和应急处置人员，以轨道交通运营突发事件预防、应急指挥、综合协调等为重要内容，开展应对轨道交通运营突发事件各类培训。

8.3 演练

（1）市交通安全应急指挥部办公室要组织相关单位定期组织演练，做好跨部门之间的协调配合及通信联络，确保应急状态下的有效沟通和统一指挥。

（2）相关成员单位结合各自制定的应急预案，组织本部门开展应对轨道交通运营突发事件的各项演练。

（3）各应急抢险救援队伍要结合本单位的工作和生产，积极开展专业技能培训和演练，并依据应急预案进行短期脱产训练。定期组织全市跨部门、跨行业地应对重大、特别重大轨道交通运营突发事件的演练，检验应急队伍的快速反应能力，提高各部门之间协调配合和现场处置能力，实现突发公共事件管理的规范化和程序化。

9 附则

9.1 名词术语

轨道交通运营突发事件，是指在轨道交通运营线路上，因自然灾害、人为因素或设施故障造成轨道交通运营中断、人员伤亡、乘客被困等危及公共安全的突发事件。

本预案有关数量的表述中"以上"含本数，"以下"不含本数。

9.2 预案管理

9.2.1 预案制定

本预案由北京市人民政府负责制定，市交通安全应急指挥部办公室负责解释。

参照本预案，各相关成员单位应结合各自职责，制定相关应急预案，并报市交通安全应急指挥部办公室备案。

9.2.2 预案审查

本预案由市应急办组织审查。

9.2.3 预案修订

随着相关法律法规的制定、修改和完善，机构调整或应急资源发生变化，以及应急处置过程中和各类应急演练中发现的问题和出现的新情况，及时完善本预案，每3年至少修订一次。

9.2.4 预案实施

本预案自发布之日起实施。

参 考 文 献

［1］张国宝.城市轨道交通运营组织［M］.上海：上海科学技术出版社，2006.
［2］许玉德，李海峰，戴月辉.轨道交通工务管理［M］.上海：同济大学出版社，2007.
［3］何静.城市轨道交通运营管理［M］.北京：中国铁道出版社，2007.
［4］耿幸福.城市轨道交通行车组织［M］.北京：人民交通出版社，2012.
［5］费安萍.城市轨道交通行车组织［M］.成都：西南交通大学出版社，2007.
［6］牛凯兰，牛红霞.城市轨道交通行车组织［M］.北京：机械工业出版社，2009.
［7］季令，张国宝.城市轨道交通运营组织［M］.北京：中国铁道出版社，2010.
［8］李力.城市轨道交通运营与管理综合应用［M］.北京：中国电力出版社，2008.
［9］王珏.城市轨道交通概论［M］.北京：中国铁道出版社，2008.
［10］史瑞洁.城市轨道交通运营组织优化研究［D］.西南交通大学，2011.
［11］毛保华.城市轨道交通系统运营管理［M］.北京：人民交通出版社，2006.
［12］田福生.城市轨道交通行车组织的相关问题研究［D］.西南交通大学，2006.
［13］蔡于.轨道交通行车调度员应急处置分析与对策［J］.城市公用事业，2006（3）.
［14］左静.基于模糊神经网络的城市轨道交通列车运行调整研究［D］.兰州交通大学，2011.
［15］钱钟侯.高速铁路概论［M］.3版.北京：中国铁道出版社，2006.
［16］欧阳全裕.地铁轻轨线路设计［M］.北京：中国建筑工业出版社，2007.
［17］黄典剑，李传贵.突发事件应急能力评价［M］.北京：冶金工业出版社，2006.
［18］谭复兴，高伟君，等.城市轨道交通系统概论［M］.北京：中国水利水电出版社，2007.
［19］张凡，钱传贵.城市轨道交通概论［M］.成都：西南交通大学出版社，2007.
［20］毛保华，江帆，刘迁，等.城市轨道交通［M］.北京：科学出版社，2007.